用于国家职业技能鉴定

国家职业资格培训教程

YONGYU GUOJIA ZHIYE JINENG JIANDING • GUOJIA ZHIYE ZIGE PEIXUN JIAOCHENG

信用管理师

（基础知识）

本书编审人员

主　编：吴晶妹

副主编：许　进

主　审：林钧跃

编　者：张　颖　赵　江　陶进伟　程庚黎　胡芬芬　郑丽明

　　　　刘红霞　许　进　苏　娜

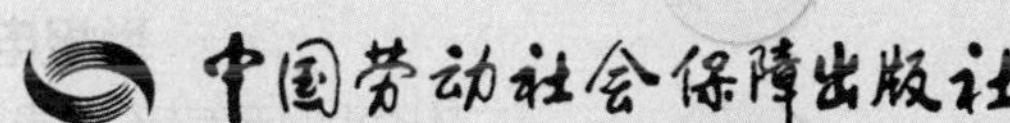

中国劳动社会保障出版社

图书在版编目(CIP)数据

信用管理师：基础知识/中国就业培训技术指导中心组织编写. —北京：中国劳动社会保障出版社，2006

国家职业资格培训教程

ISBN 978-7-5045-5765-0

Ⅰ.信…　Ⅱ.中…　Ⅲ.信贷管理-技术培训-教材　Ⅳ.F830.51

中国版本图书馆 CIP 数据核字(2006)第 077066 号

中国劳动社会保障出版社出版发行

（北京市惠新东街1号　邮政编码：100029）

出版人：张梦欣

*

北京市艺辉印刷有限公司印刷装订　新华书店经销

787毫米×1092毫米　16开本　18.75印张　296千字

2006年12月第1版　2015年11月第12次印刷

定价：36.00 元

读者服务部电话：010-64929211/64921644/84643933

发行部电话：010-64961894

出版社网址：http：//www.class.com.cn

前　言

为推动信用管理师职业培训和职业技能鉴定工作的开展，在信用管理师从业人员中推行国家职业资格证书制度，中国就业培训技术指导中心在完成《国家职业标准—信用管理师》（以下简称《标准》）制定工作的基础上，委托中国市场学会信用工作委员会组织参加《标准》编写和审定的专家及其他有关专家，编写了《国家职业资格培训教程—信用管理师》（以下简称《教程》）。

《教程》紧贴《标准》，内容上，力求体现“以职业活动为导向、以职业技能为核心”的指导思想，突出职业培训特色；结构上，针对信用管理师职业活动的领域，按照模块化的方式，分助理信用管理师、信用管理师、高级信用管理师 3 个级别进行编写。《教程》的基础知识部分内容涵盖《标准》的“基本要求”；各级别部分的内容分别对应于《标准》中各级别的“工作要求”。

《国家职业资格培训教程——信用管理师（基础知识）》适用于各级别信用管理师的培训，是职业技能鉴定的推荐辅导用书。

本书主编为吴晶妹，副主编为许进，主审为林钧跃。编写人员有吴晶妹（第一章、第二章部分）、陶进伟（第二章）、许进（第三章）、赵江（第四章）、刘红霞（第五章）、张颖（第六章）、苏娜（第七章）、郑丽明（第八章）、胡芬芬（第九章）、夏晨钟（第七、九章部分）、程庚黎（第十章），以上同志分别承担了本书的编写。全书由许进通读补充，吴晶妹通读定稿，林钧跃通读审定。

本书编写期间，信工委靳生跃、孙建军等同志做了大量的协调、沟通与文字编辑工作，高宏业、李诗洋、王红蕾、张军、李建龙等同志提供了很多修改意见，在此一并致谢。

由于时间仓促，不足之处在所难免，欢迎读者提出宝贵意见和建议。

中国就业培训技术指导中心

大力发展信用管理师国家职业培训 加快培养信用管理师高技能人才

随着我国社会信用活动的活跃，企业信用管理和信用管理服务事业不断发展，为加快建立培养我国信用管理专业技术队伍，经过反复调研与论证，在众多业内机构和信用管理专家的大力支持下，中国市场学会信用工作委员会从2003年起，开始向劳动和社会保障部相关部门就我国信用管理专业技术队伍职业建设问题，多次进行汇报、请示，在该部主管部门的支持与指导下，信用工作委员会于2004年6月正式向劳动和社会保障部上报了《关于在信用管理行业中申请设立“信用管理师”“信用分析师”职业的请示》。该请示经劳动和社会保障部相关部门论证审核，并通过社会公示程序广泛征求意见，于2005年3月最终评审通过，并于2005年3月31日，由劳动和社会保障部在人民大会堂向社会正式发布。

信用管理师作为新职业发布后，根据劳动和社会保障部职业技能鉴定中心的委托，信工委组织国内最具影响力的信用管理专家，经过近半年的研发，按照《国家职业标准制定技术规程》及有关要求，及时完成了《信用管理师国家职业标准》的起草制定工作。2006年1月17日，《信用管理师国家职业标准》由劳动和社会保障部颁布施行。这清楚地表明，信用管理师作为新职业，开始步入实施职业资格证书制度的阶段。为了做好信用管理师国家职业的培训工作，信工委组成了“培训计划、大纲编委会”和“教程编委会”，遵循职业培训的规律，在深入研究的基础上，编制了《信用管理师职业培训计划、培训大纲》，以及《信用管理师国家职业资格培训教程》。为实施信用管理师职业培训奠定了坚实的基础。

基于信用工作委员会作为服务信用管理行业的社团组织，作为信用管理师职业的技术开发单位在信用管理师职业设立中所做的工作，以及在行业建设中所发挥的作用和影响力，根据信用管理师的职业特点和我国信用管理行业发展的实际情况，为切实搞好信用管理师国家职业建设，中国市场学会信用工作委员会于2006年1月向中国就业培训技术指导中心正式呈报了《关于开展信用管理师试验培训、试验鉴定及师资培训的请示》，中国就业培训技术指导中心明确同意由信工委在该中心的监督指导下组织开展信用管理师国家职业试验培训、试验鉴定和师资培训。2006年4月28日，中国就业培训技术指导中心会同中国市场学会信用工作委员会共同向各有关单位发出了《关于开展信用管理师国家职业资格试验性培训的通知》，明确指出信用管理师国家职业资格试验性培训由双方共同组织，指导中心负责监督指导，信工委负责试验性培训的具体组织实施及相关工作。

2006年是我国实施“十一五”规划的第一年，也是实施信用管理师国家职业资格证书制度、开展信用管理师国家职业培训的第一年。信用管理师是在企业中从事信用风险管理和征信技术的专业人员，在国家职业序列中属于高技能人才中的知识技能型人才。大力发展信用管理师国家职业培训，正是实施高技能人才培养工程的一部分，是贯彻落实国家人才强国战略的具体体现，是建设高技能人才队伍的重要组成。

信用管理师国家职业培训是依据信用管理师国家职业资格证书制度开展的培训。信用管理师在我国是一个全新的职业，从职业设立到职业建设，从技术开发到组织实施，从建立信用管理师职业资格证书制度，到开展信用管理师国家职业培训，是摆在我们面前一项全新的事业，既是机遇，更是挑战，需要我们时时把握正确的方向，克服困难，精心组织，完成历史赋予我们的这一崇高使命。

开展信用管理师国家职业培训的指导思想是，适应我国经济社会发展和建立健全社会信用体系的要求，以实施科教兴国和人才强国战略为指导，以职业能力建设为核心，以市场需求和劳动就业为导向，全面落实科学发展观，坚持走自主创新的道路，建立和完善合理布局、分工明确、资质良好、富有活力的信用管理师职业培训体系，培养大批数量充足、结构合理、素质优良的信用管理师高技能人才，建设有中国特色的信用管理国家职业培训。

开展信用管理师国家职业培训的基本方针是，认真贯彻执行党和国家的教育方针和政策，遵循职业培训办学规律，坚持正确的办学方向：以党和国家的路线、政策、法规为准绳，以培养高素质的劳动者和高技能人才为目标；坚持正确的办学方针：以服务经济社会发展为宗旨，以增强劳动者的就业能力为导向；坚持正确的办学原则：面向社会、面向市场，以人为本、素质为先，学用结合、注重能力，改革创新、增强活力，诚实守信、优质服务。

赵凤格

中国市场学会信用工作委员会主任

二〇〇六年十一月

目　录

CONTENTS 《国家职业资格培训教程》

Table of Contents

第一章

信用管理从业人员职业道德

信用管理和征信行业是以信用信息为基础，综合运用科学技术设备与知识及从业人员的经验与智慧，为社会提供高智力服务的产业。为促进社会信用活动的健康发展，维护公共利益，规范信用管理从业人员职业道德行为，提高职业道德素质，维护职业形象，使其更好地履行信用管理职责，保持应有的职业行为规范，保证并不断提高执业水准，在公众中树立良好的职业形象，信用管理从业人员必须遵循从业的职业道德规范。

信用管理从业人员职业道德规范主要来自监管方面的要求、行业自律、企业信用制度要求。

第一节　来自监管方面的要求

一、法律法规的要求

信用管理从业人员必须遵守所在国家与地区信用方面的法律法规，这是从业的最基本要求。这些相关要求将具体体现在法律法规条款中。无论法律法规条款怎样规定，都将遵从并围绕着如下原则与精神。

1. 信用管理从业人员应热爱国家，热爱人民，坚守国家与民族的利益高于一切，遵守国家法律法规及其各项规章与管理制度，遵守社会公德。

2. 信用管理从业人员必须恪守独立、客观、公正、诚信的原则，为社会各界提供符合具体法律法规要求的专业服务。

3. 信用管理从业人员应致力于快速、真实、完整、连续、合法、公开地取得信用信息，科学、客观地制作信用报告，实事求是地传播信用信息与信用评价。

4. 信用管理从业人员不得做任何有损于信用管理职业的事情，必须保持该职业的声誉和尊严，努力提高信用管理的整体社会信誉和地位。

5. 信用管理从业人员应当本着对本企业、投资者与客户高度负责的精神，尽可能全面、详尽、深入地收集整理信用信息，依据完整翔实的信用信息与资料，在调查、核实、分析的基础上客观地描述、实事求是地工作，不得断章取义或删改有关信用信息与资料，不得出现重大遗漏与失误。

二、政府行政管理的要求

1. 信用管理从业人员必须遵守政府行政管理部门的要求，按相关规章和规范性文件办事，服从政府行政管理部门的监督与管理。

2. 信用管理从业人员应当积极参加我国社会信用体系建设，支持与配合各级政府行政管理部门的工作。

3. 信用管理从业人员应当遵守客观、公正、公平原则，对投资人和委托单位一视同仁。

4. 信用管理从业人员应当对所获得的信用信息采取审慎处理原则，注意保密，注意核实，注意合理与合规传播，不能违反操作规则，不能违反监管条例。

5. 信用管理从业人员应当在分析、预测或建议的表述中，严格区分客观事实与主观判断，并对重要事实予以明示。

6. 信用管理从业人员应适当保存分析、预测或建议中所使用和依据的原始信息资料，以备政府行政管理部门查证，保存期应由政府行政管理部门根据情况分门别类详细制定。

7. 信用管理从业人员应当对在执业过程中所获得的未公开重要信息履行保密义务，不得泄露、传递、暗示他人或据以建议投资人或委托单位。若有违反行业公约的，同业会有权要求其限期更正，必要时在全行业内部进行通报。

8. 信用管理从业人员应当正直、诚实，在执业过程中保持中立身份，独立做出判断和评价，不得利用自己的身份、地位和执业过程中所掌握的内幕信息为自己或他人谋取私利。

9. 信用管理从业人员应当相互尊重、团结协作，共同维护和增进本行业的职业道德和职业信誉。

10. 信用管理从业人员应积极参与信用征信系统建设和信用征信系统数据增值业务开发，及时、准确地向征信单位提供和更新信用信息，并确保数据提供和更新的完整性。

11. 信用管理从业人员在提供和使用信用信息中出现问题，应与政府行政管理部门、行业组织、当事人充分交流与沟通，共同协商解决。

第二节　行 业 自 律

一、信用管理从业人员行业自律

信用管理从业人员，是指在专业的信用投放与服务机构从事信用信息收集、核实、加工、分析、报告的专业人员，主要包括在授信机构、征信与资信调查机构、资信评级机构、信用管理咨询机构从业的专业人员。信用管理从业人员行业自律主要包括以下方面：

1. 在执业过程中应遵守有关法律法规、政策、标准与政府行政管理，遵守行业自律精神与具体规定。

2. 应当接受行业协会的监督，履行行业协会规定的义务，享有行业协会规定的权利。

3. 在执业前应当经过专门教育和培训，具备相应的专业知识和经验，能够胜任所执行的业务，取得有关资格，在执业活动中必须加强业务学习，通过各种方式不断提高自身的业务能力和知识水平，充实和发展专业技能。

4. 应积极参加信用监管部门、行业自律组织和所属机构组织的考试和持续教育，使自身能够不断适应信用管理活动的发展。

5. 同业之间要相互尊重、团结协作，共同维护和增进本行业的职业道德和职业信誉。不能直接或间接损害其他同行的声誉、事业或前途，要尊重竞争对手，不诋毁、贬低或负面评价征信机构、其他中介机构及其从业人员。

6. 应依靠专业技能和服务质量展开竞争，竞争手段正当、合规、合法，不借助行政力量或其他非正当手段开展业务，不向客户给予或承诺给予不合理、不正当的经济利益，不得以恶意降低服务费等不正当手段与其他从业人员争揽业务。

7. 应加强同业人员间的交流与合作，实现优势互补、共同进步，共同维护职业形象，不得做出任何可能损害职业形象的行为。

8. 在执业过程中若遇与委托方或相关当事方存在利害关系时，应当予以回避，不得采用欺诈、利诱、强迫等手段招揽业务，不得利用执业过程中获取的相关资料为自己或他人谋取利益，不得以个人名义执业，也不得同时在两家或两家以上信用管理服务机构执业。

9. 在业务操作时，应当形成工作底稿，并按有关规定管理和保存工作档案，不得签署本人未参与项目的征信产品，也不得允许他人以本人名义签署征信产品。

10. 不得对其执业能力、执业经验及其服务活动的作用进行夸张、虚假和误导性宣传，应当如实向委托方申明其所具有的执业能力，不得承接不能胜任的业务。

11. 在执业过程中，应当独立进行专业判断，不得接受委托方或相关当事方对期望结果的任何暗示，不得以预先设定的期望结果作为正式结论。

12. 不得向委托方或相关当事方索取服务费之外的不正当利益，不得出具含有虚假、严重不实、有偏见的或具有误导性的分析或结论的征信产品。

13. 应当在征信产品中充分披露相关信息，使征信产品使用者能够准确、合理理解报告内容。

14. 应当以宣传征信的作用与意义为己任，致力于行业发展，热情引导社会各界了解、熟悉、使用征信产品。

15. 应当遵守保密原则，未经法律法规、行业协会规定的允许或委托方书面许可，不得对外提供执业过程中获知的个人信用信息、商业秘密和信用管理相关业务资料。

二、国内外行业组织对职业道德的要求

由于信用管理工作的特殊性，虽然国际上并没有强制性的从业人员守则类的规定，但是国际上各主要专业机构均会对其从业人员提出规范要求，其目的在于使从业人员有固定的工作信条，有具体可遵循的业务程序，有标准的行为准则，以此可以减少办理业务上的风险，而有利于信用管理工作的推动。一般来说可以概括为以下几个方面：

1. 保密性，这是从业人员执业的最高原则。为保证这一点，一般又都具体规定三方面：因受托向外提供信用信息与数据时，未经委托人的同意，不得泄漏委托人名称；答复询问函件时，除非取得信用信息与资料来源方面的同意，否则不得透露资料来源；凡明知信用信息与数据虚伪不实的，绝不提供给他人。

2. 客观性，这是从业人员执业的最基本原则。主要内容包括向需求者提供真实信用信息与数据，不畏权贵，不做不当交易。这个原则在任何情况下都必须遵守，不能违背，它关系到从业人员执业生涯的长短与声誉，更关系到行业的生存与发展。

3. 专业性，这是从业人员执业的最本质原则。信用管理从业人员的专业性一般体现在所掌握的知识专业，所拥有的技能专业，所服务的内容专业，所工作的方法专业。正是专业性才使得信用管理行业应运而生并蓬勃发展。

第三节　企业信用制度对职业道德的要求

一、企业信用制度的基本精神与原则

1. 最大可能促进企业产品销售。企业信用管理人员的职能与具体任务均应遵从所属机构的目标与战略。在大多数情况下，企业的最根本目

的就是最大可能销售企业产品与服务，最大可能实现销售利润，这是企业生存与发展的生命线。企业信用管理人员就是要利用自己的专业知识与专业技能，设计、制定与实施有效的信用政策与信用管理手段，不断开发与增进新客户，稳定与维护老客户，最大可能促进企业营销产品，扩大市场占有率。

2. 最合理控制信用风险。企业信用管理人员与企业其他工作人员的最大不同在于企业信用管理人员必须最合理控制信用风险，包括尽职调查、合理授信、管理应收账款等，必须时时刻刻控制信用风险，保障利润确实实现。最大可能促进企业营销产品、最合理控制信用风险，就是剑的双刃，企业信用管理人员就是执剑的人。

二、企业信用管理人员应具备的职业道德

1. 企业信用管理人员应遵守所属机构的相关管理规定，在执业活动的各个方面和各个环节中恪守基本精神与原则。

2. 企业信用管理人员应忠诚服务，不侵害所属机构利益，切实履行对所属机构的责任和义务，接受所属机构的管理。

3. 企业信用管理人员在执业活动中应主动出示执业证件，并将本人或所属机构与征信机构的关系如实告知客户，客观、全面地向客户介绍有关信用管理产品与服务信息。

4. 企业信用管理人员应为客户提供热情、周到和优质的专业服务，不误导客户，向客户推荐的信用管理产品与服务应符合客户的需求，不强迫或诱骗客户购买信用管理产品与服务。当客户拟购买的信用管理产品有服务不适合客户需要时，企业信用管理人员应主动提示并给予适当的建议。

5. 企业信用管理人员在执业活动中应不影响客户的正常生活和工作，言谈举止文明礼貌，时刻维护职业形象。在执业活动中应主动避免利益冲突，不能避免时，应向客户或所属机构做出说明，并确保客户和所属机构的利益不受损害。

6. 企业信用管理人员在执业活动中不得以任何理由挪用、侵占所属机构或客户的各项费用，不得擅自超越权限执业。

7. 企业信用管理人员在执业活动中对客户和所属机构负有保密义务。信用管理从业人员在执业过程中，得到委托方的各种资料和情况，

应为客户保守秘密，除非委托方书面允许或国家法律法规要求公布外，不得以任何方式提供或泄漏给第三者。

8. 企业信用管理人员在执业活动中形成的信用管理成果，包括信用管理产品、服务形式、程序、方法等有形与无形的成果，应按法律法规、行政管理规定、所属机构的规定、行业惯例等处理，若涉及未尽内容应友好协商解决。

第二章 社会信用体系

第一节 社会信用体系概述

一、经济活动与信用风险及其控制

信用是现代市场经济运行的基础。在现代市场经济中，任何经济交易行为都是以信用为其前提条件的。对于信用内涵的界定，不同的角度有不同的理解。从社会学角度看，信用属于道德范畴，其内涵是信任、资信、诚信；从经济学和金融学的角度看，信用的内涵是以偿还和付息为基本特征的借贷行为。

根据现代经济学理论，信用主要是一个经济学词汇，用于描述市场交易中的借贷关系，从属于商品和货币关系的经济范畴。在市场交易活动中，信用是一种建立在信任基础上的能力，就是不用立即付款便可以获得资金、物资、服务的能力。

信用的要素包括：授信人、受信人、付款期限、信用支付工具和风险。信用的主要形式包括公共信用、商业信用和消费者个人信用。

信用具备货币的一些特征，是可以用货币单位进行度量的，也体现了交易的债权和债务关系。但是，信用不同于货币，信用是一种有条件限制的交易媒介，而货币是法定的支付工具，是无条件限制的交易媒介。信用与货币的不同之处在于，信用只是受信人对未来付款的一种承诺。

换言之，信用方式改变了现金交易“一手交钱、一手交货”的付款形式，将其改变为“先提货，以后慢慢付款”的交易形式。显然，授信人对受信人付款的承诺承担风险。

信用交易是以信用为交易媒介的交易种类，其特征是在交易中使用信用方法或信用工具。在市场上，最常见的信用交易方式是赊销、赊购和信贷。既然现金交易比信用交易安全，为什么市场中越来越多的交易者采用信用交易的形式呢？主要原因包括：卖方扩大销售或者促销需要；向客户提供比竞争对手好的支付条件；买方增大购货量，取得更大的批量购货价格优惠；方便的支付工具；受信人的理财便利；取得信用工具非常方便。

1. 经济活动日益信用化

信用理论研究表明，一国信用经济成分的比例大小与该国的经济增长关系密切，两者之间存在着强相关关系，而且呈正相关关系。市场上信用活动的总规模与信用交易的结构深深影响着经济增长，甚至决定着经济周期的变化。

经济学家把市场上的经济形态演进划分成三个阶段：以物物交换方式为主的自然经济时期；以货币作为交换媒介的货币经济时期；以信用交易为主导的信用经济时期。对于任何市场经济国家或地区，如果它的经济处于持续增长情况，那么市场交易形态的这种顺序变化是必然会产生的，也就是该国或该地区的经济活动日益信用化。

经济信用化，主要指信用活动日益增加，经济交易中可以用信用来衡量部分的比重越来越大。经济活动中的生产、分配、交换和消费等一系列过程逐步摆脱对经济主体自身积累的依赖，转而依赖于外部资金来源的融资。经济信用化程度，可以用信用消费和信用交易为标志的信用经济成分在国民经济中的比重来表示。

当一国的市场交易形态从现金交易为主导转变为以信用交易为主导时，也就是50%以上的交易是以信用交易方式达成的，这个国家的市场就进入了信用经济阶段，或被称为信用经济时代。信用经济阶段是经济学家的一种提法，是市场经济向成熟发展的更高阶段。在市场经济增长的条件下，进入信用经济阶段是不以人的意志为转移的。根据经济发展的历史经验，当一国的人均 GDP 超过 2 000 美元时，该国的经济就开始迈进信用经济阶段的门槛。

在信用经济时代，市场上适合信用交易的市场软环境生成，信用支付工具会大规模地发行，并被普及使用。该国市场规模的扩大和 GDP 的增长，信用交易成分做出了重要贡献。

2. 信用的贡献

适度的信用经济规模和结构合理的信用投放，有助于拉动一国经济增长，带来商业的繁荣和就业的增加，有助于综合国力的增强。信用工具的广泛使用，为资本转移提供了便利，会明显改善企业的销售方法；同时，消费者长期使用信用工具，也会改变消费者的消费习惯，提高其购买力。

在现代市场经济条件下，信用的作用与贡献是很大的，信用经济活动已经成为现代市场经济的重要组成部分。发挥信用的作用已经成为现代市场经济宏观调控必不可少的内容，研究与认识信用经济活动与经济运行的关系也变得越来越重要了。

3. 信用风险

如果过度发放信用，例如扩大信用工具的发放，使得市场上“信用总量”不合理地膨胀，则有可能带来阶段性的通货膨胀。

（1）信用风险种类

信用风险是一种双向的风险，最终会影响到信用交易的双方。在市场的信用交易中，失信是不道德的行为，它是信用交易发展的大敌。失信主要指不信守经济合同的行为，特别是不信守信贷或赊销类合同的行为。市场之所以存在普遍的失信现象，是因为失信行为成本很低，甚至获利累累。失信严重影响企业之间的交易速度、交易效率、交易规模、交易质量，破坏了经济主体之间以合同契约为基础的正常信用关系。失信严重影响市场体系的发育和成长，大大提高了市场交易成本，制约市场机制发挥配置资源的基础性作用。

客户到期不付款的风险是最主要的信用风险形式。

按照授信人的性质不同，最常见的信用风险有两种，即商业性信用风险和金融性信用风险。前者指企业以信用方式销售，存在客户违约，不能支付货款或者拖欠的风险；后者指使用信贷的客户违约，不偿贷或者不按期偿贷的风险。在信用风险表现形式上，常见的商业性信用风险包括客户拒绝付款、拖欠付款、无力还款、不能足额偿付货款等情况，给赊销的授信机构带来潜在的损失。

按照受信人的行为特点，信用风险又可以分为两种，即道德性信用风险和非道德性信用风险。前者指信用交易双方在签订合同时，受信方从一开始就打算违约的风险，或者对于是否违约问题毫不在乎，履约观念不强。这种类型的信用风险产生于信用交易初期，往往没有明显的可识别迹象。后者是指受信人不是出于主观愿望恶意违约，而是由于客观原因无法到期履行合约而给授信人造成损失的风险，具体可以细分为行业风险、政治风险、企业经营风险和经济周期风险等。

（2）信用风险原因

从经济学的角度看，信用风险源于信用交易中信息的不对称。信用经济是一种契约经济。在一般情况下，市场中的信用信息流动是不对等的。受信主体对自己的经营状况及其信贷资金配置风险等真实情况有比较清楚的认识，而授信主体则较难获得这方面的真实信息。在信用合约签订之前，这种不对称的信息将导致信用市场中的逆向选择；而在信用合约签订之后，信息优势方可能会发生道德风险行为。

但是，实践中产生信用风险的原因表现为多种多样，影响信用风险大小的因素也很多。总体来说，信用风险和影响风险大小的因素包括政治因素、信息因素、商业因素、管理因素等。根据信用管理实践，信用风险可以分成国家风险、行业风险、个体风险。信用管理行业对应上述风险提供各种各样的征信服务，力图帮助授信人规避或控制风险，减少授信人的经济损失。

信息的不对称只是经济活动中信用风险产生的必要条件，其充要条件是不完全的信用制度及由此产生的不完全契约。如果要追求经济效用最大化，就必须有一个合适的社会文化基础，也就是与之相适应的市场秩序和环境。

4．信用风险控制

信用风险产生取决于受信人的行为。有两个因素会左右受信人的信用行为：一是受信人主观意识的道德伦理因素；二是影响其行为决策的制度因素。正是基于研究信用风险的“伦理基础”和“制度安排”，形成了当代信用风险控制理论。

信用风险的控制问题，既涉及社会软环境的建设问题，也涉及社会微观主体自身的建设问题。

（1）建设社会信用体系

社会信用体系是建立市场经济秩序的手段，也是市场环境建设的基础设施。随着社会信用体系的建设，作为其组成部分的失信惩戒机制将逐渐发挥作用。一方面，该机制会消除或缓解信用交易中的信息不对称现象；另一方面，该机制会产生不良信用记录。

（2）提高社会微观主体的信用管理水平

对于银行或工商企业等社会微观主体，源自客户的信用风险可以分为可控风险和不可控风险。微观主体可以通过提高自身管理水平降低的风险，属于可控风险。对于可控风险，微观主体可以通过建立和完善自身的信用管理功能来降低风险水平，例如，严格执行授信程序的要求，执行标准的应收账款内勤催收程序等。像客户破产这样的风险，可以通过信用管理手段筛选出合格的客户，将来自客户的风险降低到可以接受的水平。

不可控风险是不能依靠微观主体提高自身管理水平而规避的风险，客户的经营管理水平直接影响到这种风险的大小。产生不可控信用风险的原因是客户经营不善，导致其运转不利，应付账款过多，无力偿债。对于不可控风险，授信者信用管理工作的主要任务是识别一笔信用交易的风险所在，决定是否应该使用信用保险或保理等风险转移服务。

5. 我国信用风险的原因

我国市场之所以存在普遍失信现象，主要原因在于：

（1）内部普遍缺乏基本的信用风险控制机制和信用管理制度

我国目前很少有企业设立专门的内部风险管理部门、机构和人员，因而经常发生因授信不当导致合约不能履行、受信企业对履约计划缺乏管理而违约等现象。因对合作客户的信用状况缺乏了解，也使许多企业经常上当受骗，造成大量经济纠纷和交易损失，形成信用风险。

企业内部信用管理这一重要管理环节的普遍缺失，必然导致企业信用风险大量发生。

（2）缺乏信用信息的社会共享机制

信息不对称是导致信息弱势方上当受骗，失信者频频得逞的客观基础。一方面，信用信息数据的市场开放度低，缺乏规范的信息发布和收集渠道，对征信数据的开放与使用没有明确的法律规定，政府部门和一些专业机构掌握的可以公开的企业、个人信用信息没有合法开放，增加了企业和征信机构信息获取的难度；另一方面，信用中介服务行业发育较晚，虽然也有一些为企业提供信用服务的市场运作机构和信用产品，但市场规模普遍很小，数据更新不及时，经营分散，市场竞争基本处于无序状态，没有建立起一套完整而科学的信用调查和评价体系。这样无法对企业、个人的信用做出公正、客观、真实的评估。

信息不对称使失信者的黑色记录得不到合法的收集和有效的传播，导致失信活动一再发生，扰乱了经济秩序。

(3) 相关法律体系不完善

社会失信惩戒机制不健全，使尚未达到刑事犯罪程度的大量失信行为得不到相应的惩治，失信成本过低。一些信用不佳的企业或个人在市场交易过程中，利用交易双方处于信息不对称的状况，大量进行信用交易，结果造成合同违约、恶性拖欠等问题日益增多，失信行为给失信者带来的收益远远超过其所付出的失信成本时，必然造成全社会范围内失信行为的蔓延和信用环境的日趋恶化。失信惩戒机制的欠缺助长了失信者的气焰，间接地打击了守信者的信心，扰乱了社会信用道德的评价标准。

鉴于信用风险已经成为制约经济持续健康发展和社会主义市场经济体制完善的主要问题，构建完备的社会信用体系已经成为当前十分紧迫的任务。

二、社会信用体系的内涵

社会信用体系是一种社会机制，是由信用立法与执法、信用管理行业运行惯例与约定、社会信用行为与道德规范、不良信用惩戒机制、诚信宣传教育等多个子系统共同作用、交织形成的社会机制。

社会信用体系的主要作用是规范一个国家或地区的信用活动。健全有效的信用体系可以促进该国或该地区的市场经济交易手段从原始支付方式向信用方式过度和转变；创造和规范发展市场经济的良好信用环境；扩大并创造市场需求，保持市场繁荣，促进经济持续增长；促进该国或地区的市场经济走向成熟，为市场经济健康、有序发展提供制度保障与社会基础。

三、社会信用体系的框架

就社会信用体系的内容而言，社会信用体系应该包括以下几个方面：

1. 信用管理行业

一国的社会信用体系建设取得进展的硬指标就是信用管理行业得到健康发展。没有工商类企业和金融机构的信用投放，市场经济就不能得到充分发展；没有征信服务的普及，企业信用销售和金融机构授信等信用管理活动的成功率就不能提高，就没有建立失信惩戒机制的物质基础；没有信用保障服务的推广，企业的信用风险就不能有效转移。

（1）信用投放

实体信用活动是指由公共部门、金融部门、企业等为信用主体进行的信用活动，这种信用活动直接给信用主体带来了生产或经营的变化，以及资金、销售等变化。在现代经济中，围绕着这些实体信用活动产生了信用信息的管理和服务机构，包括各类企业，如征信机构、资信评级机构和信用保障服务等。这些企业以社会实体信用活动为基础，以公共部门、金融部门、企业为主要客户，以经营信用信息与信用产品、提供专业化和社会化的信用服务为手段，立足于社会，成为现代信用活动、同时也是社会信用管理体系的重要组成部分。对于信用投放业务，信用风险是来自客户违约的风险。所以，信用投放管理的目标是规避授信企业遭受任何经济损失。识别、区别、分析和管理客户，对于信用管理事前防范客户风险、确定客户的授信额度意义重大。

（2）征信服务

1）传统征信服务。传统的征信服务主要分调查和商账追收两大类。

调查类的服务包括：不同深度的企业资信调查、消费者个人信用调查、资产征信、市场调查、行业调查和资信评级。但是，不包括政治性或社会性的调查，例如民意调查和社会调查。对于从事企业资信调查服务的征信机构而言，有一类机构非常重视征信数据库的建设、保持高数据更新频率、提高基本信息服务，这类企业征信机构侧重信息服务，属于企业资信调查类征信机构中信息服务类机构。

商账追收类服务的情况比较简单，商账追收机构受客户委托从事以威胁欠债方信用和提起法律诉讼为主要手段的合法商账追收活动，大型商账追收机构一般都是国际商账协会的会员。不同于企业资信调查类征信机构，它的业务活动往往受一国法律或政策的严格约束，能够直接从事全球性商账追收业务的机构非常少。

2）现代征信服务。自从20世纪80年代以来，各大跨国性征信机构都在转型，从征信产品生产型转向信用管理顾问服务型，产品数据供应商和保险机构也开始涉足信用管理行业，各种信用管理有关的技术手段和网络手段也都取得了发展。

现代征信服务较传统征信服务的概念更加广义，其他一些支持信用管理的技术和金融服务业也被包容进来，例如：保理、信用保险、应收账款管理、通过电话查询支票、信用管理咨询等。从技术方式和逻辑角度看，业内人士认为，市场调查是信用管理行业的“旁支”，利用电话和网络查询支票为主的票据服务是信用管理的“下游分支”。因此，现代征信服务比传统概念上的征信服务更为广义。

（3）信用保障服务

只要采用信用交易方式，风险几乎是不可避免的。为了将信用风险控制在尽可能低的范围内，企业需要借助于信用保理、信用保险、担保等信用保障的手段或工具，来控制和转移风险。

2. 信用监管体系

针对管理对象的不同，信用监管体系可以分为：对工商类企业信用的监管和对征信机构的监管。

实施监督管理的部门可以是一个，也可以有多个，要视该国的政府机构设置和促进信用管理行业发展对该国经济发展的重要性而定，往往取决于国家大小、社会制度、法律规定的健全程度、政府机构规模、有无设立统一的专职信用管理行业监督管理部门、有无开放征信数据的文化传统等诸多因素。

信用监管体系一般包括以下几个方面：

（1）行业监管部门

为了推动信用管理行业的健康发展，政府会设立一个相对统一的行业监督管理部门，作为政府专职的行业监督管理部门，实施对工商类企业信用监督，比如工商管理部门和发改委等政府部门。其所要发挥的作用有两个方面：一是宏观调控金融机构和零售信用授信单位对市场的信用或信用支付工具的投放总量，根据国家的经济状况，促进或短期抑制信用支付工具的投放；二是促进或者规范行业征信的发展，对征信机构的业务操作行为建立起监督管理机制。

社会信用体系是一个庞大的社会系统工程，政府的行业监督管理部门要确定所采用的模式，保证金融体系的安全，维护市场的公平竞争，按照国际惯例将征信数据市场化，筛选合格的征信机构，推动信用管理相关法律的立法工作，负责执法和技术性解释法律条款，直接参与失信惩戒机制的建设和运行等。一般而言，政府行业监管部门应该扮演如下角色：社会信用体系建设的倡导者、社会信用体系的规划者、社会信用体系建设工程的启动者、法律法规的制定者、部分征信数据的中转站、维护市场规则的执法者和法律的权威解释者、对失信个人和企业进行社会联防的组织和协调者。

（2）中央银行

社会信用体系的建设，必然支持金融机构对市场投放信用，因此必须有中央银行和金融机构的监管部门参加，中央银行在信用监管体系中应扮演主要的角色，具有举足轻重的作用。

在征信国家，中央银行的作用具体体现在对商业银行和金融机构的信贷、信用卡、电子转账、信用相关其他金融工具或手段等法律的起草、监督管理和技术性解释有关法律。在非征信国家，中央银行更是任重道远，要保证包括商业银行在内的金融机构所掌握的征信数据对征信机构开放，因为金融机构所掌握的征信数据项多是权重大的数据项。

中央银行的另一项主要作用是扶持在资本市场上服务的资信评级机构，以及发展国际保理、信用保险等服务，使金融类的信用管理服务得到平衡发展。

由于发展中国家的金融市场不够发达，迫切需要发展，因此许多发展中国家在启动社会信用体系建设时，都是由中央银行推动的。不仅征信机构多为中央银行发起设立的，且信用管理的立法工作也多由中央银行推动。

（3）民间机构

作为社会信用体系的组成部分，信用管理行业组织的建立是必不可少的。在征信国家，各国都有信用管理行业组织，这些行业组织通常被称为信用管理协会、追账协会、信用联盟等。作为民间团体的信用管理组织，其重要功能在于联系本行业或本行业分支行业的从业者，为他们提供交流的机会及场所，同时还有可能募集资金，成立专项研究基金，在经济上支持信用管理研究课题。

国际上最著名的信用管理民间组织是具有专业特征的行业协会，其中，分别代表信用管理行业各分支行业的国际性协会有不少，著名的有美国国际收账者协会和美国全国信用管理协会等。

3. 信用法律体系

无法不足以立信，有效的法律体系不仅可以支持宏观层面的信用管理，而且可以保证微观层面所需要的信用信息的获取，在维护信用制度方面也发挥着重要的作用。因此，在强调建设信用制度的同时，必须同样重视构建它的法律环境，制定一套完整、系统的规范信用活动的专门法律，明确信用主体行为的法律责任，为信用管理及其制度化建设提供法律保障。

(1) 建立和发展信用制度所需要的法律环境

信用制度的建设需要一个优良的法律环境予以配合，一般而言，法律环境应该具备以下特征：首先，具有普遍适用性，即针对各种经济交易，具有相应齐全的法律体系和完整、规范的法律内容，同时注意国别特点和国际信用标准，体现出这两方面的密切融合；其次，保护合法征信，强调征信过程中征信数据的开放与使用的法律程序，使从合法途径取得的信息数据受法律保护；第三，设立失信惩戒机制，加大企业或个人失信的成本，迫使其行为趋向守信，有效地遏制普遍的信用秩序混乱的现象；第四，较高素质的法律从业人员，司法能否公正，执法是否严明，都与司法、执法人员的素质高低紧密相关。

(2) 国外信用法律体系建设的经验

在信用相关的立法工作中，要加强信用管理方面的立法，特别是规范征信业务操作环节的立法。征信是建立信用法律制度的基础，在征信国家，必然有比较完善的相关法律可供遵循。以美国为例，相关法律体系的建立是信用行业发展的基础，基本法律现有16项，主要目的是稳定经济和保护消费者的隐私权，直接规范的目标都集中在规范授信、平等授信、保护个人隐私权方面。美国有关信用的法律体系呈现出一体化的特点，涉及的使用机构多、业务范围广，既有针对性的措施，又有统一的标准，对于我国制定相关的法律具有较好的参考价值。

征信行业的经营管理必须依法进行。从各国的实践看，建立和完善社会信用体系的难点并不在于信用服务机构的多少，而在于与之相关的法律法规是否明确。

信用法律体系的建立必须依赖以下几个基本条件：一是立法和政府

有关部门的支持；二是各行业有关信用服务组织的建立并联网为会员提供信用信息服务；三是个人和企业信用数据库的良好管理和经营；四是高素质的司法、执法人员。

4. 信用文化与教育

（1）信用文化

市场经济是建立在一定规则基础之上的有限制和约束的自由经济，不是唯利是图、完全自由主义的经济。市场经济讲究道德、精神和规则。这一切的形成，既需要利益的平衡，也需要制度的安排，更不能忽视社会舆论的宣传、引导与监督。社会舆论是改善市场经济秩序、加快建设社会信用体系的重要支持力量。

（2）信用管理教育

信用管理理论与信用管理教育的发展可为现代信用活动培养人才，是现代信用活动的有效组成部分，是信用管理体系的基础。信用管理学跨财务管理、市场营销、商法等学科，是一门典型的应用型交叉学科。目前，主要教育形式有三种：高等学校的常规教育、职业培训、信用管理远程教育。

随着社会信用体系建设的不断推进，信用管理人才需求很大。首先，发展专业信用管理教育，将信用管理作为一门独立和系统化的学科，在经济学下设信用管理专业二级学科，与金融学、工商管理等并列；或在工商管理学院、财政金融学院内设立信用管理专业课程；在经济、金融、工商管理、企业管理等成熟专业，增设信用管理双学士；在有条件的院校及专业，允许增设信用管理方向的MBA。其次，要加快发展信用管理的职业教育与岗位培训，主要对象是银行与企业的信用管理人员，信用调查、评估与咨询等的从业人员。

四、社会信用体系运行机制

虽然社会信用体系的运行涉及几个方面的工作，但各项工作并不是完全分立的，它们是互相交叉和影响的。例如没有相应的法律法规，就不可能保证征信数据的开放。另外，虽然体系建设的筹备工作有可能同时启动，但工作应该是分层次展开的。例如不解决修改现行法律问题和边缘法问题，就不可能建立健全信用管理专业法律。

尽管社会信用体系是一个庞大的社会系统工程，社会信用体系的运行是围绕信用管理行业的建设和发展这个核心进行的。信用管理行业的发展、成熟速度是检验一个国家社会信用体系的综合性指标，即社会信用体系发展的硬指标是信用管理行业的快速且平衡地发展。只有信用管理行业得到发展，社会信用体系中的失信惩戒机制才能建立，因为信用管理行业建立起企业和个人的信用记录是社会联防采取“制裁措施”和“量刑”的依据。当然，征信机构在得到政策扶持和发展的同时，要走向自我完善，要通过自律来建立自身的信用，取信于社会，用实际行动改变公众和政府的不信任态度。

失信惩戒机制是社会信用体系正常发挥作用的保障。对失信者和失信行为不能给予及时、有力的惩戒，就是对失信者的鼓励，对守信者的惩罚。应综合运用法律、行政、经济、道德等多种手段，增加失信成本，使失信者付出与其失信行为相应的经济和名誉代价，直至被市场淘汰；使守信者得到各种方便和利益，获得更多的市场机会，不断发展壮大。

失信惩戒机制是由所有授信单位共同参与的，以企业和个人征信数据库的记录为依据的，通过信用记录和信用信息的公开，来降低市场交易中的信息不对称程度，约束社会各经济主体信用行为的社会机制。其主要功能是对于所有失信行为的法人或自然人实施实质性打击，让不讲信用的法人和自然人不能顺利地生活在社会中，使人们不敢轻易对各类经济合同或书面允诺违约；同时，维护诚实守信者的利益，并在有条件的情况下对诚实守信者进行物质性奖励。

第二节 社会信用体系的功能与作用

一、社会信用体系的原理

社会信用体系是一种社会机制，具体作用于一国的市场规范，是信用经济蓬勃发展的基础设施，它旨在建立一个市场软环境，保证一国的市场经济向信用经济方向转变，即从原始支付手段为主流的市场交易向以信用交易为主流的市场交易方式的健康转变。也就是说，这种机制会建立新的市场规则，使社会资本得以形成，直接地保证一国的市场经济走向成熟，扩大一国的市场规模。

社会信用体系原理的主要特点是由失信惩戒机制所代表的经济伦理。维系市场经济秩序、挽回社会信用要靠失信惩戒机制发挥作用。失信惩戒机制就像一条鞭子，悬在每一个企业和个人的头上，对它们中的每一个失信动机起到震慑作用。

二、社会信用体系基本功能

1．保证信用的投放

社会信用体系建设是一项系统工程，包含方方面面的内容，但它也有一条主线，就是要解决信用投放问题。按照信用体系三个层次的划分，即基于金融活动的信用体系、基于经济活动的信用体系以及基于社会活动的信用体系，信用投放不仅包括银行信贷等金融类的信用，还要涵盖企业赊销等非金融类的信用，这两类信用在发达国家基本上是1∶1的。

社会信用体系要解决的问题，一方面是信用的大规模投放。目前，我国的信用工具的发行量比较低，信用投放的空间还非常大，信用经济增长对我国经济增长还没有做出应有的贡献。在这种情况下，大规模投放信用工具，释放其全部的能量，促进经济的增长是社会信用体系要解决的一方面问题。

另一方面是信用的安全投放。信用交易相对于现金交易包含着成倍的风险，因为信用含有对未来的预期，信用交易的成败很大一部分决定于未来，所以它更容易产生风险。因此，确保信用的安全投放是社会信用体系需要解决的另一方面问题。必须要创造一种工具来保证信用的安全、有效投放，要规避信用风险。无效的信用投放对经济增长不但没有贡献，反而有害。

要保证信用能够安全、大规模地投放，就要有一个信用管理行业，要有提供规避信用风险的手段、工具，这其中包括信用风险转移的手段。

2．减少政府管理社会的成本

现代社会信用体系的建立与完善可以最大限度地减少政府各部门管理社会的成本，提高工作效率，科学地参与市场经济管理。目前，政府各部门特别是公安、工商、人事等部门掌管着大量管理社会的信息资源，很多没有充分利用，又不能充分共享。许多有价值、有关联的信息，在各部门人为相互割裂的职能活动中被忽视而不能有效、综合地利用。如果各部门能够资源共享，社会上一些专业的信用管理中介机构对各种信息进行专业分析、专业管理，使其有机结合，综合开发利用，就会极大地提高这些信息资源的使用价值，通过信用交易再提供给有关部门和需要使用信用产品的人，就会使政府各部门的工作更加迅速，节省大量时间和降低劳动强度，工作既准确又有效率。

3. 根治社会失信现象，重塑社会道德伦理

规范市场秩序不能简单地依靠一次又一次的突击大检查或严打等形式来解决问题，而必须要靠规范的市场经济规则和相应的制度建设来实现。

维系社会信用制度、市场经济秩序要靠失信惩戒机制发挥作用。面对市场经济的冲击，试图仅仅利用诚信思想来维系社会信用制度、市场经济秩序是远远不够的。

在市场经济中，一般社会关系中诚实守信的道德规范与行为原则和经济活动的交易规则紧密地统一起来，形成了市场经济的信用文化。这种文化恰恰是我们这种由计划经济向市场经济转型的国家所缺乏的，更是发展市场经济所必需的。市场经济是建立在一定规则基础之上的有限制和约束的自由经济，社会信用体系可以根治社会失信，为市场交易建立新的游戏规则，进而重塑社会道德伦理。

4. 扩大市场需求，促进经济持续增长

依靠扩大本国信用交易总额来扩大市场规模、拉动经济增长是许多发达国家的成功经验。在良好的市场信用环境下，一国的市场规模会因信用交易而成倍增长，从而拉动经济增长和扩大就业。为促进信用交易的发展，许多国家的信用管理体系不断完善，新的信用工具不断被研发出来，各种形式的信用卡和商业票据被广泛使用。例如，美国 20 世纪 80 年代中期的商业票据年结算量已是企业活期存款年末余额的 3300 倍。同时，在信用条件下，企业之间的赊销现象大量增加，对企业之间的信用度要求也会提高。

5. 提升参与国际竞争的优势

随着经济全球化进程的推进，一国或地区的经济将在全球经济分工中占有什么位置，拥有多少市场份额，如何更有利地参与国际竞争，这些都与该国或地区的信用体系建设有直接关系。信用环境不良，企业整

体信用程度低，将严重制约该国或地区企业在国际市场的竞争力，市场份额会越来越小，信用关系会进一步恶化，在参与国际竞争中就会处于非常被动的地位。同时，信用秩序混乱也将恶化该国或地区吸引外资的环境，直接影响投资需求的增加，进而影响经济的发展。

第三节　失信惩戒机制

一、失信惩戒机制的内涵与外延

失信惩戒机制是社会信用体系的重要组成部分。它是信用市场的激励约束机制，能够有效制约和降低不良信用的形成、生长和扩散，保护和激励良好信用的发展，维持社会信用体系正常运转。它的作用就是经济手段和道德谴责手段并用，惩罚市场经济活动中的失信者，将有严重经济失信行为的企业和个人从市场的主流中剔除出去。

1. 失信惩戒机制的内涵

失信惩戒机制是由信用市场各授信主体共同参与的，以企业和个人征信数据库记录为依据的，通过信用记录和信用信息的公开，来降低市场交易中的信息不对称程度，约束社会各经济主体信用行为的社会机制，是信用管理体系中的重要组成部分。

2. 失信惩戒机制的功能

失信惩戒机制的主要功能是对所有失信行为的法人或自然人实施实质性打击，让不讲信用的法人和自然人不能顺利地生活在社会中，使人们不敢轻易对各类经济合同或书面允诺违约。一个国家只有具有了运转正常的失信惩戒机制，才能具有完整和健全的信用管理体系和信用制度，才能有效保障市场健康有序发展。

失信惩戒机制产生的信用记录是实现失信惩戒的基础，它有两个基本功能：一是消除信用交易中的信息不对称现象，让授信方充分了解客户的信用记录，依此做出正确的授信决策；二是一旦发生客户的失信现象，其不良信用记录会被送到征信机构，形成失信者不良信用交易记录的“黑色记录”。“黑色记录”会阻碍信用记录不良的企业或个人再次进入市场，直至使信用记录不良的企业无法继续从事经营活动，使得信用记录不良的个人不能享受日常生活中的许多便利。

3. 失信惩戒机制的执行机构

原则上，失信惩戒机制不是一种对失信企业和个人进行的类似刑事的处罚，但也不是轻描淡写的道德谴责。因此，失信惩戒机制中设计的处罚尺度不是出自《刑法》或《民法》，公检法也不是失信惩戒机制的执法机构。当然，触犯刑律的失信活动另当别论，既要受到失信惩戒机制的惩罚，也要追究其刑事责任。

失信惩戒机制的执行单位可以是各种各样的授信机构，比如：政府机构、金融机构、使用赊销方法销售的企业、公用事业单位和各行各业的雇主。在征信国家中，执行单位也可以是法律或政府有关机构委托的民间机构，比如：企业资信调查机构、消费者信用调查机构、资信评级机构、商账追收类机构等。

执行机构的作用是把不良信用记录和相关意见记录在信用调查报告中。企业的主要经营者或公民个人一旦有了不良信用记录，这些记录将伴随他们度过一段时间。时间的长度由相关的法律决定，例如美国的《公平信用报告法》规定消费者个人的不良信用记录允许保留 7 年。

4. 失信惩戒机制运行的前提条件

失信惩戒机制的运行取决于三个基本条件：企业和个人的信用信息对征信机构的开放；专业征信机构通过联合征信形式采集征信数据，构筑征信数据库，并合法公开不同级别和类型的资信调查结果；由政府倡导，建立一个由所有授信单位参加的社会联防，使失信企业或个人的行为被及时记录。

失信惩戒机制运行的最主要环节是采集失信企业和个人的不良记录，并合法地将其公示给有需要的授信单位。至于授信单位是否愿意利用征信数据库的信用记录，以及是否拒绝与程度严重的失信者进行交易，只能依靠市场的规律行事，政府和征信机构的角色是倡导和教育。

5. 失信惩戒机制的管理和监督

对失信惩戒机制的管理和监督，是对惩戒机制环节的管理和监督，包括征信机构的管理，消费者个人信用调查报告机构的监督、立法，客户申诉的仲裁，个人隐私权的保护，民间信用管理组织的业务监控等。监督和管理工作的重点是：第一，对失信惩戒做出权威的标准尺度及其解释；第二，对于信用管理业者使用的技术和设备方案做出评估或审查。

二、失信惩戒机制的工作原理

根据信用经济学和信用管理理论，失信惩戒机制是通过降低市场交易中的信息不对称程度，达到对潜在失信者进行威慑；对于已经发生的失信行为，失信惩戒机制以企业和个人征信数据库的记录为依据，动员所有授信机构、雇主、政府和公共服务机构，共同建立起信用信息社会联防，使得失信者承担应有的失信成本。

在实践中，失信惩戒机制的工作原理是：依托大型征信数据库，形成信用信息的社会联防，使得失信惩戒机制具有可操作性。失信惩戒机制的工作原理如图 2—1 所示。

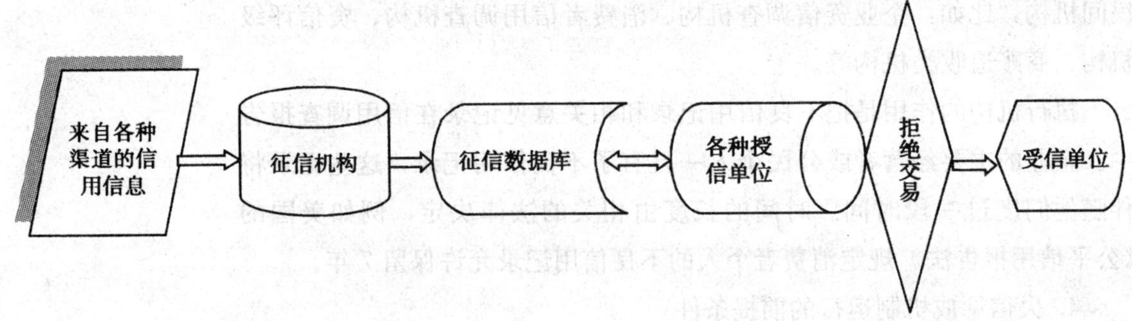

图 2—1　失信惩戒机制的工作原理

失信惩戒机制的设计是本着"人之初、性本恶"的观点为出发点的，认为人在本性上是贪婪的，人需要占有更多生活物资和享受高水平的物质生活，是受到本性的驱使而去追求的。在对失信惩戒机制的设计时，考虑到一般人的社会行为必须受到制度的规范，处罚建筑在所设计的市场联防上，主要由反面事例的教育来产生震慑力，达到约束企业和消费大众的经济行为的目标。不论受到失信惩戒机制处罚的企业经营者和消费大众的思想道德水平是否得到提高，在效果上，要使他们表现出在行为上是遵守诚信道德伦理的。当然，辅之以信用教育和其他相关的正面宣传，可能会产生更好的效果。

根据征信国家的经验，失信是产生于市场经济生活中的不良现象，回应市场对失信现象进行惩戒的机制也产生于市场，它的"量刑机构"是各色各样的企业征信机构、个人征信机构和资信评级机构等。出于这样的理论，失信惩戒机制作用的效果必须达到：将交易双方中失信方与授信方二者之间的矛盾，激化成为失信方与全社会的矛盾；在法律允许的处罚有效期间，让所有的政府监管部门、授信机构、雇主和公用事业单位参与对失信者的经济类惩罚。失信惩戒机制对于市场上的失信行为所进行的打击必须是实质性的，决不是轻描淡写的道德谴责。失信惩戒机制的工作方式必须依托大型征信数据库，只有这样设计，才会极大地降低对大量失信者进行惩罚的“办案”成本。

三、失信惩戒机制的操作

1. 主动打击失信行为

主动打击失信行为，是指这种失信惩戒机制不对失信者进行思想道德教育，也不在意失信者是否愿意，在失信行为者不知情的情况下，个人征信机构的征信数据库就将其不良信用记录全部收录在案，并让失信者未来的交易方或者雇主能够方便取得。在全面了解有失信行为者的不良信用记录以后，由授信者或者雇主自己决定是否与失信者交易或交往，或者决定交易额度。

2. 社会全面渗透

社会全面渗透，是指对失信行为的记录是覆盖全国的，对不良信用记录的传播是全国（甚至是全球）性的。由失信惩戒机制建立起一种社会新秩序，如果个人不按照新规则要求自己，将给自己带来生活的不便，在个人或家庭经济上也是非常不划算的。如果企业不按照新规则调整管理方法，企业将失去市场，将永远不可能成长为一个大型企业。因此，这种做法会潜移默化地改变包括企业文化和社会道德在内的社会文化。

3. 对守信者奖励

失信惩戒机制的运作方式也会自然而然地对守信者进行奖励，因为它也主动将消费者个人的优良信用记录同时记录下来，并加以积累，体现在给予信用记录优良的人以高的信用评分，使守信者在不知不觉中获得一些无形资产。通过这种做法，使得金融机构和赊销商在授信上给予有优良信用记录的个人以政策性的倾斜，例如对于信用记录或信用评分优良的消费者信贷申请人，在贷款利率上给予优惠，即使用消费者信贷的利率随着信用评分的升高而降低，使信用评分高的贷款申请人有可能取得低息贷款的机会。

4. 民间市场运作

如果失信惩戒机制完全由民间投资建立，那么它纯粹是应信用经济时代的市场交易方式需要，而由市场自发建立的。政府的作用体现在保证征信数据的开放，并制定有关法律来规范失信惩戒机制的操作。政府的法律、法规和执法活动，不对法人资格的企业实行任何形式的保护，而最主要的任务是保护消费者个人的隐私权。

总之，失信惩戒机制必须具备可操作性，最重要的环节是不良信用的及时采集和正确记录，向授信方提供信用记录或信用评分，让消费者的信用记录合法传播，解决信息不对称问题。依据失信惩戒机制操作所采用的方法，所有企业从开始工商注册，其每一次不良信用行为都会被记录下来，按照时间顺序或额度排列，登录在各企业征信数据库中，并且向任何人公开，完全没有限制。对消费者个人，从他（她）申请到身份证号码后，其各种信用行为都会以事件记录形式登录在征信数据库中，合法的用户可以随时调用。在发达国家，如果一个人有了不良信用记录，就不能申请信用卡、购物卡、购房贷款和任何信贷，甚至在申请租房、安装电话、手机上网、银行开户时都会遭到拒绝。

失信惩戒机制的启动和运转需要国家尽快建立有关的法律法规。在社会信用体系建设过程中，存在政府按照市场规律启动失信惩戒机制的建设工作，需要政府推动专业征信机构的发展。统一的政府行业管理部门既是失信惩戒机制运转的推动者，又是监督者，而专业征信机构是法律法规约束下的执行单位。

本章关键术语和主要问题

1. 关键术语

信用	经济信用化	信用交易	信用经济
信用规模	信用风险	社会信用体系	信用管理
失信	失信惩戒机制		

2. 要点

（1）经济活动中信用的定义。

（2）信用要素和信用形式。

（3）信用风险的种类。

（4）信用风险产生的原因。

(5) 社会信用体系的定义。

(6) 社会信用体系的功能与作用。

(7) 社会信用体系的运行机制。

(8) 失信惩戒机制的工作原理和具体内容。

3. 思考题

(1) 分析我国市场上失信行为大量存在的原因。

(2) 什么是社会信用体系？社会信用体系的作用是什么？

(3) 社会信用体系惩戒失信的原则是什么？

(4) 说明失信惩戒机制的工作原理。

(5) 失信者的成本包括哪些？

(6) 简述政府在社会信用体系建设中应起的作用。

第三章

企业信用管理概述

第一节　企业信用管理的内涵与外延

一、信用管理的起源和发展

信用管理源于英国早期资本主义工业的发展和北美大陆的开发，是伴随着大规模的赊销而出现的，其发展经过了漫长的百年之路。在1830年后的一百多年中，随着宏观信用经济理论研究的出现和征信工作经验的总结与积累，信用管理理论和技术逐渐发展成形。

1. 国外信用管理的起源和发展状况

（1）信用管理起源于征信

根据欧洲的贸易发展史，早在13世纪，从事异地贸易的买办就开始对客户进行最基本的背景调查，客户记录经常被用于收账工作。但是，真正意义上的信用销售和信用管理则起源于1830年的英国和1937年的美国，其标志是征信机构的出现。当时，世界上的主要资本主义国家的市场秩序非常混乱，通讯技术落后，没有有效的企业资信信息传播渠道，市场交易的信用状况恶劣，许多大型企业都有了解贸易对方企业基本情况的强烈需求。因此，企业征信服务应运而生。1830年，世界第一个征信机构创立于英国伦敦，它是一家企业征信类机构。该机构帮助贸易商调查交易对方的资信状况，评价贸易商的信誉。美国、法国、德国、日本的第一家征信机构分别创立于1837年、1857年、1860年和1893年。目前，世界最大的企业征信机构是美国的邓白氏公司。现代的消费者信用调查服务起源于美国，美国的第一家个人信用局成立于1860年。应该说，企业征信服务是信用管理业务的第一个品种。

（2）原始信用管理理论的形成与实践

到19世纪末期，原始的信用风险控制理论逐渐形成，标志是以企业债券评级理论与实践为主的资信评级行业的出现。对债券进行评级的目的是帮助投资人规避风险。对形成信用风险的原因进行研究，发现客户是否违约与客户的道德水平有关，受客户的主观意识影响。另外，影响客户付款行为的还有客观和制度因素。正是基于研究信用风险的伦理基础和制度安排，形成了信用风险控制理论。原始的信用管理工作比较强调交易前的客户调查和收账，企业的信用管理工作主要还是依靠销售人员的经验对客户进行筛选或寻求抵押。在第二次世界大战结束以前，除商业银行之外，绝大多数的企业并没有要求企业的信用管理工作独立出来，信用管理功能的发挥主要依托在销售部门和财务部门。

（3）传统信用管理理论的形成与实践

传统的信用管理理论形成于第二次世界大战之后。以评价客户的5C系统为基础的信用管理理论得到完善，并且逐渐形成企业内部的流程化信用管理操作。传统信用管理理论的特征在于形成信用管理作业的操作流程、注重客户授信、嫁接征信服务、考虑法律规范下的操作、注意职业信用管理专业人员的训练等。

（4）现代信用管理

现代信用管理服务起源于20世纪50年代，从那时起，信用管理业务开始超出征信业务范围。企业征信服务已经成为现代企业信用管理的基础，它为企业提高赊销成功率的信用管理工作提供外部技术支持。

现代信用管理技术经过了几个重要的发展历程。

1）第二次世界大战后到1969年，随着消费信贷发展的需要，消费者信用管理技术取得了突飞猛进的发展，个人信用评分技术开始进入应用阶段。

2）20世纪70年代，为了应对征信行业带来的问题，以美国为代表的发达国家建立起成套的信用投放和信用管理相关法律。

3）从80年代末期开始，企业信用管理功能有所突破，信用管理部门从仅管赊销，扩大到企业潜在经济风险综合控制。

4）到90年代初期，随着计算机和IT技术的发展，通过信用管理专业软件包和管理信息系统（MIS）配合使用的软件开始流行使用，并逐渐发展到与企业资源计划系统（ERP）和客户关系管理系统（CRM）兼容。

5）在1992年以后，征信机构的信用管理外包服务开始流行，与此同时，企业可以获得征信机构的全球一致性服务。

综上，信用管理理论和技术的形成依赖于企业征信技术和个人征信技术的发展，并逐渐扩大到对信用交易全过程的信用风险控制。鉴于信用管理与征信的渊源，信用管理技术是随着征信行业的发展而逐渐完善的。经过160多年的发展，发达国家的信用管理行业各个分支行业在20世纪60年代趋于发展成熟，法律环境全面建立，现代信用管理理论日臻完善，信用管理专业教育体系逐步建立，技术水平迅速提高。

在发达国家中，美国后来居上，在各类征信技术和产品的研发上大力投入，在技术上全面超过欧洲。

2. 我国信用管理的起源和发展状况

早在我国封建社会的初期，信用销售形式便已存在。但是，建立在现代征信服务基础上的现代信用销售的出现比较晚，大约始于20世纪90年代。目前，国内征信市场上流行的几种信用管理专业软件包，都是在20世纪90年代中后期由征信机构开发出来的。随着改革的不断深入，信用在我国经济中的作用日益突显，信用管理越来越受到学术界、企业界、银行甚至政府的重视。

3. 信用管理技术的发展趋势

企业信用管理个性化趋势明显，需要信用管理人员有条件创造性地使用外部资源和服务。

（1）范围在不断扩大

经济全球化进程和虚拟经济的发展冲击信用管理理念。随着经济全球化带来的客户关系和客户调查等牵涉文化问题。在企业跨国经营和国际化过程中，信用管理面临解决目标市场的征信质量问题，以及评价客户新标准问题。同时，随着互联网的发展，也出现了电子商务网上交易等新型业务的信用风险控制问题。

(2) 产品在不断创新

信用衍生工具 (Credit Derivatives) 市场将会以一种无法想象的方式改造信用管理行业。它们可以用来层层剥离标的资产的信用风险，从而改变标的资产的整体信用风险特征。信用管理部门成为企业利润中心，信用工具和征信产品创新和更新换代频率加快，快速的发展挑战信用管理人员的信用管理能力。从而产生了设备更新和接受新知识培训问题。这就越来越要求信用管理人员具有战略性思维，提高协同能力，形成与内部相关部门和客户的商业伙伴关系。

(3) 风险在增长

用于信用风险管理的工具本身并不能够将这个世界变成一个更为安全的世界。任何分析工具都是人类智慧的产物，它们试图通过有限变量的模型来描绘真实的世界。一个模型可能会抓住它所描绘的真实世界的大部分特征内容，但不容置疑它肯定会忽略掉另外一些重要的方面。更进一步，由于模型的存在会逐渐改变市场行为，使得模型变得越来越没有用处，因此，信用管理技术的实践者需要更加关注所谓的"模型风险 (Model Risk)"。

二、企业信用管理的内涵

1. 企业信用和信用销售

(1) 企业信用

企业信用指的是企业采用信用销售手段，以赊销商品或服务、预付货款或业务款等形式提供的信用。狭义的企业信用特指生产制造类厂家对企业法人性质客户进行的赊销。广义而论，企业信用还包括商业银行、财务机构、其他类型的金融机构对企业的信贷，以及使用即期汇款付款和预付款形式以外的外贸方式而产生的信用。

(2) 企业信用销售

企业信用销售从属于信用交易的范畴。狭义的信用销售，指的是企业赊销，包括对企业和对消费者进行赊销，是一种企业对企业、商场对消费者、生产厂家对消费者的先提货后付款的销售方式。广义的信用销售的定义是一切合法的授信形式。信用销售一般是在商业银行和其他金融机构的支持下进行的。

根据定义，信用销售的实质是客户占用了企业的资金，等效于对客户的短期融资。在现行经济制度下，实施信用销售的主体都是企业法人，它们是一种或多种信用的授信人，在某些场合下称授信机构。信用销售的对方是赊购方，也称受信人，即接受信用的一方。受信人可以是企业法人，也可以是自然人性质的消费者。

企业采用信用销售手段，外因是买方市场的形成，在供大于求的买方市场下，企业为了生存和发展，就要竭尽全力扩大市场占有率，减少产成品库存，努力扩大销售。因此，改变客户付款方式、提供赊销便成了吸引客户、销售产品的重要手段之一。

企业采用信用销售方法的目的是盈利。企业经营以利润最大化为目标，而利润需要通过扩大销售来实现。采用信用销售方法，企业能够提高市场竞争力，改善客户关系，有助于打击竞争对手，抢占更大的市场份额，从而扩大销售额。如果市场大环境好，社会信用体系能够有效运转，比较其他传统的销售形式，信用销售应该是成本最低廉的价值交换形式。

企业采用信用销售方法是有条件的，可以简单归纳如下：买方市场的存在；赊销企业或授信人掌握控制客户信用风险的技术；合理回报率情况下的商业银行或厂商的融资支持；强制受信人履行赊销合同的社会机制和法律保障，包括全社会范围的失信惩戒机制。

信用交易规模扩大是一国市场经济成熟标志的一种表现。如果一国或一地区的经济进入到信用经济阶段，市场上的信用交易就会成为主流交易形式，信用销售就会成为最常用的销售手段。

企业的信用销售大致可以分成两大类型：一是企业法人之间的信用销售（B2B），即赊销企业对客户企业的信用销售；二是企业对消费者的信用销售，即企业法人对自然人的信用销售（B2C）。狭义而论的信用销售形式包括：生产型企业对另一生产型企业的信用销售；商业企业对消费者个人的信用销售；生产型企业对消费者个人的信用销售。

制造商经常采用直接信用销售的方式赊销给另一个制造商，即上下游企业间的信用销售，这就是典型的企业对企业的直接信用销售。在直接信用销售情况下，赊销企业不能立即收回全部货款，客户企业将在短期内占用赊销企业资金。所谓间接的信用销售，指的是通过金融机构资金支持的信用销售。信用销售有时是在包括商业银行在内的金融机构支持下进行的，特别是在消费领域的信用销售，例如商业银行以消费信贷形式支持消费者购买大件耐用消费品，改变了消费者对消费品生产企业或商业企业的赊购性质，变赊购为现金交易，即将零售信用转变为现金信用。对赊销企业来说，金融机构的消费信贷服务等效于替它们的赊销合同“埋单”。金融机构支持信用销售的方式不限于此，有些金融机构还会大笔收购赊销合同，并将赊销合同证券化。

尽管金融机构也是企业，但狭义的信用销售定义通常不包括金融机构对企业或消费者个人的授信。

2. 企业信用风险

（1）企业信用风险的含义

在竞争日益白热化的买方市场经济下，企业始终面临着这样的两难困境：一方面，必须不断扩张信用以扩大市场份额，但另一方面，又必须最大限度地减少坏账损失以降低成本，提高盈利。

企业信用风险是指在以信用关系为纽带的交易过程中，交易一方不能履行给付承诺而给另一方造成损失的可能性，其最主要的表现是企业的客户到期不付货款或者到期没有能力付款。企业信用风险主要是指来自企业外部的客户信用风险。

（2）企业信用风险的表现形式

企业信用风险的外在表现就是指企业应收账款无法收回，产生坏账、呆账，造成资金供求矛盾，引起资金链的断裂，最终导致破产。

在信用销售的实践中，常见的信用风险表现形式有：贸易纠纷，客户拖欠的风险，客户赖账的风险，客户破产的风险，因付款方式不同产生的风险，因汇率和通货膨胀产生的风险，因各国法律和诉讼方式不同产生的法律失效风险，受到客户诈骗的风险等。此处只具体讲述由于客户拖欠、赖账、破产而造成的信用风险，以及不同付款方式所造成的信用风险。

1）客户拖欠的风险。只要赊销，就会出现客户拖欠货款，这种情况几乎不可避免。当客户企业在经营中发生短期资金紧张情况，以及其他意外情况，就有可能不能如期或足额履行赊销合同。对于赊销或授信企业，客户就有可能短期拖欠应付货款，在账面上产生逾期应收账款。

客户拖欠货款是企业赊销面临的最大风险，拖欠货款对赊销企业造成的损失远比坏账造成的损失大。客户拖欠货款的损失不出现在会计账上，是隐形的，体现为机会成本的增加，因此经常被忽视。

当客户拖欠发生后，企业信用管理部门要尽快弄清楚客户是否为恶意拖欠，即弄清楚客户拖欠货款的真正原因。然后配合企业销售部门采取相应措施。

2）客户赖账风险。客户赖账是客户恶意拖欠货款行为的习惯说法。不同于临时遇到困难和濒临破产的客户企业，赖账的客户通常是有能力还款的，但就是拒绝还款，还找出种种托词和借口，能拖则拖，尽可能长时间占用赊销企业的资金。客户赖账是产生赊销坏账的主要原因之一。

客户赖账主要发生在品德不良的客户身上，其行为是一种十分恶劣的欺骗行为。尽管客户赖账是产生赊销坏账的主要原因之一，但货款不一定收不回来，只是催讨货款非常困难，收账成本很高。为了防止坏账发生，要事前防范，筛选客户，尽量避免与品质恶劣的赖账客户进行信用交易。

3）客户破产的风险。客户破产是造成赊销坏账的另一项主要原因。一个企业走向破产的原因很多，分为主动破产和被动破产。一些企业申请破产的主要目的是逃债。企业被动破产的原因很多，多数是由于经营不善，还有的是发生经济纠纷、突发事件、为他人担保被拖累、被政府政策性勒令停业等。

如果客户企业破产，客户就不可能正常归还所欠的货款。当一个企业破产被清算时，如果赊销企业的债权优先权级别比较高，可以排在众债权人前列，便可以减少一些损失。如果过了公告的清算期，信用管理部门只能建议会计部门将这笔逾期应收账款作为坏账注销。

防范客户破产风险的信用管理措施主要是针对客户的定期跟踪，发现客户企业的破产前兆。

4）不同付款方式造成的信用风险。企业在与客户进行信用交易时，采取不同的付款方式，收回货款的风险是不同的。国际贸易的结算和付款方式比国内贸易复杂，风险更大。

有些结算方式的信用风险主要由企业承担，有些结算方式的信用风险则由银行承担，但使用成本较高。国内市场交易中，可以采用的结算方式有：支票、银行本票、商业汇票、银行汇票、汇兑、托收承付、托收款和信用卡。国际贸易中，结算方式和金融机构提供的支付工具种类很多，但基本可以分为三大类：汇款、托收和信用证。企业信用管理部门应该对不同的结算方式所产生的风险有所了解。

(3) 企业信用风险产生的原因

产生信用风险的原因多种多样，根据原因的不同，信用风险可分为政治风险、信息风险、商业风险、管理风险、财务风险等。一般而言，企业信用风险是由于信用交易双方存在的信息不对称和道德风险导致的。产生信用风险的原因，可以概括为三个基本因素，即市场环境因素、企业信用管理因素和客户自身因素。其中，企业信用管理因素是内因，其他两个因素是外因。由此可见，产生信用风险的内因是企业没有信用管理功能，或者信用管理水平低下。产生信用风险的重大外因是市场环境的问题，包括经济秩序不良、社会信用体系没有建成、市场上的失信惩戒机制没有运转、失信成本很低、商业道德水平低等。结合我国情况，具体表现为：

1) 外部原因

①缺乏良好的社会诚信环境。改革开放以来，我国的社会政治经济状况发生了翻天覆地的变化。在利益的驱动下，一些人和企业有悖于诚信经营的传统，制假售假、合同违约、拖债赖账等不诚信的事件屡见不鲜。

②信用法律法规不完善。现行的相关法规对信用交易中债务人履行契约清偿债务的约束性规定缺乏足够的力度，对故意甚至恶意拖欠货款缺乏严惩的规定，对信息披露的范围和隐私的保护缺乏明确的界定。

③社会信用体系不健全。社会信用体系尚不完备，缺乏了解信用交易各方信用状况的平台，缺乏相应的惩戒机制。于是就形成了一个授信方不了解情况、不敢授信，受信方缺乏监督、违约成本低而不重视维护信用的怪圈。

2) 内部原因

①企业信用意识缺乏。企业的信用意识是维持良好的社会信用关系和信用秩序的基础。在我国，企业之间的信用关系严重扭曲：一些企业对拖欠其他企业货款的现象习以为常，甚至认为拖欠有理，即使有钱也要拖欠。

②企业经营理念落后。主要表现为企业激励机制不合理，重销量，不重收账成果，盲目利用赊销扩大市场份额，为风险的产生和积累埋下隐患。

③信用风险管理能力弱。目前，我国大部分企业都没有建立专门进行信用风险控制的信用管理部门。企业信用管理缺乏系统性和科学性，

信用政策不科学，应收账款的日常管理与监督未形成制度，对客户信用风险管理薄弱。

3. 企业信用管理及其必要性

（1）企业信用管理

企业信用管理是对企业的受信活动和授信决策进行的科学管理。从广义上说，企业为获得他人提供的信用或授予他人信用而进行的以筹资或投资为目的的管理活动都属于企业信用管理范畴。而狭义的信用管理是指企业为提高竞争力、扩大市场占有率而进行的以信用销售为主要管理内容的管理活动。

具体来说，狭义的企业信用管理是指通过制定信用管理政策，指导和协调内部各部门的业务活动，对客户信息进行收集和评估，对信用额度的授予、债权保障、应收账款回收等各交易环节进行全面监督，以保障应收账款安全和及时收回的管理。

信用销售俗称赊销，所以信用管理又俗称为赊销管理。此外，国外机构也把信用管理称为风险管理。这是由于在信用管理当中，企业要解决的全部问题是其如何规避风险、化解风险以及如何在风险条件下安全运作。

从定义可以看出，企业信用管理的主要内容包括，客户档案管理、客户授信、应收账款管理和商账追收等。

（2）企业信用管理的必要性

赊销是很多企业扩大销售、应对竞争的一种选择。当企业运用赊销方式后，企业管理中要加入很多新的内容，如客户的选择、交易规模的控制和账款的追收等等。同时，企业面临的交易风险也更大，怎样在扩大销售的同时降低风险，也是企业必须予以有效解决的问题。这些工作仅仅靠企业原有销售部门的力量和旧的管理思路是很难做好的。建立一个新的部门来对赊销的全过程负责，包括在相关部门之间进行协调、在技术上支持销售部门，成为赊销顺利推进的必需。而包括财务部门和销售部门等在内的其他职能部门也都需要对原有的工作程序和内容甚至是管理目标做相应调整，来适应新的销售方式对管理的要求。这些都是企业信用管理所要涉及的。没有新的管理思路的确定、没有新的管理程序的设计和管理职能的重新分配，也就没有科学的信用管理，企业的赊销目标很可能会被与之俱来的更大风险所抵消，或者过于加大销售成本，造成总体利润的降低。

在现代社会中，只要企业采用赊销的交易方式，信用管理就是必不可少的职能部门，不论它是普通的制造业、商业和服务业，还是金融和外贸行业。

4. 企业信用管理的风险控制

信用销售是潜在风险很大的销售方法，企业建立信用管理最主要目的是控制信用风险，提高赊销的成功率。所以，企业必须掌握风险控制和风险转移的方法。

信用风险分为可控风险和不可控风险。可控风险是指企业通过信用管理水平的提高和借助征信服务就可以规避、控制、降低、转移的风险。应对这种风险，企业的风险控制策略是将建立完善的信用管理功能摆在头等重要的位置，采取的措施是完善其信用管理部门的功能。所谓不可控的信用风险，是指那些因不可抗力引起的风险。对于企业的信用管理部门来说，不可控风险也是可以规避的。应对不可控风险，企业信用管理部门的工作重点应放在识别风险上，采取规避风险的策略是转移风险。

企业信用风险控制是系统化的工作。企业可以通过各种信用工具和管理手段，识别出风险所在，筛选出合格的信用交易客户，使用各种控制和转移风险的商业化征信服务，将赊销或其他授信风险降低到可以接受的水平。

(1) 信用风险的识别与评估

风险识别是信用风险控制的第一步，风险评估则是风险控制的依据。企业信用风险识别和评估程序如图 3—1 所示。

识别风险是对各类潜在的风险因素进行全面的辨别和系统性归类，这项工作需要客观和周密的调查，以揭示出潜在的风险及其性质。在操作层面上，识别风险还是一个信息收集和信息归类的过程。这项工作以对客户进行资信调查和对客户的财务状况进行分析为主，辅以对客户所在行业和客户所在国别的政治形势方面的调

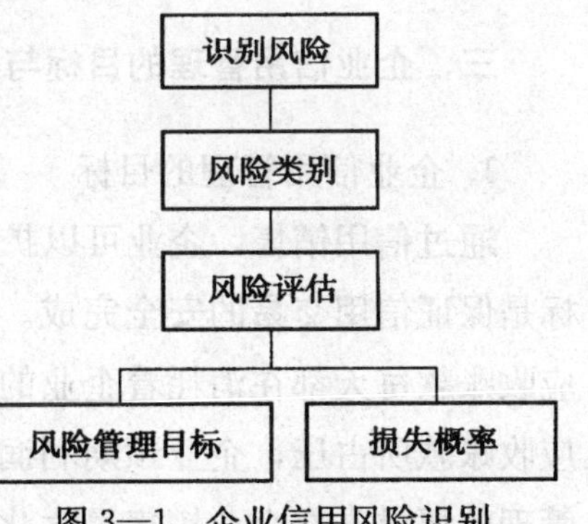

图 3—1　企业信用风险识别和评估程序示意图

查，资深企业信用管理人员的经验往往对识别风险很有帮助。

风险评估是对于特定类别的风险发生可能性和对应的损失程度进行估计，准确地估计各类风险及其破坏性，是风险控制的依据。只有准确估计风险，才能选择合适的风险控制手段或采取适当的措施。

（2）信用风险控制机制

信用风险控制过程是分为事前防范、事中管理、事后处理的全程信用控制。事前防范是指授信以前阶段的工作，主要是筛选合格的信用交易对象；事中管理是指授信和赊销合同有效期内的管理，主要在于避免客户纠纷、客户预警和转移风险；事后处理是出现了逾期应收账款以后实施的管理，主要是追回货款、处置失信客户。

全程信用控制是将企业信用交易的各个阶段所遇到的信用风险进行程序化的分析和控制，形成一种风险控制的制度化安排。将潜在的客户信用风险因素分析清楚后，在信用销售方案中将风险减少到合理的最低程度。

采取何种手段去规避风险，要依据对风险的评估而采取相应的风险管理工具。风险管理工具包括风险防范类工具和财务类风险管理工具两种。风险防范类工具用于规避风险、损失控制、风险转移等，它强调在损失发生之前就消除风险因素。财务类风险管理工具是强调在损失发生后的经济补偿和财务处理的工具。对于风险管理工具的选择，应该是一个数种工具的最优组合方案。选择信用风险管理工具的原则是安全可靠和经济合理。对于特殊的客户和交易，可以使用具有特殊针对性的信用管理工具，加大风险控制的保险系数。关于信用风险控制方法，如图3—2所示。

三、企业信用管理的目标与类型

1. 企业信用管理的目标

通过信用销售，企业可以扩大销售。所以，企业信用管理最初的目标是保证信用交易的安全完成。随着竞争的不断加剧，信用销售产生的应收账款每天都在消耗着企业的利润。代表企业血液的现金流量被众多应收账款所占压，企业预期利润损失是巨大的。所以，现代企业对信用管理的要求是在企业销售最大化的同时，将信用风险降到最低，提高盈利水平。这种两难选择可以用以下几种企业销售平衡等式表示。

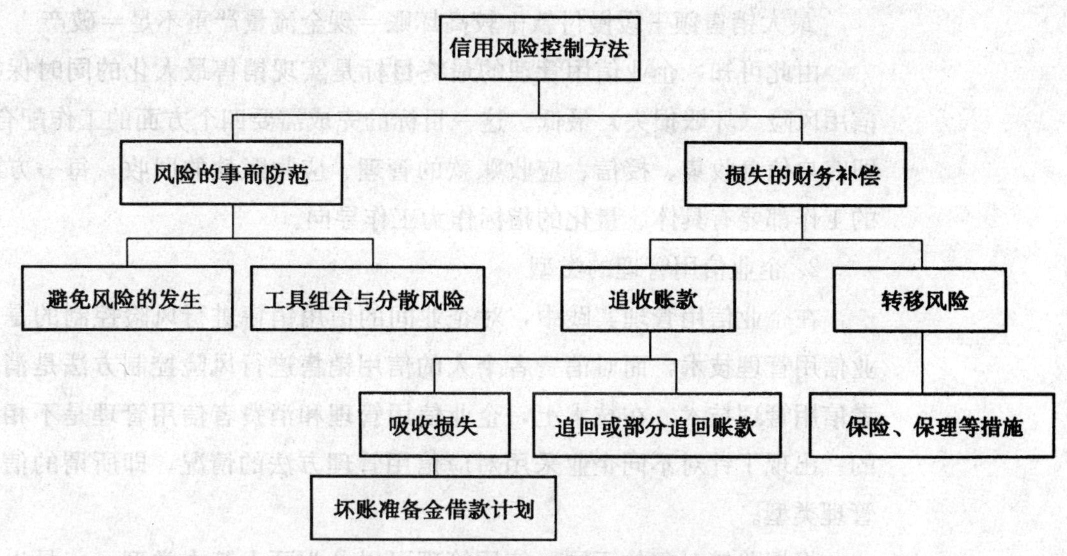

图 3—2 信用风险控制方法示意图

(1) 成功销售的平衡等式

成功的信用管理是在销售额很大的情况下也能保持资金的及时回笼和低比率坏账，从而创造最大利润。成功的信用管理所实现的目标可以用以下平衡等式表达：

最大销售（包括大量的赊销）＋及时付款＋最小坏账＝最大利润

(2) 一般销售的平衡等式

有些企业把没有坏账作为销售的最佳目标，这是绝对错误的，追求零坏账的结果必然是最小的销售额和极少的利润。一般信用策略的平衡等式为：

低销售＋(快或慢) 付款＋零坏账＝低利润

(3) 较差销售的平衡等式

有的企业在要求零坏账的同时，却不加限制地满足一些客户的特殊条件和要求，不计利润地放账给他们，这使得企业的收入下降，并占压着大量资金。这时的平衡等式变为：

低销售＋慢付款＋零坏账＝负利润＋现金流量不足

(4) 最差销售的平衡等式

有一些企业以尽量增加销售额作为企业经营的唯一目标，认为坏账产生的损失可以通过增长的销售额得到弥补。于是，大量开发新业务，签署众多合同，不论客户的资信状况如何，都给予优厚的赊销条件，最终导致企业走上破产的道路。这时的平衡等式是：

最大销售额＋缓慢付款＋较高坏账＝现金流量严重不足＝破产

由此可知，企业信用管理的最终目标是实现销售最大化的同时保持信用风险（坏账损失）最低。这一目标的完成需要四个方面的工作配合，即客户信息收集、授信、应收账款的管理、应收账款的回收。每一方面的工作都要有具体、量化的指标作为工作导向。

2. 企业信用管理的类型

在企业信用管理实践中，对企业间的信用销售进行风险控制的是企业信用管理技术，而对消费者个人的信用销售进行风险控制方法是消费者信用管理技术。在技术上，企业信用管理和消费者信用管理是不相同的。出现了针对不同企业采用对应信用管理方法的情况，即所谓的信用管理类型。

根据赊销对象的不同，信用管理可以分为两大基本类型：一是生产制造型企业针对企业法人的产品赊销管理，管理的目标是控制企业之间的原材料、半成品、产成品等产品赊销的信用风险；二是商业企业针对自然人的商品赊销管理，管理目标是对消费者进行赊销或授信时所产生的信用风险进行控制。也就是说，如果企业的客户群主要由企事业单位法人组成，这个企业应该采用企业信用管理方法控制信用风险。如果企业的客户群主要由自然人性质的消费者构成，这个企业应该采用消费者信用管理方法控制信用风险。

根据信用政策松紧程度，信用管理还可以分为销售型信用管理和财务型信用管理。采用销售型信用管理模式的企业，更注重信用销售的规模和效果，通常由负责销售的副总经理分管信用管理部门的工作。采用财务型信用管理模式的企业则相反，非常谨慎地审查客户信用申请，注重收账环节的工作，通常由负责财务的副总经理分管信用管理部门的工作。

第二节　企业信用管理的基本功能

一、企业信用管理基本功能

信用管理的目标是在研究最大限度地扩大赊销或授信的同时，控制来自客户的信用风险，追求将客户风险降低到合理程度，使企业取得利润最大化的效果。所以，只要企业采用赊销方法进行销售，仅仅加强企业销售部门的管理是不行的。企业必须突破由销售部门负责销售的传统，引进信用管理功能。

1. 企业信用管理基本功能

信用管理的最主要功能在于提高赊销或授信的成功率。根据信用管理理论，企业信用管理的基本功能包括：客户风险（信用档案）管理、客户授信、应收账款管理、商账追收和利用征信数据库开拓市场，如图3—3所示。

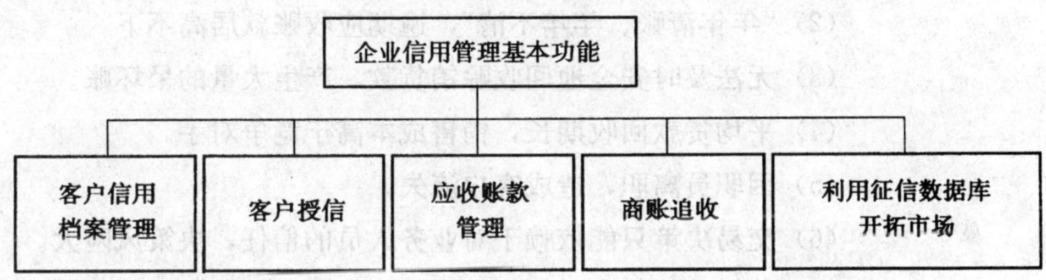

图3—3 企业信用管理基本功能

（1）客户信用档案管理功能

该项功能的指导思想是以事前防范为主，其内容包括在与客户签订赊销合同以前，对客户进行资信调查、统一管理客户和客户信用档案的本企业内部服务等。

（2）客户授信功能

主要内容包括接受客户信用申请、客户信用分析、授信额度确定、给客户复信、受理客户投诉，客户授信工作的技术性和政策性非常强。

（3）应收账款管理功能

工作的重点在于：控制应收账款发生的总体和个体规模，抓住资信品质优良的客户，对合同期内的应收账款做技术处理，防范逾期应收账款的发生，转让债权。

（4）商账追收功能

主要任务包括：执行催账程序，国内外商账追收，将失信客户诉诸法律，逾期应收账款的转让，申报注销坏账。

（5）利用征信数据库开拓市场功能

指信用管理人员利用征信机构的企业征信数据库资源，向本企业的销售和供应部门提供开拓市场的咨询服务，特别是开拓国际市场的服务，帮助销售部门开拓市场。使用这种方法，可以帮助企业快速全面地掌握目标市场的潜在客户信息，找到一定比例的潜在代理商，大幅度节约开拓市场的成本。同时，还可以配合本企业的客户信用档案来挖掘老客户的潜力。

2. 企业缺乏信用管理功能的后果

企业建立信用管理功能十分重要。如果一个企业采取赊销方法销售，但缺乏信用管理功能，会产生一系列问题，常见的问题包括：

（1）不敢赊销，丧失市场份额。

（2）“年年清账、年年不清”，逾期应收账款居高不下。

（3）无法及时安全地回收赊销货款，产生大量的呆坏账。

（4）平均货款回收期长，销售成本高于竞争对手。

（5）因职员离职，造成客户流失。

（6）交易决策只能依赖于对业务人员的信任，决策风险大。

（7）赊销比例加大时，出现账面现金紧张。

（8）企业资信等级低，赊购、融资和招商困难。

二、消费者信用管理基本功能

消费者信用主要分四大类，分别是现金信用、零售信用、服务信用和房地产信用。其中，现金信用是以商业银行等金融机构提供资金支持的一种消费信用；零售信用则是由非金融机构授予消费者的信用；服务信用是指服务提供者给予消费者的信用；房地产信用是消费者以所购房地产为担保而获得的信用，类似我国的按揭贷款。

对于客户群以消费者个人为主的企业，需要具备消费者信用管理功能。在原理上，消费者信用管理方法与企业信用管理方法相同，在技术操作层面上，二者有许多不同之处。消费者信用管理工作的特点和侧重点与企业信用管理不同，提供外部技术支持的征信机构种类也不同。

在商业企业，消费者信用管理部门应该具备 6 项功能，包括：消费者信用档案管理、客户授信、账户控制、欠款催收、利用征信数据库开拓市场和投放信用工具，如图 3—4 所示。

1. 消费者信用档案管理功能

虽然消费者信用管理要求为客户建立信用档案，但信用管理人员通

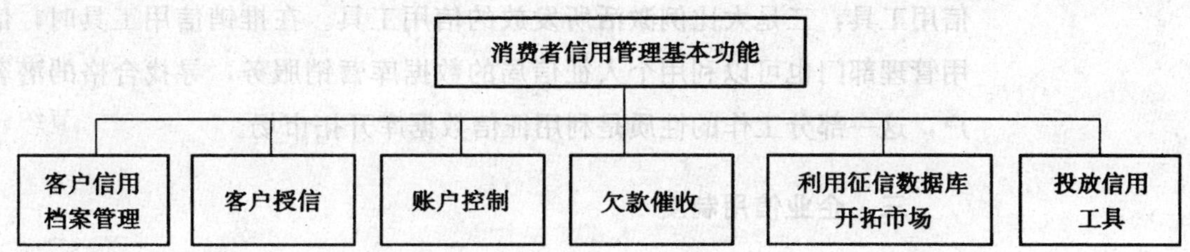

图 3—4 消费者信用管理基本功能

常不需要采集成套的消费者信用信息，而只要从个人征信局订购消费者信用调查报告，或者消费者信用评分。企业信用调查重点在于将消费者使用本企业发行的信用工具的情况记录下来，作为对个人征信局提供消费者信用调查报告的补充。

2. 客户授信功能

主要内容包括：接受客户信用申请、客户信用分析、授信额度确定、给客户复信、受理客户投诉。有些商业企业设有窗口，接受客户信用申请。客户授信部门的工作是消费者信用管理的关键所在。

3. 账户控制功能

对账户进行控制的目标有两个：一是防止消费者因过度使用信用工具进行消费，导致债台高筑，产生拖欠付款或者个人破产的风险；二是不断分析信用工具被使用的情况，来检查信用政策或信用推销的效果，是否偏离预定目标，在发现执行偏差时，立即纠正。

4. 欠款催收功能

欠款催收工作是非常程序化的，工作人员一般使用电话进行催账，定期向个人征信局报送成批的失信客户信息。当然，信用管理部门也可以将欠款催收工作委托给专业追账机构，定期将批量的拖欠客户名单发送给催账机构，允许催账机构在讨回的账款中取得一定比例的回扣作为报酬。

5. 利用征信数据库开拓市场功能

企业可以从征信数据库中确认经济活跃且信用良好的潜客户名单和简单记录，内容包括新旧地址、年龄、性别、收入、邮政编码、搬迁理由、搬迁日期、地址的类别等。征信数据库应该可以按地区和贫富阶层来查询客户，帮助商家确定潜在客户群。

6. 投放信用工具功能

投放信用工具工作可以分为三部分，一是设计信用工具，二是推销信用工具，三是大比例激活所发放的信用工具。在推销信用工具时，信用管理部门也可以利用个人征信局的数据库营销服务，寻找合格的潜客户，这一部分工作的性质是利用征信数据库开拓市场。

三、企业信用制度

企业信用制度建设包括两个方面：一是建立企业守信制度，解决企业对外信用形象类问题；二是建立企业信用管理制度，解决对客户信用风险控制和转移的问题。

1. 企业守信制度

企业守信主要体现在遵守国家的法律法规和信守商业合同两个方面。遵守国家的法律法规是企业和公民的基本行为准则，是企业对宪法精神的尊重和对国家守信的表现，例如照章纳税。信守商业合同是对交易对方守信的具体表现，树立企业在市场上的形象，是商业道德水平高的体现。

企业守信应该制度化。制度将权利授予各个环节的管理，使企业的日常管理工作有一套流程，非常规的决定是不能轻易得到贯彻的。制度不接受和不执行临时出现的非正常管理决策。

这样的制度建设，可以保证企业对外的诚信形象，征信机构对企业的资信评级级别会逐步提高，也必然能够达到政府相关监督管理部门的监管要求。

2. 企业信用管理制度

将企业的信用管理目标、功能制度化就成为企业信用管理制度。

信用管理制度的建立，可以确立信用管理部门在企业中的地位，赋予信用管理部门帮助和协调企业内部各部门的相关业务活动，实现企业信用管理的功能。

在操作上，企业内部的信用管理制度建设要以建立健全信用管理功能为纲。通过流程化的信用管理工作来强化信用管理的操作，再通过企业规章将信用管理工作流程各个环节的操作制度化。

总之，建立企业信用制度，可以提升企业的信用价值和规避信用风险，维护资信评级的级别。全方位地建立企业对外的信用形象，将卓著的信誉转化为企业的无形资产，提高企业的赊购能力，提高企业在国内外的融资和招商能力。

3. 企业信用管理的基本工作流程

制度化的信用管理工作可以通过工作流程来实现。

企业信用管理是一个动态的过程，具备明确的流程目标、完善的规章制度和相应的组织机构。工作的起点是对客户的授信决策及其前期的准备，终点是货款收回或形成坏账，以及后期客户信用额度的调整和客户关系维护，体现全程信用管理的基本概念。

企业信用管理的工作流程的各阶段由一系列单项任务组成，体现了对信用销售业务流程全过程的信用风险控制和转移，如图 3—5 所示。

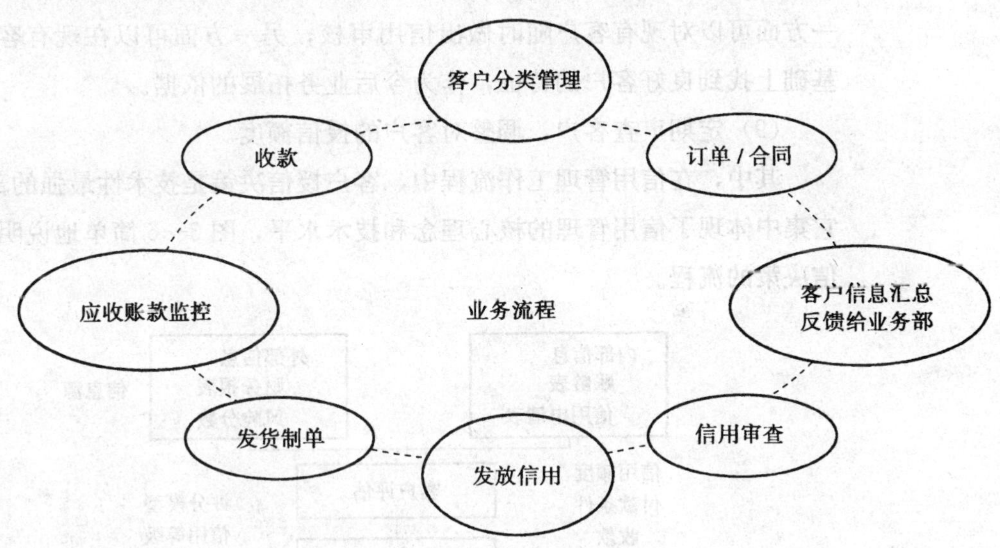

图 3—5　企业信用管理工作流程

（1）当业务部与客户达成销售意向之后，以赊销方式交易的业务应转到信用管理部门处理，信用管理部门负责对客户进行资信调查。

（2）信用管理部门将收集到的信用信息反馈给业务部，以确认是否与业务部门所掌握的客户情况一致。

（3）在第 2 步进行的同时，信用管理部门利用掌握的信用信息资料对客户的信用价值进行分析，以确定是否对客户进行授信。

（4）如果信用管理部门核准该客户的信用申请，确定客户的信用额度，赊销合同就可以进入执行阶段。

（5）货物发出后，信用管理部门要确认发货单、发票等凭据，对单据寄出和送达客户的时间做详细登记与跟踪。在到货后，要求客户出具书面确认文件，证明货物已运达，并且符合要求，以保证客户不会因单据问题或货物质量问题而拖延或拒付货款。

（6）在信用期限内，信用管理部门要在适当的时候与客户进行联系，一方面提醒客户按时付款，另一方面及时了解客户的经营状况。

（7）信用期限过后，如果客户没有按时足额付款，信用管理部门应将该客户和业务置于收账流程之中。信用管理部门将利用各种可能的手段进行货款的回收，包括内部催收和外部追讨。

（8）收到货款之后，作为一项销售业务已经结束了。但是，信用管理部门的工作并没有结束。信用管理部门应对整个业务过程中取得有关客户的信用信息整理归档，例如客户付款习惯和拖欠的行为等。据此，一方面可以对现有客户随时做出信用审核；另一方面可以在现有客户的基础上找到良好客户的特征，作为今后业务拓展的依据。

（9）定期审查客户，调整对客户的授信额度。

其中，在信用管理工作流程中，客户授信决策是技术性最强的部分，它集中体现了信用管理的核心理念和技术水平，图 3—6 简单地说明了授信决策的流程。

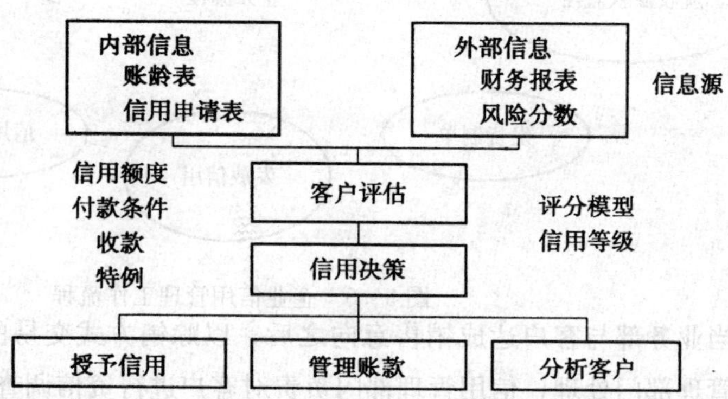

图 3—6　信用管理业务流程中的授信决策过程

第三节　企业信用管理部门

一、企业信用管理部门的设置

1. 企业信用管理部门的作用和地位

通常，企业通过设立信用管理部门来实现信用管理功能。采用信用销售方法的大企业都要引进信用管理功能，而且应该设立独立的信用管理部门来实现这一功能。只有在具备信用管理功能之后，企业才能保证信用销售取得高成功率，而且信用销售工作的主要职责在信用管理部门。

对企业的信用销售和授信工作进行科学管理，是信用管理部门的职责所在。信用管理的日常工作在于保证客户档案管理、客户授信、应收账款管理、商账追收和利用征信数据库开拓市场等信用管理功能的正常发挥。

在企业的组织结构中，信用管理部门是按照一个中层级别的管理部门设置的，与财会、销售、供销等部门是同一级别的部门。通常，负责财务或负责销售的副总经理是主管信用管理部门的高层领导。在企业里，只有极少数工作的职责大于职权，信用管理经理的岗位便是其中之一。

在实际工作中，企业信用管理部门应该发挥什么样的功能，具有什么样的权限，完全由企业的信用政策定义。企业信用管理部门是执行企业信用政策的专门工具，也是信用政策的最直接执行部门。

2. 企业信用管理部门的职能

企业信用管理部门的职能，就是在信用政策允许的范围内做好赊销工作，规避由于使用赊销方式给企业带来的风险及造成企业其他经济损失的可能。在防范风险的基础上，信用部门可以帮助企业扩大销售、加速现金周转、减少企业的贷款使用、将企业坏账损失降到最低、合理控制企业的库存水平等。

信用管理部门的职能可以具体细分和量化为：

(1) 用计算机和网络化技术，建立合格的客户档案及各项管理制度。

(2) 对客户档案数据进行动态管理，如果客户资信状况发生变化，及时通报相关业务部门。

(3) 在客户资信评级的基础上，按照标准程序做好客户授信工作，包括客户通知单的精确管理。

(4) 设计良好的工作程序，包括接受客户信用申请和申诉、通知客户信用审批结果、及时有礼貌地回复客户的申诉等。

(5) 建立科学的客户信用评级系统和预测程序，跟踪客户，定期对客户的信用进行统计分析。

(6) 控制企业应收账款平均持有水平，将企业的销售变现天数 (DSO) 指标降低到同行竞争者平均水平之下。

(7) 日常监督应收账款的账龄，随时将潜在的不良账款进行技术处理，防范逾期应收账款的发生。

(8) 建立标准的催账程序和专业的账款催收机制，及时制定对逾期应收账款处理的方案，并组织有效追账，将追账成本降至最低。

(9) 积极配合销售部门工作，帮助销售部门使销售变现。同时，利用征信数据库的资源，帮助销售部门开拓市场。

(10) 随时监视企业库存量，积极掌握信用政策的松紧程度。

(11) 保持与专业信用管理咨询机构的联系，利用外部专业力量为企业资信调查和管理系统的建设做不同程度的支持。并选择最合适的征信机构列出名单，随时备用，并随时了解新信用管理手段、工具、征信产品和服务的发展动态。

(12) 随时掌握客人来访信息，有选择性地了解其中潜客户和重要公关对象的资信情况，提供企业内部的信用信息服务。

3. 企业信用管理部门的组织结构和目标

(1) 组织结构设置及其考虑的因素

不论多么大的企业，其信用管理部门都不应该是一个庞大的机构。大多数企业是依据信用管理的基本功能来设计信用管理部门组织结构的。企业信用管理部门的基本组织结构如图 3—7 所示。

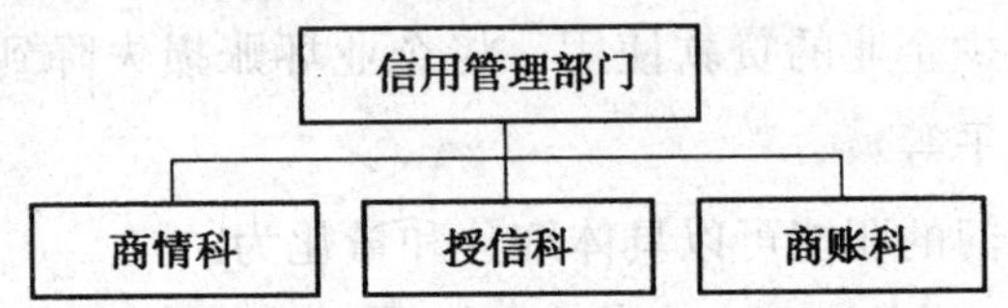

图 3—7 企业信用管理部门的基本组织结构

1) 商情科。商情科负责客户档案管理与服务，并利用征信数据库开拓市场服务。商情科的工作一般被分成三个部分，即：征信数据库中的信息维护和使用、系统与网络的硬件维护、面对企业内部的客户信息和咨询服务。负责前两项工作的属于技术人员，负责企业内部客户信息传递和咨询服务的属于信用管理咨询或顾问人员。如果得到一些经核实的客户的变化信息，或者收到从征信机构订购的客户资信调查的后续报告以后，商情科需要尽快将改变了的数据输入客户档案，并自动经过统计处理分析客户经营状况的变化新趋势，尤其重要的是企业核心客户的变化情况。同时，要做好客户的跟踪、拜访和接待工作，随时解答业务部门有关信用的问题，参与企业信用销售合同的起草，向管理层提出建议性的分析。所以，商情科也被称为企业的情报部门。

2）授信科。授信科的核心工作是科学地做好客户授信工作。在企业信用管理部门，授信工作十分重要，技术性强，也比较敏感。从操作角度看，客户授信工作包括资信评级、确定授信额度、信用审核、授信额度调整、授信通知、书面答复客户的申诉等。授信科的信用分析人员不仅要有商业统计工作经验，还要具有财务分析经验和信用管理相关法律知识。

一个比较精干的企业信用管理部门可能不设置授信科，而将这一部分工作一分为二。其中涉及客户授信的资信评级或信用评分工作划分给商情科，客户投诉处理工作则划分给商账科。

3）商账科。商账科主要负责应收账款管理和控制，涉及商账追收和坏账处理。通过对应收账款进行账龄分析，决定收账的措施。对于账龄比较长的逾期应收账款，应该在征信部门或征信机构的配合下进行诊断。商账催收工作分内勤和外勤，以内勤工作为主。内勤工作主要包括执行标准的催账程序，保持与客户企业的财会部门和主管经理的联系。内勤工作以电话催收为主。外勤工作主要有两项，一是拜访一些拖欠账款的客户，实地收取付款；二是联系专业机构的商账追收服务。

在进行信用管理部门组织结构设计时，企业应该根据自身的特点，考虑若干影响因素，灵活设置信用管理部门的组织结构。企业所处的行业不同，其面对的市场就不同，客户群的特点也自然不相同，信用管理部门服务的内容以及服务的客户数量也就不同。在设置组织机构时，还应该考虑的一个重要因素就是企业的规模。不同规模的企业，对信用管理部门的依赖程度各不相同。大中型企业对信用管理的要求较高，信用管理部门的设置也很完善，而一个小型企业，就无需细化信用管理部门的内部分工。

虽然有些因素应该考虑，但建立企业的信用管理部门没有固定模式。由于商业企业和制造业企业的客户群差别非常大，信用管理部门在组织结构上会有很大的不同。一般来说，商业企业同时面对消费者个人和企业法人两类客户，且客户数量巨大，必须具备客户窗口服务，其信用管理部门的组织结构会相对复杂。

（2）设置信用管理部门的目标

企业设置信用管理部门要实现的目标既有市场目标，也有财务目标，还有信息服务目标。在日常工作中，信用管理部门的各级组织结构要紧紧围绕这些具体目标，并经常依此修正自己的工作。

1）市场目标。企业信用管理工作追求的市场目标是让企业尽可能地占领市场和增加市场份额，并达到销售利润最大化。

鉴于信用管理部门向客户授信会增加销售量，也经常会使企业的销售额和市场份额同时增加，信用管理部门对信用销售业务的指导和技术上的支持是实现市场目标的必要条件。虽然有时候，坏账额也会增大，但只要在功能健全的信用管理指导下，随着产品销售量和销售收入的增加，企业的利润总额绝对值仍然是增加的。

在信用管理工作追求的市场效果中，与主要竞争对手比较，向客户提供更优越的付款条件是信用管理部门要努力实现的目标之一。企业信用管理工作追求的市场效果还包括：信用申请审批速度、客户信用申请核准率、结构合理的客户群等等。

2）财务目标。企业的一些财务目标与信用管理目标是强相关的。信用管理工作所能实现的财务目标主要是：合理地调控或改善企业现金流量和降低企业赊销成本，使企业拥有的信用资产的质量有所提高。在技术操作上，信用管理部门可以采用科学授信的方法来降低销售成本，协调和改善企业的资金周转。

只要企业采用信用销售方法，就会发生和持有应收账款。企业持有应收账款是有成本的，其成本包括：管理成本、收账成本、机会成本、坏账损失和短缺成本。除短缺成本是负的成本以外，信用管理部门最关注的是其中的机会成本和坏账损失。对客户赊销的实质等效于对客户进行短期融资，如果持有一份赊销合同，等于将资金借给客户，会产生折合按照同期国债利息计算的损失，就是机会成本。机会成本是现金销售情况下不会发生的成本，它产生于持有应收账款，在客户拖欠货款时快速增大。对于发达国家的企业，通常这种等效的利息损失会远大于坏账损失。如果不控制机会成本，机会成本将会逐渐吞噬掉全部销售利润。在方法上，要降低机会成本，主要是防止货款被客户拖欠。

如果企业现金流入不畅，企业将没有办法及时支付各种必需的开支，轻则使企业一时无法继续生产，重则使企业陷入各种经济纠纷和官司之中。信用管理部门要随时提醒每一位销售人员，收不回来货款的赊销不仅不是销售，而且会给企业造成经济损失和士气上的伤害。

如果大笔现金呆滞在账面上，对于企业也是浪费。这种情况有可能是信用销售规模不够大的表现。企业信用管理部门应该适当放宽信用标准，合理增加授信。因此，帮助财会部门将企业的现金流量调节到最佳状况，是信用管理部门的目标之一。

但是，企业信用管理部门不能解决企业现金流量过大的问题和控制产量问题。如果企业的现金流量过大，所面临的是企业理财问题，是应该增加投资的问题。如果产量过大，则库存和库存成本增加，靠降低信用条件来扩大信用销售，使销售成本增加，并不一定能够取得利润最大化。另外，高效地执行企业的收账政策，也是需要信用管理部门实现的财务目标。

3）信息服务目标。包括向企业内部有需要的部门和人员提供良好的信息服务，而且还要提供主动的客户信息服务。

4. 企业信用管理部门建设预算

企业信用管理部门建设预算，一般分常规预算部分和特殊预算部分。常规预算是建立任何部门都需要的预算，包括人员、办公室、办公费用等。特殊预算指的是订购企业资信调查报告、购买专业软件、委托商账追收等费用的专业活动预算。预算由负责建立信用管理部门工作的筹备组提出，提请机构经理办公会议批准。

（1）部门改造预算

改造原有部门成立信用管理部门，在预算方面，这种情况可能不需要房屋和主要计算机设备的开支，人员开支也会非常有限。但是，仍然需要配备一些新设备和软件，连接财会部门的数据库，形成一个服务于整个企业的局域网。在这种情况下，主要需要做出客户档案改造、动态跟踪、逾期应收账款诊断、商账追收委托、专业培训等项预算。

如果企业原有的客户资料质量比较高，将自已的资料和记录补充进去形成合格的客户信用档案，使改造后的客户档案质量高于新订购报告的质量，并且比订购新报告节省费用。

（2）自力更生新建预算

制定预算包括三部分：计划、编写部门工资与费用预算和固定资产预算。制定预算的第一步是计划，涉及对部门目标的分析，以决定在各项需要中必须由企业拨款支付的重点部分。关键的几个问题分别是：执行本部门职能需要什么，本部门是否已具备高效完成核心任务所必需的东西，最重要的项目或需要是否已准确列入了预算方案。

以自力更生原则办事，主要目的在于节省订购客户企业资信调查报告的费用。有的企业将信用管理人员送出去培训，学会如何制作企业资信调查报告，然后依照确定的模版改造原有的客户档案，形成合格的客户信用档案。

（3）外包业务预算

从征信机构订购比较通用的客户风险管理软件，效率会比较高，经济上也比较合算。使用通用的专业软件，也需要企业信用管理人员配合征信机构的专家，根据企业的情况，调试出适合自己操作的程序。

另外，将客户信用档案建设工作承包给专业征信机构的情况比较简单，有时会比自力更生情况更划算。

（4）维护和服务预算

当信用管理部门开始运转以后，每年仍然需要有客户档案维护和企业内部服务的预算。制定预算涉及内部费用（预期的及实际的）和其他费用（过户费用和间接劳务成本）。内部服务还包括部门间的划账或年终结算问题。企业可以根据新客户增加数量，按照与新客户签订的信用销售额度设置一个比例，以此计算客户档案的费用，作为制定该项预算的依据。

二、企业信用管理部门的运行

1. 信用管理部门业绩评估

评价信用管理部门工作是否有效有多种办法，最重要的一种是将信用管理部门的实际业绩与企业对其要求做比较。做好信用管理工作是有指标检验的，这些指标就是对信用管理部门应完成任务的度量。

这些指标涉及到一些比数的运用，而且这些标准应该是企业所在行业具有广泛代表性的数据。企业用这些指标就可以评价本企业信用管理部门的工作业绩是低于、高于还是等同于同行业其他企业信用管理部门的工作。这些指标主要包括：

（1）坏账率

$$坏账率=注销的坏账\div销售总额$$

坏账率是考核信用管理部门业绩评估最常用的评价指标之一。它反映在某一销售时期内坏账与销售额的比率。对企业信用管理部门的业绩考核时，同时做纵向和横向比较。纵向指比较企业内部近年来坏账率的变化；横向指与同行业企业的坏账率进行比较。国际上通用的坏账率是2‰以下。

（2）企业的销售变现天数（Days Sales Outstanding，简称DSO）

在实践中，有的企业把DSO俗称为应收账周转天数。DSO表示每笔应收账款的平均回收时间，即把赊销转化为现金所需要的时间。对于信用管理部门，DSO几乎是衡量其工作效果的最重要指标。DSO可以按年、季度或月时间段进行计算，计算方法有三种，包括期间平均法、倒推法和账龄分类法。使用期间平均法的计算公式为：

DSO＝(期末应收账款余额÷本期销售额)×本期销售天数

在国内，中资企业习惯使用的年平均法的计算公式为：

DSO＝(当年年末应收账款余额÷当年总销售额)×365天。

信用管理部门有责任将企业的DSO降低到行业的平均水平以下。通过DSO的测算，可以了解客户群体的实际付款速度，DSO指标直接关系到企业现金流量充足与否，以及应收账款管理水平的高低。

（3）逾期账款率

逾期账款率＝期末逾期账款÷总应收账款

该指标是一个相对稳定的数值。在一定时期内，如果该指标上升太快，信用经理就必须采取措施阻止这个趋势。考察该项指标，需要几个时期的连续纪录，以显示逾期账款是上升趋势还是下降趋势。

（4）信用批准率

信用批准率＝被批准的信用申请额÷提交的申请额

该项指标一般和坏账率、逾期账款率等指标参照使用，以全面确定信用管理部门的工作状况。

此外，还有回收成功率和逾期借款结构等指标，但这些指标还停留在理论阶段，仍需要在实践中继续考察。

2. 信用操作规程

信用管理部门需要有序的规程，从而使信用管理工作有条不紊地进行。信用操作规程就是一份详尽的说明和解释。它指导工作应掌握哪些必要的方法，并说明应从何处以何种次序通过表格、书信和报告等方法来收集和分析申请人的信息。而如何使用这些手段，是由部门内部为了做好信用管理工作而规定的。

良好的操作规程可以使信用工作人员有意识地重复行之有效的工作次序，完善的信用操作规程可以避免企业违反常规做出随意的决策。在决定是否接受客户申请并为其提供信用时，如果不按操作规程进行分析，企业很可能会面临额外风险的代价。

信用操作规程应该与企业的信用政策相协调，并且能有助于信用政策中设定的目标的实现。这个目标一旦实现，应收账款将不会成为坏账，相反会成为企业财务报表上的利润。

（1）以下是一个如何从信用申请人处获取和评估信息，以及确定该在什么条件下同意提供信用的操作规程范例。

1）寄给信用申请人一个填好了地址并贴好了返程邮票的信封，以及一份新客户信息表。

2）将新客户信息表附在信中，并索取一份当前财务报表。

3）通过电话或书信联系信用见证人（根据新客户信息表的信息）。

4）将从申请人的见证人（供应商和银行）处收集的信息输入信用调查表。

5）核实、确认客户信息清单上的数据。

6）将申请人第一份订单或信用总额与其供应商、银行和财务报表的经验数据做比较。

7）写信通知客户你已批准了所要求额度或少于此额度的信用申请，注意写信的措辞和语气。

（2）以下是一个出现逾期账款时的信用操作规程范例。

1）首先打电话提示负责此项交易的对方人员还款。

2）如果没有付款，则在第一次打电话的 7～10 天后再给同一个人挂个电话，并要求对方做出确定的付款承诺。

3）欠款过期 20～30 天时，核实一下处理你方发票的人是否已经填好支票，或已经把支票内容提交给相关部门。这时就要求对方主管人员，确定支票开出的具体日期（打电话之日起 7 天之内），并给予口头上的警示。

4）如果在对方承诺的日期过后两三天内仍没有收到支票，这时应写信告诉对方，同时发复印件提醒对方主管采购的经理，如果对方在收到此信 10 日内不能付清过期欠款的话，将很难考虑为他们将来的订货提供信用。

5）如果没收到答复也没有满意的解释，就应决定采取最后行动，停止向这家客户赊货，授权第三方代为收取欠款（如催债机构或专门从事清欠业务的律师）或到法院起诉。

3. 电子化数据处理

各种客户的欠款数额和拖欠期限每天都在发生变动。但是，负责信用管理的工作人员看到这些变动，以及了解应收账款情况的时间总是滞后的。很显然，如果能较快了解客户当前的状况，信用管理部门的工作会更有效。

手工制作应收账款报表所需的时间通常比用计算机制作报表花费的时间长。因此，决不能忽视电子数据处理在减轻工作、减少可能发生的坏账损失从而降低经营费用和成本方面所起的重要作用。

4. 信用管理部门与其他部门的关系

任何一个新部门与原有的管理机制都要有一个磨合的过程，而且从员工到部门对新的业务机制也要有适应的过程。然而，控制信用风险并不仅仅是信用管理部门的工作，还需要企业内部多个部门的配合，需要企业与外部有关机构的密切合作。因此，信用管理人员具备一定的公关能力是非常重要的。通常，与信用管理部门有密切联系的部门包括图3—8所示的若干部门。

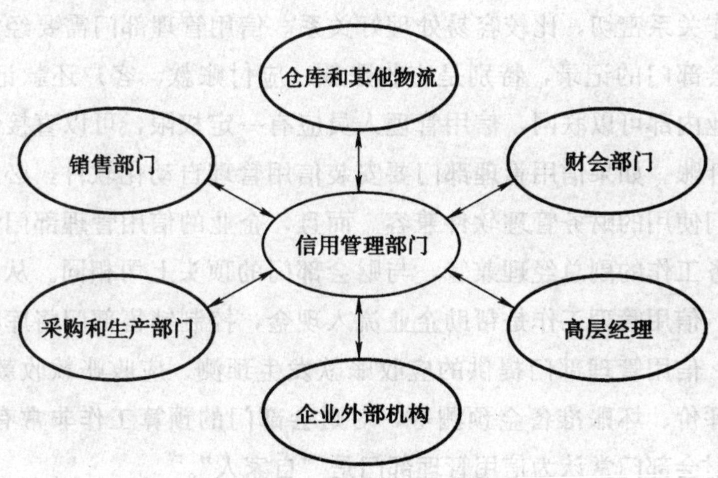

图 3—8　信用管理部门与其他部门的关系

（1）与销售部门的关系

在企业新增信用管理职能的情况下，销售部和信用部之间多数会有冲突产生，因为信用管理的出现削弱了销售部门原有的对交易的决策权，而且信用部门的工作对销售部门的工作形成了一种制约。因而，信用管理部门的工作有可能遭遇到销售部门的抵触。

解决这类矛盾的办法在于让两个部门清楚大家共同的目标——增加有效的销售，减少坏账损失，增加企业整体收益。信用管理部门有责任设立一套部门间协调工作的操作指南和培训，建立与销售人员经常联系的工作程序。

在市场开拓方面，信用管理部门可以利用本部门对全行业的了解、对老客户的深入了解、熟悉征信数据库等优势，展开培训，帮助销售部门认识当前的销售方向、挖掘老客户的潜力、开拓国际市场等。

销售人员比企业内部的任何部门都了解客户的外在变化情况，可以及时向信用管理部门提供动态信息。信用管理部门在调整企业信用政策时，应该与销售部门共同协商，根据实际情况做出有关条款的变更。

总之，企业要实现坏账损失最小情况下获得高销量，需要销售部门和信用管理部门齐心协力的合作。

(2) 与财会部门的关系

从企业管理的角度来看，信用管理与财会两个部门的目标有一致的地方。例如，控制应收账款的发生规模、消灭逾期应收账款、调节企业的现金流量等方面拥有共同的目标。所以，企业信用管理部门与财会部门的工作关系密切，比较容易处理好关系。信用管理部门需要经常性地取得财会部门的记录，特别是应收账款、应付账款、客户还款记录等。如果企业内部可以联网，信用管理人员应有一定权限，可以直接调看相关的会计账。如果信用管理部门要安装信用管理自动化软件，必然会与财会部门使用的财务管理软件兼容。而且，企业的信用管理部门经常由负责财务工作的副总经理兼管，与财会部门的顶头上司相同。从财会部门来看，信用管理工作是帮助企业流入现金，控制销售部门将库存转移给客户。信用管理部门提供的应收账款发生预测、应收账款收款预测、供应商评价、坏账准备金预测等，对财会部门的预算工作非常有帮助。因此，财会部门常认为信用管理部门是“自家人”。

然而，信用管理部门也有与财会部门产生冲突的时候，特别是在注销那些长期拖欠的逾期应收账款时，信用管理部门主张将被诊断为不可收回或收款成本过大的逾期应收账款作为坏账注销，但财会部门会因为报表上的资产被注销使企业的价值降低，甚至造成企业账面上的资不抵债，或者引起税务检查方面的麻烦，而不愿意如此操作。

（3）与采购部门的关系

信用管理部门向采购部门提供的服务是对供应商的评价，帮助采购部门筛选合格的供应商。信用管理部门的服务项目有：每年向采购部门提供供应商的排序表；其次，对现有供应商进行审查和跟踪，特别是大宗原料的供应商，随时向采购部门提供对重要供应商的动态跟踪报告。

从企业整体利益来讲，找到合适的供应商事关重大，它是企业产品的质量和价格的重要保障。特别是，一些必不可少的供应商的破产会给企业带来致命的影响。所以，评估供应商的信用等级变得越来越重要，对供应商的管理不可轻视。但是，采购部门往往是企业中最容易产生腐败丑闻的部门。如果企业信用管理部门根据对供应商的调查和评价，不能推荐采购部门业务员熟悉的供应商，可能会砸掉业务员的“外快”。因此，采购部门的一些人会不喜欢对供应商实施信用管理。

（4）与生产部门的关系

生产部门的正常生产除了要求原材料能稳定供给以外，在一些情况下还希望找到一些可靠的分包商，来分担部分生产加工工作。分包商的工作体现在产品和服务中是代表了企业本身的形象，其生产能力与质量直接影响着企业对外产品的好坏。这就需要企业对分包商的信用程度进行有效的考查，信用管理部门提供的认定分包商能力和责任的信息对企业选择合适的合作伙伴至关重要。

企业信用管理部门可以为生产部门建立风险管理和控制机制。对于企业的生产部门来说，要有可替代的原料供应商和分包商，仅依赖一个或特定的供应商和分包商是非常危险的。因此，信用管理部门有责任对替代者做相应的储备和信用审查。

（5）与高层经理的关系

信用管理部门有责任向高层经理人员提供专业服务。高层经理人员经常接触有可能对企业产生影响的客户和客人，其中不乏存在能够对企业造成潜在经济损失的客户。如果信用管理部门事先掌握一些客人的信息，就可以帮助高层经理分散一些客户。

信用管理部门与高层经理的其他层面接触还包括参与信用政策的制定和修改，提供企业总体信用销售额度审批的参考。

(6) 与企业外部机构的联系

信用管理部门要提高赊销或授信的成功率，除了与企业内部的部门打交道以外，有相当一部分工作需要外部机构的技术服务支持。

首先，征信机构的资信报告可以提供基础信息。在一些信用管理较为严格的企业，资信报告已经成为赊销业务审核的一项必备文件。

其次，一些咨询公司可以解决一些深层次的问题。它们一般掌握先进的管理理念和技术，对企业的信用管理有很好的实施能力。而且，信用管理部门可以利用外部的咨询服务在一定程度上化解内部矛盾，打破部门之间的利益得失，打破部门之间的封闭和垄断，从而推动企业的信用管理建设。

此外，信用管理部门还要与商账管理机构以及法律部门合作。在逾期账款的管理中，企业信用管理部门可以委托商账管理机构收回企业的逾期账款，利用它们的商账管理服务协助完成信用管理部门的一些职能，从而节省企业的人力和物力，提高工作效率。如果追讨商账要诉诸法律，还要借助法律部门的服务。

从上面分析可以看出，信用管理部门是企业组织中不可缺少的组成部分，它在支持其他部门的工作中体现自己的价值，同时它的作用也是在与其他部门严密的配合下才能得以顺利实现的。企业的总体投资利润、股利以及总体财务实力的增长是这些部门有效配合的最终见证。

三、企业信用管理岗位设置

1. 信用经理

信用经理（Credit Manager）负责信用管理部门的日常管理工作，是企业信用管理工作的核心。

(1) 信用经理岗位要求与职责

1) 掌握独立建立企业信用管理 5 项基本功能的技术，包括随时对企业信用管理状况进行监控和诊断的能力。

2) 有能力做信用管理部门的预算。

3) 聘用合格的信用管理人员组成一个工作效率高的团队，并领导这个团队实现企业信用管理的各项主要功能，实现包括高成功率信用销售在内的企业信用管理的最高目标。

4) 要有比较强的公关能力，对内协调好与销售部门、财会部门、采购部门等多个部门的关系，提供优质的服务，对外熟练使用各征信机构的产品和服务，掌握主要竞争对手的情况，处理好客户关系。

5）抓好员工的业务培训工作，正确评价本部门员工的工作业绩，执行奖惩制度。

6）主持起草企业信用政策文本，并负责适时调整政策的松紧。

7）依据企业信用政策设计一套工作程序，以及实现各项工作程序操作规程。

8）参与本企业信用管理软件的设计，特别是对本部门各项主要工作的监督管理程序。

9）定期向主管副总经理或董事会汇报企业的信用管理工作，包括应收账款控制情况、账龄和DSO分析报告、应收账款发生预测、应收账款收款预测、有争议货款处理意见、月度收款报告、与会计账对比的应收账款报告等。

(2) 信用经理的聘用

信用经理可以单独任命，也可以由企业的主管副总经理兼任。可以从企业内部提拔，也可以从企业外部招聘。但是，不论采取什么方式，担任这个职位的人是在这个领域中拥有各种专业知识和技能的人。一般来讲，候选人必须具备坚实的信用管理专业知识，有一定的会计或财务背景，以及制作和分析资料报告的技能，具有与企业各类人员和大小客户打交道的能力，熟悉信用销售业务，熟悉征信行业，具有信用管理工作的实际操作经验和技能。同时，也是一位有经验的管理者。合适的人选最好具有比较娴熟的公关技巧，以及说服力强的特点。不仅如此，信用经理还必须熟悉本企业所处行业，本企业产品生产、品质、性能、价格、销售等业务情况。

一个企业中只有少数工作的职责大于职权，信用经理的岗位便是其中之一。从工作性质看，信用经理经常要插手管其他同级部门的事。所以，该岗位的前提条件是信用经理的权力必须在信用政策中得到确立，并在实际工作中取得上层的广泛支持。淡化信用经理的职权，企业的信用政策就彻底失败了。

2. 信用监理/主办

信用监理或信用主办（Credit Controller），是信用部门的骨干，当信用经理不在时，通常可以代理信用经理的一些职能。

信用监理/主办的主要职责是：参与销售合同中赊销条款的谈判；并跟踪合同的执行情况，分析应收账款的账龄；向客户催款；促进销售变现等。

在设有信用管理部门的企业中，在信用经理之下，经常会设立若干信用监理职位。每位信用监理分管一种系列产品的信用销售和管理工作。信用监理需要面对客户进行工作，需要直接联系其管辖范围内的大客户和长期客户。在客户比较多的情况下，信用监理之下还要设立客户信用管理专管员职位，他们分别负责联系一定数量的客户。

在不单独设立信用管理部门的企业中，一般会在财会部门雇佣一位信用监理/主办，协调本企业的信用管理事务。这个岗位经常以管好企业的应收账款为主。如果企业信用管理业务外包，该岗位的任务就变成代表企业委托外包服务，监督外包服务合同的执行情况。

信用监理/主办应该具备与信用管理经理类似的教育和工作经验背景。即：要有财务及相关的税法知识，具有良好的表达和公关能力，在时间压力下也能处理大量工作的能力，有团队工作经验。应该说，信用监理/主办是一个初级水平的信用经理职位。

3. 客户档案管理人员

客户档案管理人员是技术人员，属于信用管理内勤人员的一种。客户档案管理人员负责建立和维护电子及文字版本的客户资料，使其成为标准版本的客户企业资信调查档案库。从其工作性质看，客户档案管理人员首先是信息收集、处理和检索专家，又非常熟悉各种征信报告的版式设计和符号系统。他们必须具备财务管理专业知识，能够了解企业财务报表和其他经济指标的意义。如果再具备图书馆参考咨询馆员的工作经验，以及有计算机数据处理方面的培训，就是非常合格的人选。这类相对技术比较全面的人员，在西方国家，其学历必然在硕士水平以上。但其他诸如经济情报、科技档案管理专业的大专以上水平的毕业生，经过信用管理专业培训，也可以胜任这项工作。

4. 信用分析人员

信用分析人员是信用管理部门的技术人员，其工作是信用管理部门技术性最强的岗位，属于信用管理内勤人员。他们一般不会直接面对客户。信用分析人员的任务是评审客户信用、处理客户申诉、设计信用评分数学模型等。从工作性质看，他们是数理统计师。在信用管理专业培训和工作经验方面，他们熟悉不同征信市场上的客户资信评级系统、懂得如何组织编制信用评分软件，并熟练使用相关统计软件。有时，他们要辅助信用管理经理，以技术手段处理企业信用政策松紧变化，为信用经理的各种报告提供数据和表格支持。

由于信用分析人员在技术上判断客户的授信水平和是否批准客户信用申请，他们也因此负责处理客户申诉，答复客户有关信用标准、信用审批、信用升级方面的申诉。除了有一部分申诉必须由信用管理经理亲自处理以外，这个部门负责大部分客户申诉的处理工作。

除了授信工作以外，有时他们还负责参与设计购物卡一类企业发行的信用工具，需要承担一部分精算性质的工作。信用分析岗位的责任重大，这个岗位的人员至少应该拥有商业统计、应用数学、计量经济学其中之一的学士以上学位，并经过系统的信用管理知识培训。

5. 逾期账款催收的内勤和外勤人员

为了减少逾期应收账款，信用部门需要有专门的人员对客户进行货款到期前的提醒以及逾期后的催收。根据工作性质划分，这里需要内勤和外勤两个岗位。

（1）内勤岗位

内勤的工作就是进行电话催账，是直接面对客户进行的，俗称电话收款员。在所有商账催收方法中，电话催收方式是成本和效率比最小的收款方式。为了使每个催款电话都达到有力的效果，电话收款员的挑选和培训是很重要的，经理对他们取得业绩的奖励和日常鼓励也是很重要的。

关于内勤催账人员编制的设置，产品种类、接受的信用支付工具和客户数目是基本的参数。在实际招聘工作中，对于这个岗位候选人的学历要求不是很高，重要的是候选人的心理素质和应变能力。当然，候选人应该具备一定的法律和财会知识。在招聘时，候选人的口头表达能力和逻辑思维能力，是需要考察的另一个重要方面。

（2）外勤岗位

如果内勤经过多次催账未能奏效，企业信用管理的催账人员就应该上门对欠款客户进行催账拜访，这就是催账外勤工作的主要任务之一。催账外勤人员往往需要与企业销售人员沟通，特别是对拖欠客户进行销售的销售业务员。对外地客户进行催账，企业信用管理部门还有一个选择，就是委托客户企业注册当地的征信机构处理。所以，外勤人员还有与专业征信机构或者专业商账追收公司联系的任务，包括筛选追账机构、了解征信市场行情、及时了解追账机构的工作进度等。通常，外勤人员要亲自拜访本地的拖欠客户，做出书面分析和请求，然后才能将商账追收工作委托出去。一旦将一笔逾期应收账款交给追账机构，外勤人员就成为收账工作的监督人员，他们应该负责向追账机构提供完整的客户交易证据副本。

商账催收外勤队伍应该由具备法律知识且客户服务经验丰富的人员组成，不见得要求这类人员具备高学历。外勤收账人员应该经过信用管理专业培训，如果具有专业信用管理公司海外商账追收相关工作经验、律师事务所工作经验、公检法工作经验，对做好这个岗位的工作会很有帮助。素质高的收账队伍是企业收账政策和收账程序得到正确执行的保证，收账人员选择得是否恰当，在相当大程度上决定着收账效果。经验表明，合格的商账催收外勤人员应该具备以下素质：

1）熟悉国家的信用管理有关法律法规，具备财会和营销方面的基本知识，还要具备心理学与行为科学知识。非商业企业的商账催收外勤人员，还应该了解企业所在行业及其专业基础知识。这些知识不一定精通，但要面面俱到。

2）具有丰富的客户服务经验，能够了解客户企业的生产经营情况和特点，会使用公关技巧。

3）心理素质好，具备适宜的气质、性格、姿态、自我控制能力。

4）办事逻辑性强，包括概括能力、洞察能力、分析判断能力等，并能做好细致的商账催收活动记录，寻找催账有关的线索。

5）必须具备很强的口头表达能力和反应能力。

四、信用管理人员的教育、培训及从业执照

1. 信用管理人员的教育与培训

信用管理岗位的工作专业性非常强，需要聘用有信用管理专业教育背景的人员。对于非本专业教育背景的人员，需要系统的信用管理专业知识的在职培训。

在国内，信用管理专业的本科教育刚刚起步。在 2002 年，我国的信用管理专业大学本科教育正式起步。教育部先后批准上海财经大学、中国人民大学和吉林大学开办信用管理专业的大学本科教育。首都经济贸

易大学的财政金融学院也下设信用管理专业方向，并在2002年开始招生。但在整体上，我国信用管理专业的研究生教育特别是面向企业信用管理岗位的研究生教育还没有开始。信用管理大学本科教育的开设，也为在职人员进修和从业执照考试创造了条件。从国内外的实践看，有许多信用管理经理是大学经管类研究生毕业，再经过一年的信用管理专业培训，走上信用管理的工作岗位。

作为信用管理专业大学教育的补充，信用管理专业的在职培训也非常重要，形式包括短训、内训、函授、网校、论坛、研讨会等。

在企业内部，广泛开展内部培训是提高员工专业素养的最佳方式。有些信用管理技能无法速成，也无法单纯通过理论学习而掌握，只有通过实践才能学到，例如风险评估、会计报表分析等。信用经理应通过安排各种有效的培训题目来改进内部培训的效果。典型的题目如："如何通过电话更有效地收取货款""如何使用信用信息""如何解释资产负债表""如何改善与销售部门的沟通"等等。信用经理应该经常组织员工培训，讲师可以是内部的老员工也可以是外部请来的专家。通过培训，新员工可以很快接手业务，老员工也可以通过培训成为业务骨干。

在外部培训课程上，邓白氏公司（Dun&Bradstreet）的函授课程《信用分析和财务分析》是一个很好的基础性课程。这一课程适合于刚刚接触信用管理的读者，其中包括了基础的信用知识、商业信用销售的基本环境，以及在信用分析中必备的财务知识。同样，国内的一些信用管理公司也有类似的书籍出版，系统地阐述信用管理的基础知识和信用管理技术。

企业外部的专项研讨会也是培训的途径之一。很多信用管理公司会组织不同形式的研讨会，内容涉及信用管理模式以及相关的产品。在研讨会上，与会者可以向专家提出各种各样的问题，同时还可以学到其他公司赊销管理的成功方法。学员可以在这类外部培训机会中，遇到来自不同公司的学员。从而可以公开或私下比较各个公司的赊销管理做法。所以这类研讨会为业内人士提供了一个很好的交流机会。

2. 信用管理人员的从业执照

并不是每个信用管理工作岗位都有对应的从业执照考试或要求。

（1）国外情况

在发达国家，有一些信用管理岗位任职是要求有从业执照的。绝大多数针对特定信用管理岗位的从业执照不是强制性要求的，拥有从业执照主要表明个人的业务水平达到一定的高水平，在就业和升职方面会占有一定优势。例如，在美国，全国信用管理协会颁发企业信用经理的从业执照，商账追收人员上岗也需要拥有从业执照，从事保理业务的人员往往需要取得国际保理商联合会（FCl）的从业执照。

通常，信用管理类的从业执照是由行业协会颁发的，可以在全国或全球通用。取得从业执照是需要考试的。培训、辅导和组织考试等工作可能由行业协会下属机构负责，也可能由专业培训和考试机构承担。

在美国，全国信用管理协会颁发的信用经理从业执照是最权威的。其中，级别最高的是“注册信用管理主管（Certified Credit Executive，简称 CCE)”资格认证。欲取得全国信用管理协会的注册信用管理主管执照，有两种进修方法，即 A 计划和 B 计划。选择 A 计划的学员必须在认可的美国大学商学院修完 4 学年的学士学位课程，并取得毕业证书。同时，拥有 10 年以上的信用管理工作经验。还要取得 125 点职业路径数(Career Roadmap Points)，点数是工作经验的积累，包括被认可的不同信用管理岗位的工作经验、职业路径点分支机构的活动、对信用管理行业特别贡献等。满足以上条件的人员可以申请“注册信用管理主管”资格认证考试。

选择 B 计划是指“注册信用管理主管”的申请人，可以通过进修，先行考取“信用管理从业员（Credit Business Associate，简称 CBA)”执照。然后，在继续进修的基础上，考取“信用管理从业师（Credit Business Fellow，简称 CBF)”执照。在取得 CBA 和 CBF 之后，同时又满足了全国信用管理协会认可的 125 点职业路径点数要求，便符合参加“注册信用管理主管”考试的基本资格。然后，申请参加考试，考试合格者便获得“注册信用管理主管”的资格认证。另外，不论哪一个级别的信用经理执照，每两年都需要重新认证一次，要求参加学习和换照考试。由此可见，在美国，取得高素质职业信用经理的资格是相当不容易的，保持从业执照的有效性也需要付出努力。

（2）我国情况

2005 年 3 月 31 日，由中国市场学会信用工作委员会申报设立，劳动和社会保障部批准的“信用管理师职业”在人民大会堂向社会正式发布，标志着我国信用管理从业人员将会在依法规范的基础上健康成长，并在我国社会信用体系建设中发挥出应有的作用。

《信用管理师国家职业标准》对信用管理师的职业活动范围、工作内容、技能要求和知识水平做了明确规定，表明“信用管理师”作为新职业，开始真正步入实施职业资格证书制度的阶段。

信用管理师共设3个等级，分别为助理信用管理师（国家职业资格三级）、信用管理师（国家职业资格二级）、高级信用管理师（国家职业资格一级）。

取得信用管理师各等级资格证书表明持证者具备了相应等级的知识水平和职业能力，是证书持有人从事职业活动和应聘的资格证明，也是用人单位录用、绩效考核的重要依据，可用为法律公证的有效证件，在全国范围内有效。

中国市场学会信用工作委员会作为服务信用管理行业的社团组织，在劳动和社会保障部职业技能鉴定中心监督指导下，依据《信用管理师国家职业标准》，负责信用管理行业职业序列的开发、建设工作，并逐步将信用管理行业从业人员的培训和使用纳入规范化管理的轨道。

本章关键术语和主要问题

1. 关键术语

企业信用	信用销售	企业信用风险
信用政策	信用管理	企业信用管理
消费者信用管理	信用管理模式	企业信用制度
信用管理部门	企业信用经理	销售变现天数（DSO）
信用额度	信用条件	信用标准
商账追收	电话催收	

2. 要点

（1）买方市场与信用销售。

（2）企业信用管理的内涵。

（3）企业信用管理的目标与类型。

（4）企业信用管理基本功能。

（5）企业信用管理的基本工作流程。

（6）消费者信用管理基本功能。

(7) 企业信用制度。

(8) 企业信用管理部门及岗位设置。

3. 思考题

(1) 信用销售的定义及分类是什么？

(2) 什么样的企业采用信用销售方法？

(3) 为什么企业要具备信用管理功能？

(4) 信用管理有哪些基本功能？

(5) 简述企业信用管理的基本功能。

(6) 简述消费者信用管理的基本功能。

(7) 什么是企业信用制度？

(8) 企业为什么要制定信用政策？信用政策的主要内容包括什么？

(9) 通过对信用政策的理解，给出检查信用管理工作质量的指标。

(10) 企业为什么要设置信用管理部门来实现信用管理功能？

(11) 信用管理经理的职责是什么？他（她）应该具备什么样的个人素质？

(12) 信用管理部门要处理好与哪些部门的关系？

第四章
企业信用政策

第一节　企业信用政策概述

信用政策的选择反映了企业在信用风险控制方面的偏好，是企业决策层根据企业实际情况和发展目标，针对特定经济环境条件所做出的信用控制方向的选择。一个机构的信用政策的选择，主观上是决策者意愿和风格的体现，客观上是企业如何应对客户环境的集中反映。

一、制定企业信用政策的原则

考虑主观意愿和客观要求，企业在制定信用政策时，必须坚持稳定性和灵活性两项基本原则。

1. 稳定性原则

即信用政策条款在一定时期内基本不变。信用政策的稳定性是相当重要的，它一方面显示了企业的实力，另一方面是企业自身信誉和规范程度的标志。即使是制定新的信用政策，也要以原有的信用政策为基础，对其实施情况进行全面而科学的评价，找出问题并进行适当修正，以保持信用政策的稳定性和连续性。只有这样才能保持企业的信誉，让客户对企业的信用政策有长期和稳定的感觉，同时企业信用管理人员也不至于因为政策变化太快、太大而不适应，甚至出现工作失误。

2. 灵活性原则

即信用政策要有一定的可预见的伸缩空间，以确保执行时的适当灵活性。这是根据对市场和竞争对手进行科学的预测分析得出的。如果一个企业的信用政策方案能够使企业实现其销售规模相对稳定的增长，而且增长幅度比较显著的话，说明企业对同行存在相当的竞争优势。在企业生产规模允许的条件下，企业可以考虑向下调整净收益率，适当放宽信用政策，以确保击败企业竞争对手。但是，信用政策不是任意按照政策允许的伸缩空间突然调整的，放宽信用政策会增加生产部门的压力，在销售订单增加时，人力物力使用到收账上，可能会对企业产生不利影响。在实际操作中，信用管理人员要随时将企业的最佳生产规模和合理库存记在心中，做到既能灵活运用企业信用政策，又不违反企业信用政策。

二、企业信用政策的影响因素

企业为实现在销售规模稳定增长的同时，尽可能地降低由赊销带来的信用风险。因此，企业信用管理部门在制定信用政策时必须对相关影响因素进行深入调查、分析和预测。信用政策是根据本企业所在行业和自身特殊情况“量体裁衣”的，应该没有两个企业会有完全相同的信用政策。一个企业采取或松或紧的信用政策，与企业所在行业、市场竞争激烈程度、主要竞争对手的信用政策、产品特征及所处阶段等因素有关。

具体来讲，企业在制定信用政策时应考虑以下四类因素：

1. 企业的外部经济环境因素，包括宏观经济状况、本行业的信用政策惯例、客户所在行业状况、竞争对手的信用政策、产品市场状况、资金市场状况等。

2. 企业内部因素，包括企业自身的生产和经营能力、产品特点、生产规模、资金实力、销售利润率、平均收账期、原材料供应情况、企业能够承担的风险和追求的发展速度等。

3. 与企业发展相匹配的政策因素。企业在试图扩大市场份额时，会鼓励增加销售额，而较少考虑资金流周转问题；在试图增加企业现金流量的情况下，会注重减少风险，注意交易风险及信用管理。

4. 企业客户相关因素。客户是企业发展的重要资源之一，同时也是企业信用风险的主要来源之一。企业现有客户数量和质量，与其制定信用管理政策的取向密切相关。

三、企业信用政策的内容

不论机构或企业规模大小，有效的信用政策都能够对企业信用交易的顺利进行提供保障。如果信用政策不符合企业的业务需要，企业就无法在合理的期限内收回销售货款。

企业信用政策中包括的主要内容有：企业信用销售的信用标准、信用额度、信用条件、收账政策。

1. 信用标准

信用标准指当企业对客户授信时，对客户资信情况设定的最低标准，即为批准客户信用申请的门槛。通常，信用管理人员在企业的销售目标和财务目标的前提下，根据企业现有的支持赊销业务的资金规模和能承受的风险程度来设立信用标准，同时也考虑预期的DSO和坏账损失率两项因素。

当客户申请信用交易时，信用管理人员首先用信用标准来衡量和筛选该客户是否满足企业的信用政策，从而决定是否同意给予该企业信用额度。在很大程度上，信用标准决定了企业的客户群规模。另外，信用标准也与企业的应收账款持有水平间接相关，他同时影响着企业的应收账款持有规模和成本。如果企业信用管理部门执行比较严格的信用标准，一些客户的信用申请可能通不过企业的信用标准，因此企业必然会失掉这些客户，有可能造成严重后果，将很多有潜力的信用申请人排除在企业的客户群之外。此举必然将一些客户推到竞争对手那里，特别是在资信比较差和偿付能力比较弱的信用申请数量较多时，大部分客户的信用申请被拒绝，从而有可能影响到企业的总体销售水平。反之，如果企业信用管理部门执行的是较为宽松的信用标准，会有助于将更多信用申请者变成最终客户，从而实现较高的账面销售收入，但企业持有应收账款的机会成本和坏账风险明显增加。

信用标准同时涉及到收入和成本两个方面的问题。企业应该制定一个合乎自己情况的科学的信用标准，确定信用标准的主要因素应该包括竞争对手的情况、客户资信情况、市场战略、库存水平、其他历史经验等。一个企业的信用标准应该是在竞争对手、成本等认真权衡的基础上慎重确定的，过严或过松的信用标准都不是明智之举，而且企业信用标准也需要随企业、行业、市场情况变化而不断修订。如果较为严格的信用标准使损失的销售毛利大于企业所希望避免的应收账款持有成本，那么企业就应该放松信用标准。反之，如果较为宽松的信用标准使应收账款持有成本高于取得的销售毛利，那么企业就应适当实行较为严格的信用标准。

2. 信用额度

信用管理人员在批准客户的信用申请后就面临对客户的授信额度问题。授信额度等于企业给信用申请者的信用额度，又称信用限额。信用额度是信用政策的另一个重要组成部分。

信用额度分为总体信用额度和个体信用额度。总体信用额度是企业对整个客户群的总体授信额度，而个体信用额度是给某一具体客户的信用额度。对总体信用额度来说，确定信用额度要考虑自身企业的资金实力、信用政策、最佳规模、最佳生产规模、库存量等因素，以及受到来自外部的竞争压力。在充分考虑了上述因素后，信用管理部门确定企业当前有能力对客户发放的最大信用量。通常，信用管理部门通过认真地计算和总结以往的经验，确定一个科学的总体信用额度，并以此指导和控制企业的赊销活动和应收账款持有总体水平，并打造出一个保险系数，以防止对客户过度授信后造成企业的流动资金枯竭。

总体信用额度在一定程度代表销货企业的实力，反映了其资金实力，以及对客户承担的机会成本和坏账风险。总体信用额度过低，将影响企业的赊销业务规模，并势必相应增加与同一客户的交易次数，而使销货企业的交易费用增加。但是，企业对客户的总体授信额度过高，会加大企业的赊销成本和风险。因此，信用管理人员应该根据企业自身的情况和市场环境，合理地确定企业的总体信用额度。

至于授给单个客户的信用额度，是授信工作的最后一道手续，是在批准客户信用申请之后需要解决的最大问题。确定个体信用额度，是企业信用管理的日常工作之一，问题的关键在于解决：科学地确定对每个合格客户的授信，比较竞争对手授信的松紧，尽可能地给予客户更优越的条件，使利润增长。

关于科学地确定信用额度，常用的逻辑是：

(1) 根据收益和风险对等原则，确定对单个客户的授信。换言之，根据客户全年采购量，测算全年在该客户处可获取的赊销收益额，以该收益额作为授予该客户的信用额度。

(2) 根据客户企业营运资金净额的一定比例，确定对客户的授信。客户企业在一定的生产经营规模下，其流动资产扣除流动负债后的净营运资金也是大致稳定的。由于客户的营运资金可看作是快速偿债的保证，信用管理人员可以根据客户企业的营运资金规模，考虑客户从本企业的采购在购货总额中的比重，以客户营运资金净额的一定比例作为本企业为客户设定的信用额度。

(3) 根据客户清算价值的一定比例，确定对客户的信用额度。清算价值指的是在客户因无力偿还债务或由于其他原因破产时，其资产可变现价值。客户企业的清算价值可被视为客户偿债的最后保证。如果客户的清算价值减去现有负债尚有剩余，可以考虑批准客户的信用申请，信用额度的确定可以按照客户清算价值的一定比例确定。

3. 信用条件

信用条件是销货企业要求赊销客户支付货款的条件，由信用期限和现金折扣两个要素构成。一般来说，企业的信用条件是遵循行业惯例给出的，它基于一定的外部经济环境，在充分考虑到本企业自身资金实力的情况下，本着提高最终效益和增强竞争力的指导思想确定的。给客户的信用条件如何，直接影响甚至决定着企业应收账款的持有水平和规模。经常使用的表述信用条件的专业术语见表 4—1。

(1) 信用期限

确定客户在赊购货物后多少天内支付货款，是企业为客户规定的最长的付款时间界限，并在合同中取得客户的正式承诺。确定适宜的信用期限是企业制定信用政策时首先要解决的问题，它是通过对不同赊销方案进行分析和计算所得出的结果。较长的信用期限，意味着给客户以更优越的信用条件和使 DSO 变长，自然会刺激客户购货热情，吸引更多的客户，实现更高的销售额。在应收账款发生水平增高的同时，既给企业带来扩大市场份额和增加销售额的好处，也给企业带来风险。相反，较短的信用期限虽然减少了持有应收账款相关的成本，但直接影响到企业的赊销规模，增加了库存压力。长此以往，如果竞争对手的信用期限比较灵活而且信用管理水平较高的话，可能使本企业在市场竞争上失败。合理的信用期限应当着眼于使企业的总收益达到最大，理论上其最低限度应该保持损益平衡。

表 4—1　　　　表述信用条件常用术语

N30	净 30 天，信用期限是 30 天
2%10orN30	10 天内付款享受 2%的现金折扣，到期期限为 30 天
2%30	2%的商业折扣，赊销期限为 30 天。如果买方 30 天后付款，卖方要收取利息，但商业折扣不受影响
3%10； 2%10/60extra；N71	10 天内付款享受 3%的现金折扣，70 天内付款享受 2%的交易折扣（10 天加额外的 60 天），全部金额于第 71 天到期
Net 10 Prox or 10 EOM	Prox 是 Proximo 的缩写，意思为下一个月。EOM 代表月末。两者的意思一样，均表示付款期限在下个月的第 10 天到期。如果在一个月的最后 5 天交易，则视为下一个月的交易，到期日为下下个月的第 10 天。在这种交易条件下，赊销期限可以从 15 天（一个月的 25 日进行交易）到 45 天（26 日进行交易）不等，平均为 30 天
10 th & 25 th	在一个月中 1 日到 15 日的交易，在 25 日到期；在 16 日到 30 日之间购货，下月 10 日到期

通常，信用期限取决于交易传统，同行业的企业经常采用相似的信用期限，但不同行业间信用期限则可能差别很大，信用期限以在 30 天到 70 天不等。通常，影响信用期限长短的因素主要有：

1）买方拥有货物的时间。在市场上，赊购客户有两类，一是货物的最终用户，二是批发商。信用期限不会超过赊购客户自己消耗货物的时间，也不会允许延长信用期限到货物再销售之后。在正常情况下，信用期限要短于上述期限。否则，不是给予购货客户的信用期限太长，就是卖方可以选择其他批发商进行销售以获取更快的资金周转。季节性行业是第一种情况的典型例子，这些行业中淡季处理货物的时间要更长一些，所以信用期限也一般长于旺季的信用期限。

2）市场竞争激烈程度。通常，赊销企业所在行业竞争越激烈，给予客户的信用期限就会越长。

3）行业惯例。在实际工作中，信用期限的确定应该在参照行业惯例基础上，通过数学方法确定，例如可采用边际分析法或净现值流量法进行测算，比较科学地确定企业究竟应该放给客户多长的信用期限。边际分析法的基本思想是：以本企业上一年度的信用期限、本行业的平均期限、信用期限的定值假设为基础，做出适当延长或缩短信用期限的不同方案，分别计算出各方案较之基准信用期限的边际成本和边际收益。在边际收益大于边际成本的原则下，选择边际收益最高的方案中所设定的信用期限作为信用期限的最佳候选，待信用政策中的其他因素确定后，决定取舍。

(2) 现金折扣

企业在一定财务目标的前提下，为加速资金回流的速度，保证现金流的安全、稳定、充足，在与客户签订赊销合同时，会给予客户的现金折扣包括两种不同情况：一是给付现金的客户以价格上的折扣，以鼓励客户同企业进行现金交易；二是在赊销方式下，对于在规定的短时间内付款的客户，给予发票金额的折扣，以鼓励客户及早付清货款。

现金折扣赊销合同是给予客户信用条件中的另一个重要组成部分。在企业信用管理部门给予客户的现金折扣中包含两个要素：折扣期限和折扣率。折扣期限指的是客户在多长时间区间内付清赊购款，便可以取得折扣优惠。折扣率指的是在折扣期间内给予客户多大的折扣，通常按照赊销额度的一定比例进行计算。例如，“5/20，N60”的现金折扣政策表明，如果客户能够在 20 天内付清全部货款，将从销货厂家获得赊销合同总额 5%的折扣优惠。“N60”表示客户必须在 60 天内付清全部货款。而客户 61 天还没有付货款，客户就违约了。

除可以给予客户单一折扣期限的现金折扣外，也可以给予客户两期折扣形式的现金折扣。例如，作为销货方的生产厂家，在信用条件中做出“6/10，3/20，N45”的现金折扣规定，该规定表明客户最迟付款时间为 45 天；如果客户能够在 10 天内付清货款，便可享受 6%的现金折扣；如果客户能够在 20 天内付清货款，则可享受 3%的现金折扣。给予客户的现金折扣率大小应该与折扣期长短呈反比例变化，即：折扣期越短，折扣率越高；反之，折扣期越长，折扣率越低。这种做法充分表现了现金折扣政策的基本目的，即鼓励客户尽快付款。现金折扣也与销售额和应收账款发生的规模有密切的关系。给予客户一定的现金折扣，是吸引客户的重要方式之一。首先，现金折扣越高，表示现金折扣条件也越优惠，销售额应该会不断增加，应收账款持有水平就越高。其次，现金折扣率越高，越能鼓励客户尽早全额付清货款。这会在一定程度上缩小应收账款的持有规模。另外，现金折扣期限也会影响到应收账款的持有规模，较长的折扣期限将会延长收款的时间。

现金折扣能够为客户带来比较客观的好处。实践证明，管理水平比较高的客户企业普遍对于现金折扣比较看重。例如，在“2/10，N30”的信用条件下，由于提前20天付款可以获得2%的折扣，因此使得付款人可以在事实上享受到年利率高达[(2÷98)÷20]×365≈37.25%的等效利息收入优惠。面对如此之高的优惠，正常客户都会积极争取。然而，推行一定的现金折扣政策，需要销货企业付出一定的代价，即减让货款收入。归纳起来，现金折扣手段使用得当，可以给销货企业带来有利的效果，但这要有一定的操作技巧。

商业折扣也是信用条件的一种，一般授予长期稳定的客户，或大批量赊购的客户，或两者兼而有之的客户。商业折扣是一种价格调整，与货款支付情况无关。批发商可以从制造商那里获得“10&10”的商业折扣，这意味着因为起到分销的作用，制造商同意再增加10%的折扣。在支付时，如果批量赊购客户在规定的折扣期限内支付，则在享受商业折扣的同时，还可以享受现金折扣。

4. 收账政策

(1) 收账政策的定义

所谓收账政策，它是企业就应收账款的控制、逾期应收账款的催收和坏账的处理而制定的政策。一方面收账政策中最敏感内容是给出了对失信违约客户的处置方法，以及对商账追收活动范围和深度提出限制。另一方面，收账政策也是企业对信用管理部门的一种授权，即如何处置失信违约客户。它使为这个部门服务的且具有丰富经验的信用管理人员能够在政策允许的范围内灵活行事，在尽可能不彻底“得罪”客户的基础上，取得某种最大的收账效果。收账政策包括对收账方法的指导，并且比较详细地规定出允许企业信用管理部门采用的收账方法。信用管理部门应该以企业收账政策为依据，针对企业客户的特定情况设计出对逾期应收账款的追收操作手法。

(2) 收账政策的内容

从具体内容来看，收账政策用于指导企业信用管理部门的日常催收活动，包括：合同期内的应收账款管理、收账诊断、商账内勤催收、委托第三方商账催收、追账成本控制、法律方法处理客户和申报坏账等实际操作。如果企业采取的是宽松型信用政策，那么这种企业更应该强化它的收账系统，收账政策必须给予其信用管理部门充分的授权。收账政策是企业有关收账工作的全面政策性指导，执行单位还涉及企业会计部门和销售部门，这两个部门应该配合信用管理部门的收账工作。

收账政策处理的问题包括什么时候应该与客户联系，通过什么方法联系，为什么把我们的产品出售给账款逾期的客户，如何处理商账追收问题，是否委托商账机构追收逾期账款，是否作为坏账进行核销等。例如，信用管理人员通过电话催收，与逾期 15 天以上的客户进行有效的沟通。为确保及时收回未付的逾期账款，沟通时的态度应该是有礼貌并富有责任心的。一旦应收账款逾期超过 15 天，就要对客户订单有所控制，当然，这是在与客户进行积极沟通之后采取的措施，但并不意味着完全停止发送货物。然而，当客户的应收账款逾期超过 30 天，那么在没有收到货款之前，不能接受客户的新订单，将交易方式改变为现金交易方式。当客户的应收账款逾期达到 60 天，则必须在收到欠款之后，才能与之交易。

(3) 收账政策的效果

收账政策一般是基于理想的收账效果而制定的。所谓理想的收账效果，可以描述为：每个被选定的客户都是信用良好或有实力的客户，在机构所持有的应收账款到期以前，经过一定的提示和催收，能够全部收回应收账款，保证机构运转在良好的现金流量之下。同时，又能够让客户满意，让客户理解销货企业的收账催收工作是信用管理水平比较高的体现，使他们继续同管理素质高的机构做生意，而不去选择企业的竞争对手。因此，机构收账政策应该是信用管理部门的一种授权，使具有丰富经验的信用管理人员能够在政策允许的范围内灵活行事，取得上述令人满意的效果。

信用管理部门的收账成果可以用是否接近理想收账效果来检验，另一参考尺度是当前行业的平均收账水平，使用后一个指标更符合实际情况。由于收账政策包括对收账方法的指导，所以，它还比较详细地规定出允许企业信用管理部门采用的收账方法，特别是对违约客户的处置权。信用管理部门应该以企业收账政策为依据，针对企业客户的特定情况，设计出对逾期应收账款追收的操作方法，包括商账追收有关的计算机工作流程。

由于客户取得信用额度是经过严格调查审批的，在正常情况下，客户会按照信用条件规定的期限及时付款，履行其购货时承诺的付款责任。但是，出于各种原因，有的客户在期满后仍不能付清货款。一些临时遇到困难的客户会在信用期限到达之前，不得不向销货企业的信用管理部门申请延期付款。信用管理部门可以根据客户的请求，给予客户一定限度的宽限，宽限时间长短为延展期。在延展期内，客户应该和销货单位签订补充合同，并按照补充合同的规定，付给销货企业合同违约金和拖欠货物余额的利息。因此，在信用条件中，还存在被称为“延展期间利息”的惩罚条件，是对那些未能在协议期限付款的购买者进行惩罚。由于这一利息属于罚息，所以通常比银行利率高出很多，主要目的是保证客户按时付款。在延展期过后，如果客户仍不能结清货款，一系列的催收措施就是必要的，信用管理人员应该将这种客户列入标准收账程序执行。

对于在信用期限结束时不能付清货款，也没有向信用管理部门提出延迟付款申请的客户，信用管理部门应该直接将其列入收账程序执行。所以，一个收账政策还应该包括对客户延期还款申请和在延期内对客户进行管理的措施。

收账政策的松紧程度应该设置在比较适宜的范围内，同时应参考主要竞争对手的情况。如果收账政策过于消极，逾期应收账款工作的效果不会令人满意，应收账款的机会成本与坏账将会提高。如果采取一种比较严格的收账政策，应收账款的机会成本与坏账损失可能被降低，但收账费用也会相应增加，并有可能使企业与客户的关系受到影响，或者遭到销售部门的反对。一个适合企业自身具体情况的收账政策，应该是对这些此消彼长的相关费用进行权衡的结果。

（4）协调各种关系

收账政策要明确对信用管理部门的授权，其中最敏感的部分是授予信用管理部门处理客户的权利，包括得罪客户，甚至彻底破坏与某些客户的关系。如果客户不愿意支付所欠货款，那么信用管理部门可以考虑使用更严厉的惩戒措施。在征得机构信用管理经理的同意后，由信用管理人员或销售人员将交易过程做成书面报告，将案卷转移给机构授权的追账收款机构或商账律师，并附上证据。主管信用管理部门的副总经理对上述所有决定负全部责任。如果客户申请破产，也经过追账机构和商账律师努力，仍未能在6个月内收回账款，信用管理部门可以通知财会部门，将账款作为坏账进行核销。

在收账政策中，要充分考虑到信用管理部门与销售部门的关系，要求将客户列入标准收账程序之前，要与销售部门沟通一次。因此，有信用管理人员说："处理失信违约问题也是一种艺术。"

5. 其他内容

信用政策内容除了以上详细阐述的信用标准、信用额度、信用条件和收账政策四项重要内容外，还涉及客户信用信息服务的内容和范围及其他一些附加政策。

客户信息管理政策定义了信用管理部门的信息服务工作，满足企业内部从不同角度了解企业运营状况的需要。这项政策要求信用管理部门向企业内部相关部门提供客户信息服务的内容和范围，以及授权信用管理部门统一客户的档案资料。

附加政策主要作用在于明确企业内部的采集信用信息、记录保留、组织构架、客户来往和回访、与其他部门的沟通、国际信用状况等。对于大多数企业，这些条款同样重要，所以应该在信用管理手册中明确规定。在附加政策内容中，经过企业经理办公程序批准的标准表格汇编包括客户信用申请表、客户调查表、回复客户的标准信函、赊销合同等。

四、企业信用政策的类型

企业信用政策代表决策者的主观意愿，也反映了企业面临的客观环境的要求。因此针对不同的经营目标和风险控制要求，企业可以选择不同的信用政策类型。信用政策一般分为紧缩型、适度型、宽松型三种。选择紧缩型信用政策的企业是为了严格控制信用交易风险，避免由此导致的损失，宁愿牺牲一部分客户和市场份额；选择适度型信用政策的企业也注意控制信用交易风险，但它们愿意承担一定限度的信用风险以扩大销售和市场；而选择宽松型信用政策的企业则愿意承担巨大的信用风险以提高或维持其销售和市场份额。

1. 紧缩型政策

采用这种政策的企业一般不愿承担风险，只向财务状况良好、付款及时的客户提供信用销售。采用这种政策可以保证最低的坏账损失，但企业的销售规模及发展将会受到很大影响。

这一类信用政策代表管理层对商业和商业惯例过于保守。机构的财务状况几乎没有任何风险，只打算保持原状，认为应收账款快速周转产生的资金足够使用，很少或从不向银行借款。很多发展迅速的机构无法理解这种保守做法，但许多保守企业往往比发展迅速的企业存在的时间长的多。

尽管过度保守的信用政策是为了保护企业，但它也存在风险。当机构需要一定的发展速度来维持市场地位时，往往会因信用政策的限制而丧失机会。如果机构的扩张无法补偿客户损失造成的收入减少，收入来源就会逐渐减少到危险的程度。因此在任何情况下，紧缩型信用政策都不应妨碍机构的正常发展，当然各企业的正常发展速度是不同的。

2. 适度型政策

采用这种信用政策的企业愿意承担一定风险。除了向付款及时的客户进行信用销售外，也向可能拖欠的客户提供信用销售。采用适度型政策的企业存在一定的逾期账款和坏账损失。企业采用适度型信用政策的目的在于风险控制和企业发展之间取得平衡。

与紧缩型和宽松型信用政策相比，适度型信用政策用的较多。它比只对资金充裕、按期付款的客户赊销的紧缩型政策所涉及的风险大，但同时又比无节制的宽松型信用政策安全得多。机构通常将银行贷款与月度回笼资金结合起来，为其发展提供充足的资金。

这类机构的资金实力可能并不比执行紧缩型信用政策的企业雄厚，主要表现为这类机构很少对商业发票提供折扣。很多客户乐于利用这种高折扣，而推迟对其他供货商的到期货款。这种客户的推迟付款政策会带来一些不方便，但一般不会危及货款，只有当月度资金收回越来越慢时，才会成为大问题。例如：一家潜在客户要求生产商提供信用。该潜在客户已经经营多年并在业内享有较好的声誉，且发展稳健，虽然说不是每一笔货款都能够得到及时付款，但从未超过30天。财务报表和银行报告都表明该机构经营状况良好，与之做生意没有太大风险。生产商有足够的流动资金支持信用政策，而潜在客户又符合其信用政策的要求。最后，尽管生产商明知不一定总能按期收回货款，还是想给该潜在客户提供信用。这种情况是可以接受的。

3. 宽松型政策

采用这类信用政策的企业基本上向所有客户提供信用销售，企业发展迅速，但逾期账款和坏账损失很大。

这是三种政策中风险最大的一种，因为信用经理不得不在挂有很多潜在破产机构的钢丝绳上行走。风险高，潜在损失也就巨大，对企业的生存构成威胁。当任何一家提供信用机构的一个重要客户破产时，问题会变得非常严重。然而，对于实行宽松型信用政策的一个重要客户破产，后果有可能是灾难性的。与前述两个政策不同，执行宽松型政策的企业规模和资产膨胀太快，由此决定了企业的销售额满足不了客户要求提供的大量信用。当巨额损失和资金周转持续减慢这两个问题同时存在时，该机构往往缺乏解决的能力。

除上述几种问题外，执行宽松型信用政策的机构还经常受到其他两个负面问题的影响，即资金不足和流动资金不稳定。艰难地维持这两种因素的平衡，能给人以一种激动人心的成功印象。但当这种表面的成功印象发生动摇时，一个个危机便接踵而至，直到机构因承受不住自己过度追求成功的重压而破产。当然总有少数几家机构能够克服多重障碍而获得成功，不过，他们必须做到执行自有信用政策的同时，其高利润产品很快被市场接受，并且有足够的银行贷款来支持过快增长的业务。

企业采用何种类型的信用政策不是绝对的，即使在同一个企业，根据不同的情况，也应该随时调整所采用的信用政策。

第二节　企业授信管理

一、企业授信管理概述

作为授信主体的企业，开展信用管理的根本目的是利用扩大销售规模的同时使信用风险最小化，实现企业最大利润，以增强与竞争对手的抗衡能力。授信管理是企业信用管理的重中之重，授信活动对企业的经营状况和盈利水平具有重大影响，一笔成功的授信可能使企业赢得优质客户，提高企业的销售规模和利润水平。但是相反，一笔不良的授信却会给企业带来潜在的巨大机会成本和坏账损失，进而有可能将企业引入财务困境的深渊。为了防范和降低信用交易的风险及其带来的坏账损失，企业的授信活动一定要按规范谨慎的程序进行管理，最终达到在降低信用风险的同时扩大销售的目的。

二、对企业客户授信及其流程

实际上，企业授信管理是对确定授信计划、明确企业信用政策、客户选择、确定具体授信额度、授信收回的流程管理。从最初的制定授信计划到最后的授信收回，中间涉及企业的授信额度总量、信用标准、信用条件、资信评级、信用额度等多个方面。授信管理不仅应考虑控制客户的信用风险，同时也要注重企业的赊销能力。

1. 确定授信计划

授信计划是企业对一定时期内（通常在一年内）可能发生的授信活动的预算，其主要内容包括：授信额度总量、现金回收目标以及现金回收预测。对企业而言，授信额度总量是根据企业的实际情况确定的可使企业正常运转的一个限额，如果企业对客户无限制赊销，则会导致企业流动资金的紧张，引发企业经营困难。同时，对于任何一个企业来讲，其资金实力都是有限的，不可能支持无限制的信用销售和贷款发放，因此信用额度的收回是至关重要的，正因为如此，企业需要制定现金回收目标。现金回收目标是企业预计在一定时期内可能会收回的信用额度，需要注意的是，企业所收回的信用额度可能并非来自本期的赊销金额或本期发放的信用额度。现金回收目标过低，可能导致企业的流动资金紧张，引发流动性风险；现金回收目标过高，可能影响企业与客户的关系，甚至出现授信额度无法收回的情况。

2. 明确企业信用政策

在制定信用计划后，授信管理的第二步是要明确企业的信用政策。信用政策主要是指企业针对授信活动（主要是赊销行为）制定的一系列业务管理原则、标准和风险控制方法。

3. 客户选择

在明确企业信用政策以后，授信管理流程的第三步应该是客户选择。所谓客户选择，是指企业对客户授信申请的审核与批复，对企业而言，需要根据特征分析技术，对客户的特征进行分析，以决定是否接受客户的信用申请。分析的主要内容包括客户的合法性、客户的基本情况、客户的产品情况、市场对客户产品的需求状况、客户产品所处的生命周期、客户所处的竞争环境、客户的市场地位、客户产品的最终用户。另外企业还需要审查客户的付款记录，调查企业是否存在商业上的纠纷，对于新客户，企业授信管理部门还应取得第三方出具的资信证明书，如银行证明书是商业授信管理部门审核的重点。

企业具体授信活动的审批主要由授信管理部门负责，销售部门也从中起到一定作用。在授信额度审批上，授信管理部门和销售部门有时可能会出现矛盾，例如销售部门新争取到的一笔金额较大的订单需要企业给予数额较大的信用额度，但授信管理部门经过分析后发现，这笔交易存在很多不确定性因素，因而拒绝给予授信额度。此时，授信管理部门应说服销售部门同意本部门的意见，以保护企业的资产不受损失。

4. 确定具体授信额度

授信管理的第四部是确定对某一客户的具体授信额度。这也是授信管理的重心所在，因为授信管理最终的落脚点就是某一具体的信用额度。授信额度包括企业授给客户群的总体信用额度和授予客户的具体信用额度，确定企业的总体授信额度是授信计划要解决的问题，这里所讲的是授给具体客户的信用额度。这种授信额度的计算则是精确而又复杂的过程，主要是利用一整套全面、系统的模型进行实际操作，最终确定信用额度。在确定授信额度时，可以参考其他债权人给予客户的信用额度，也可以利用调查机构的评级结果对授信额度进行调整。

设定授信额度主要根据以下两个方面：付款风险的高低与客户信用需求量的大小。通常情况下，授信额度与付款风险成反比关系，与客户的信用需求量成正比关系，在不存在付款风险的情况下，授信额度的限额便是客户的信用需求量。但是不存在付款风险只是一种理想状态，在社会经济生活中很少出现，因此，在实际工作中必须充分考虑到客户的信用需求量和付款风险，并利用科学的方法测算客户的信用额度。

在对客户的授信工作中，确定新老客户授信额度的方法存在一定的差别。

（1）对企业的新客户确定授信额度的方法

1）同业比较法。与新客户初次往来时，可以比较同行业内其他企业所授予该客户的信用限额，直接设定同样的信用限额。

2）初次限额法。与新客户交易时，在经过简单调查后，认为其信用情况尚可时，可以暂时定出初次限额，经过一段时间的进一步接触，再重新修订信用限额。

3）销售预测法。依据全年对每一客户的销售目标及货款回收期间而设定的信用限额，可利用以下公式：

信用限额＝全年销售目标×货款回收期（月）÷12(月)

(2) 对企业的老客户确定授信额度的方法

对于老客户，可以利用营运资金模型确定企业的信用额度，营运资金模型是企业信用分析和管理工作的一个重要模型，在计算客户的信用限额方面具有非常实用的价值。我国企业一般很少核定客户的信用限额，应用此模型，可以弥补这方面的不足，使信用管理和销售业务更加规范化和科学化。此模型分成营运资产计算和资产负债比率计算两个阶段。

1) 营运资产计算。营运资产是衡量客户规模的尺度，这一指标与销售营业额无关，只同客户的净流动资产和账面价值有关。其公式为：

营运资产＝(营运资本＋净资产)÷2

式中　营运资本＝流动资产－流动负债

2) 资产负债比率计算。在营运资产计算的基础上，该模型应用4个常用的财务比率进行计算，得出评估值。这一评估值是衡量客户资信状况的另一个重要指标，使用的4个比率分别是：

流动比率＝流动资产÷流动负债

速动比率＝(流动资产－存货)÷流动负债

短期债务净资产比率＝流动负债÷净资产

债务净资产比率＝债务总额÷净资产

评估值＝流动比率＋速动比率－短期债务净资产比率－债务净资产比率

3) 信用限额的计算。对上面的营运资产和评估值加以考虑，具体方法是每一个评估值都对应一个百分比，以该百分比乘以营运资产即得出信用限额。问题的关键是营运资产百分比的确定，这是一个经验性数据，评估值代表了评估的信用等级，在不同的等级上，可给予的营运资产百分比是不同的，这是专业分析人员在大量经验基础上获得的重要数据。对不同的行业，百分比也有所不同，需要专业研究人员认真总结加以确定。

4) 信用额度调整。以上的评估值仅仅是根据客户的综合分析来确定的，以评估值表示客户的信用等级标准与营运资产百分比的对应关系，也可根据企业的经营状况及信用政策进行调整。例如，在形势较差时，可以给予较低的百分比，上下浮动一般不超过5%。

授信额度并不是固定不变的，当客户的经营状况、风险水平及其所处的经营环境发生变化时，企业可以根据实际情况，随时调整信用额度，必要时，甚至可以取消信用额度。

5. 授信回收的流程管理

授信管理的最后一步是实现授信额度的收回，这也是授信业务循环的终点。事实上，签订合同、办理转账并不是授信业务的结束，资金转账后，企业还要对客户授信额度的使用情况及客户的资信情况进行跟踪和调查，以保证授信额度的最终收回。

通常情况下，授信到期后，客户应当主动归还所欠本息，具体方式可以是客户开出结算凭证，企业通过金融机构从客户的账户中扣收本息。授信到期时，如果客户无法归还所使用的信用额度，企业可以根据实际情况确定是否给客户延期。如果延期后仍然无法归还，可根据不良授信的不同性质与不同质量的等级，采用监控、重组、挽救、追偿、诉讼、冲销等具体手段处理不良授信，保全企业的债权。有担保人的，可以要求担保人承担担保责任，代为偿还；有抵押品的，可以按照抵押合同的规定，处置抵押品，确定企业的债权。

三、对消费者授信及其流程

消费者信用管理方法与企业信用管理方法相同，但技术层面上有自身的特点。对消费者授信应包括：接受客户信用申请、客户信用调查分析、确定授信额度、回复客户并受理客户投诉、监控和回收账款等。

1. 接受客户信用申请

消费者信用机构要让信用申请者填写书面申请表，并作为一项重要的信用管理措施来认真执行。它不仅能够起到收集客户特殊信息的作用，还在未来可能发生的委托追账或者向征信机构提供消费者违约纪律时作为重要的证据使用。在设计信用申请表时，既要收集到需要的重要信息，也要考虑到表的内容不能太复杂，应该考虑的因素包括：采集可以方便查实的信息、可以用作客户密码的信息、采集制作信用评分模型的重要信息、采集可以用作追账证据和线索的信息或者表述、取得允许调查消费者的签字等。

2. 客户信用调查分析

在接到客户信用申请后，授信部门即会组织进行客户信用信息调查分析。企业根据自己客户群的情况，设计调查表，并向信用管理行业协会或者征信机构进行信息收集，然后使用消费者信用评分数学模型对数据信息进行相关性分析。

3. 确定授信额度

一旦客户的信用申请被接受，就会涉及授信额度问题。对于绝大多数的授信机构，授信额度的确定不外乎两种可能性：一是给予最低授信额度，根据客户的消费行为和付款记录慢慢地上调；二是根据信用评分值，给予消费者相应的额度。对于消费者的授信需要经常更新，定期更新消费者使用信用工具的时间表，对于非常不活跃的消费者是否降低授信额度或不再发放新的信用工具给这类消费者，或者体现某种激活信用工具的措施。

4. 回复客户并受理客户投诉

确定授信额度是在消费者信用申请被接受的情况下所需的授信流程。如果消费者的信用申请没有批准，那么信用管理部门需要回复婉拒信用申请、备案、邮寄等多项操作，这个在消费者授信流程中称为客户复信。对于申请被拒绝的消费者，要做出合理的解释。回复客户的工作十分重要，它表现了授信机构的管理水平和对客户的礼貌，这能显示企业而不仅仅是信用管理部门的对外形象。

当客户的信用申请被拒绝、原有信用被取消、信用等级或额度被降低时，客户有可能提出异议，或要求提出重新审查，或投诉受到歧视，这些问题的处理也是授信流程的重要组成部分，信用管理人员有责任处理这些问题。

5. 监控和回收账款

面对消费者个人的信用销售，其特点为客户数量多和个体授信额度非常小。因此账款监控和回收是商业企业或信用卡机构的消费者授信管理的另一项重要内容。在账款监控目标上：一是防止消费者过渡使用信用工具进行消费，导致债台高筑，产生拖欠付款或者个人破产的风险；二是不断分析信用工具被使用的情况，来检查信用政策的效果，是否偏离目标，在发现执行偏差时，立即纠正；三是逾期预警，对于快要到期的消费者账户进行重点监督，一旦产生逾期账款，可以迅速采取行动。账款回收的工作非常程序化，对于失信客户一般会直接向征信机构报送客户信息，而不设立外勤追账机构。

第三节　应收账款管理

企业信用管理的另一个重要内容就是应收账款管理。众所周知，企业的经营活动是以创造利润为唯一目标的。也就是说，只有资金的回笼，才能代表企业一个销售周期的结束。在信用销售环境下，必然在某一段时间内产生一定数量的应收账款。这些应收账款在收回之前，处于一种不稳定的状态，如果没有完善和系统的管理措施，这些应收账款极有可能出现无法按时归还的风险，从而阻碍资金在企业内部的正常流动，直接影响企业销售利润，甚至引起企业破产清算危机。在企业赊销行为日益盛行的今天，应收账款管理对企业信用销售的重要性自不待言，因而应收账款管理也就成为企业内部信用管理制度的重要环节之一。

一、应收账款管理的目标和内容

应收账款管理包括广义和狭义两种，其中，广义的应收账款管理包括两个阶段：第一阶段是从债权成立开始到应收账款到期日这段时间的管理，即合同期内的应收账款管理；第二阶段是应收账款到期日后的账款管理，即逾期账款的管理。狭义的应收账款管理则仅仅包括第一阶段的应收账款管理，而把第二阶段的应收账款管理称为商账追收。本书主要介绍的是狭义应收账款管理。

1. 应收账款管理的目标

应收账款管理的基本目标是在提高竞争能力、扩大销售的同时，尽可能降低投资的机会成本、坏账损失与管理成本，最大限度地提高应收账款投资的收益。更具体地说，应收账款管理是要足额、按时收回账款，最小化持有应收账款的成本，最大化应收账款的净收益，让客户重新启动还款计划，并鼓励客户尽快结清款项及节约费用。这些目标和职能定位使得应收账款管理更加复杂。

总的来说，应收账款管理要达到的最终目标有两个：一个是足额收回账款，第二个就是按期收回账款。两个目标对企业来说同等重要，缺一不可。

2. 应收账款管理的内容

（1）支持营运资金

如果企业应收账款回收滞后，企业可能需要贷款以维持正常运营。信用管理人员应密切配合财务决策，预测包括一个月之后的现金回收情况，要避免现金流问题。

（2）减少管理费用和坏账

收款的同时要控制费用。这里的费用包括电话费、邮寄费、法律费用、收账机构佣金和手续费及人员工资等。账单拖欠的时间越长，账款收回的可能性就越小。如不对欠款客户进行连续追讨，时间越长，收款产生的费用越高。因为必然要采取更周全、复杂的收款措施。

应收账款产生的最贵的费用就是坏账，但记入坏账并不等于停止追收，有时企业还需继续调查追踪客户情况，看客户是否有还款能力。企业破产清算是追讨坏账的有效方式之一，但是其产生的费用和效果对授信企业来说并不理想。应收账款管理应该使坏账损失最小。

（3）维持良好的客户关系

收款是人与人之间的交涉，有人性化的一面，因此要尽量维持良好的客户关系，保护客户的声誉。很少有客户愿意承认没有还款能力。实际上，有时客户不能及时付款的原因可能是由于工作失误引起的，比如原始发票的丢失，客户可能还不知道拖欠。一旦失误引起的问题解决后，许多客户能够恢复正常付款。

正如贷款人如期偿还贷款是为了更多的贷款，客户也愿意及时付款，以获得更大额度的信用支持。在应收账款收账中，应该尽量保持良好的收款工作，以促进销售。如果对过去收款处理不当，会引起客户的不愉快，影响企业的销售，导致客户转向其他销售商。

因此，收款人员不应该太急躁，应该根据拖欠情况而定，维护客户关系，促进销售，提高企业的声誉。

（4）恢复客户还款计划

有的客户的确拖欠账款，没有及时结清债务，有时需要一起和客户分析拖欠原因，帮助客户提高信用。如果客户延迟付款可能是负债过高，对债务持不在乎的态度或者是过度扩张，可以帮助客户确定总债务，分析收入来源，制定实际的还款计划。这种努力往往使受益客户和企业保持良好的长期合作关系。

二、应收账款预警机制的建立

在买方市场环境下，赊销在现代商业活动中被普遍运用，它是扩大企业销售规模，提高企业竞争实力的有效手段。然而，赊销带来了应收账款回收的不确定性，也给企业带来了潜在损失的可能性。因此，有必要建立企业对应收账款的预警机制。

1. 合同期内的应收账款监控

合同期内的应收账款是实际已经发生的应收账款。在赊销合同期内，客户不付货款是合理的，信用管理人员不会对客户采取任何实质性的行动。在企业内部，对在信用期限内的赊销合同，信用管理部门仍应该对发生的应收账款实行管理，观察客户是否真正在意加速付款条约，争取取得提前付款的折扣，取得对客户正确分类的依据。信用管理人员应该经常检查已经发生应收账款客户的个体信用限额的变化，以及对于个别信用前线长且账款大的客户进行动态监督。对合同期内的应收账款进行管理，信用管理部门的主要目的是防范客户企业的经营和产权状况在信用期限内发生重大变化，以导致客户不能再正常付赊购款，加大客户信用风险。一旦客户在合同期内的风险表现陡增，企业需要争取时间，以便使用信用管理手段处理赊销合同。另外，通过信用管理的监控和沟通，防范购货客户因人为或管理因素而产生拖欠货款。实践证明，从一开始就拖欠货款的客户将有可能习惯性拖欠。

2. 预警期内的应收账款管理措施

进入预警期内的应收账款也是没有到期的应收账款，是即将到期的应收账款，信用管理部门应该对处于这个级别内的客户给予适当的提示，特别是那些新客户和大客户，以及那些曾经有过不良记录但恢复信用记录的客户等。对于到期应收账款级别的客户，企业信用管理部门应该打电话给客户的会计部门，礼貌地询问未付账款的原因，并根据客户的反应做出必要的反应。处于其他级别的应收账款，属于逾期应收账款和坏账范畴，属于商账追收的内容。

3. 应收账款余额管理

为了管理应收账款，信用管理部门经常要使用会计部门的应收账款记录。信用管理人员可以通过取得会计部门的数据建立一本企业应收账款的“流水账”，但是要经常保持数据与会计部门的一致性。信用管理部门的应收账款记录通常包括客户名、金额、发生时间、到期时间、附加功能等，可供企业信用管理部门做出账龄分析的详细和完整的记录。对于信用管理健全的企业，他们对企业所持有的应收账款设置了预警程序，当一笔应收账款快要到期时，就会提示把记录转移到相应合适的栏目下。系统的预警操作还可以将每一个级别栏目之下的所有应收账款汇总，自动显示该级别应收账款的总体水平。通过账龄分析法，考查应收账款的实际占用天数，分析其中可能出现的坏账损失。

在应收账款管理实践中，有一些财务管理的方法可以借鉴。在应收账款发生之后，还要进行日常监督和分析，其主要目的是防范应收账款变成逾期应收账款。

三、逾期应收账款的处理方式

企业与客户的信用交易产生了应收账款，双方约定在未来某一特定时间归还账款。在赊销合同到期后，客户仍然没有还款，则应收账款变为逾期应收账款。对待逾期应收账款，企业应该时刻保持警惕，控制和处理逾期应收账款越早，企业面临的损失就越少。

在实践中，对逾期应收账款的诊断一般先于处理，了解并掌握了客户违约的实际情况，企业才能采用相应的处理方式。如果客户由于短期资金周转困难、工作人员失误等导致逾期账款产生，企业完全可以通过协商解决；但是如果客户由于经营不善或者恶意欺诈而导致逾期账款的产生，商账追收和法务追收等应该是合适的处理方式。

1. 对逾期应收账款的诊断

应收账款一旦逾期，就要立即进行诊断，对海外应收账款尤其要注意诉讼时效。有些客户到期确实是出于一些特殊困难，此时企业应该考虑是否给予客户诊断时必须注意，不要盲目行动，避免不必要的费用发生，不要打扰重要的只是暂时遇到困难的客户，以免失去客户。将客户的欠款形成报告，进行综合分析。企业信用管理部门还应分析收回应收账款的可能，掌握客户最新的财务信息，防止客户转移资产和抵押物。

诊断的结果一般有：

（1）合同存在漏洞

众多企业的坏账发生是因为在交易时没有合同，或者合同形同虚设。外贸企业则常常陷入外商客户的信用证欺诈中。因此，任何交易在进行前，应该签订严谨的经济合同，并尽可能在合同中设置保护性条款。

（2）有关交易人员与客户相互勾结，故意造成应收账款的逾期

企业有关控制部门应将情况向高层领导汇报，给交易人员施加压力，加快收回逾期账款，否则，企业将给予严惩，直至追究法律责任。同时通过个别案例的宣传，对其他业务员起到警示作用。

（3）客户经营出现暂时性困难

企业信用管理部门考虑是否给予客户延期付款期限。

（4）客户经营出现困难，行将破产

应尽快与企业法律顾问进行沟通，采取对策，减少应收账款可能收不回来的损失。

（5）客户欺诈

也许业务一开始就属于客户欺诈，事后方知上当受骗。在这种情况下，企业应立即跟律师商讨如何取得客户欺诈的证据，以便诉诸法律。

2. 逾期账款的延展付款处理

在对企业逾期应收账款诊断的基础上，对于一些暂时付款困难的企业是否给予延展期也是对企业逾期应收账款的一种处置方式。处理延期付款的一般程序是，根据每个延期付款的客户的具体情况，信用管理人员再次审查客户资信状况，决定处理方法。信用管理部门通常有两种做法，同意延长客户的付款期，但争取在赊销合同补充条款中加以担保类的附加条件，也可以将客户直接纳入商账催收程序。

3. 其他处理方式

实际上对于逾期应收账款的处理方式有好多种，如计提坏账核销准备金，使用风险转移手段，执行收账政策。但是，企业信用管理部门对于逾期应收账款的处理注重于主动性，而企业会计部门计提坏账准备金是一种被动的处置方式。

四、坏账处理方法

一般认为坏账是彻底不能收回的客户欠款，即呆账，或者是追收费用超过账款总额的逾期客户欠款。在这种基础上，企业一般以计提坏账准备金以应对坏账。但是，即使坏账产生了，只要及时有效地采取措施进行追收，还是可以挽回一部分损失的。

1. 坏账催收

坏账催收过程中，能够保护企业债权的措施之一是向债务人送达催收证明。催收证明是债权企业对债务人和保证人主张债权的法律文书，通常由企业出具并由债务人确认同时取得回执。对坏账催收，尤其要注意防止因客户拒签催收通知和其他无法送达的情况下无法取得催收证明而丧失诉讼时效或保证期间。

对不良授信企业的催收应坚持现场催收和书面催收相结合，确保获得合法、真实、有效的催收证明。获得催收证明的方式：一是企业授权有关人员亲自将催收证明送达被催收单位，当面又被催收单位法定代表人签字，加盖公章；二是被催收单位对催收证明拒不签收、企业搬离法定住址或由于其他原因催收证明无法送达时，应通过公证处进行公证、律师见证、发催收电报等方式来确认进行过有效催收的事实。

2. 实物清偿

实物清偿就是指以物抵债，是指债务人将事先抵押、质押给债权企业的财产，或者其他非货币财产折价归企业所有，用以抵偿所欠企业账款。在坏账清收工作中，应坚持现金清偿优先原则，在债务人无法以现金偿还时，应当依法拍卖、变卖债务人财产，以财产变现所得偿还账款。只有当拍卖、变卖确有困难，或者债权面临损失所需时才能办理以物抵债。

3. 法律诉讼

对于正常的催收手段没有效果的企业，债权企业应适时提出起诉、执行企业财产偿还账款，依法维护自身利益。资不抵债的企业，应及时要求企业依法实施破产，以破产财产清偿账款，减少坏账损失。企业不主动申请破产的，债权企业可依法申请企业破产。对破产企业生产设备仍具有较高使用价值的，应鼓励有实力的其他企业整体收购破产财产，尽最大可能发挥破产财产的价值，减少损失。对破产企业资产已丧失整体使用价值的，应依法要求破产清算，处理企业财产偿还债务。

五、账龄分析法

随着市场经济的发展，企业一方面想借助于商业信用来促进销售，扩大销售收入，增强竞争能力，同时又希望尽量避免由于应收账款的存在而给企业带来的资金周转困难、坏账损失等不利因素。企业管理部门除制定和执行合理的信用政策外，还应该以账龄分析为基础，加强应收账款管理，降低应收账款给企业带来的消极影响。

1. 确定需要进行账龄分析的应收账款

一般企业的应收账款明细账按销售地区或销售人员分户设置，由于应收账款的发生与收回在账上反映的是滚动余额，计算账龄的情况比较复杂，财务人员应对应收账款明细账进行筛选，决定哪些需要进行账龄分析，哪些不需要，再针对不同情况做不同的处理。下列应收账款户头一般不需要进行账龄分析：

(1) 期末余额为负数的户头。因为负数表明购货单位多付了货款，可能属预付货款，也可能是应退回的多余款。

(2) 经常变动且期末余额小的户头。经常变动，说明购货单位与企业的往来频繁，应收账款的周转速度快，占用时间短，余额又小，对企业资金占用影响也小。这是极为正常的应收账款。

(3) 期末余额相对较大，但比期初余额已减少许多，流动性又较强的户头。此类账户余额虽然大，但都是新形成的应收账款，比如，某笔应收账款户头的期末余额为 100 万元，但期初余额为 1 000 万元，本期内又已有几次交易，这说明本期至少已收回货款 900 万元，上期结存的应收账款本期已全部收到，期末余额 100 万元实际为本期发生的债权。

(4) 本期或分析期内形成的应收账款。账龄分析一般半年或一年做一次，在分析期内（半年或一年）形成的应收账款可不做账龄分析。

对需要做账龄分析的应收账款户头又分两种情况：一是单笔业务，即与购货单位只发生一笔或少数几笔悬而未决的款项，如因产品质量有争议或违约造成的纠纷等，这种应收账款应一笔笔单独列示，并写明原因，提出解决的意见，这种分析表的格式可在原表的基础上加一栏“解决意见或措施”；第二种情况是追溯性分析，即对应收账款的形成需要进行追溯。我们通常所说的账龄分析指的就是这种情况。追溯性分析的假设条件是：每收回一笔货款都用以冲销最早发生的债权。

2. 确定应收账款管理重点

账龄分析首先是一种筛选活动，即确定哪些应做账龄分析，哪些不需要。不做账龄分析的应收账款显然不是管理的重点。从应收账款账龄分析表上可以看出哪些应收账款已超过了合同或信用证规定的日期，超过的时间是多长，原因是什么，财务人员可以按不同标准，如销售地区、销售人员、账龄地区等计算结构比率。这样可以看出哪一地区的账款不容易收，哪个销售人员负责的销货款回收率低，哪一账龄区间的应收款比例最大。在此基础上，或按照账龄长短，或按原因分析所揭示问题的严重性，或按应收账款的地区、行业分布提出应收账款管理重点，销售部门据此按轻重缓急，编制应收账款催收计划。

3. 编制和实施催收计划

财务人员应根据账龄分析表上列示的购货单位，按重要性原则依次排队，核对账目，确定应收账款的数额，由销售部门根据情况督促催收。

对账龄时间不长，没有特别原因的应收账款，可填写催款通知单送交销售人员，限期催收。对账龄长、困难大或有特殊问题的应收账款，需要运用账龄分析法与ABC分类管理法对应收账款进行综合分析。具体做法是：结合账龄分析表，进一步将该类应收账款按风险程度进行ABC分类，即对到期未能及时收回的应收账款，首先判断对方是否为恶意行为。把那些属于客户恶意行为欠债不还的应收账款划分为A类；把那些由于是客户经营不善未达到预期收益，或因为资金被挪作他用（如进行项目投资而挤占流动资金）等临时性经营困难而不能及时偿还的逾期应收账款划分为B类；对因自然灾害或客观环境发生较大变化（如国家政策做出重大调整）等不可抗拒的因素引起经营极度困难且扭转无望单位的逾期应收账款划分为C类。

然后分类采取不同的策略进行清欠。对A类债权，应及时采取措施（包括法律手段）进行清欠；对B类债权，可以要求客户采取一些补救措施，如适当延长付款时间但加收一定的逾期补偿等；对C类债权，是延缓信用期，还是让利一部分给对方，要加以权衡，尽可能地降低损失。

4. 对不同用户采取不同的销售策略

（1）对流动性强、交易多、信誉好、能够比较及时付清购货款项的应收账款户头，企业应保证货源，并给予其优厚的政策。

（2）流动性一般的户头，此类客户对货款有一定的付款能力，但也会拖欠。对此，企业一方面应健全、完善销售制度，严格按合同供货、收款；另一方面，要加强货款的催收工作。必要时也可给予一定的优惠政策，保证其及时付款。

（3）流动性差的户头，此类客户或信誉差，或付款能力弱，对这样的客户必须对其限制供货，甚至不给予赊账。

5. 应收账款的账龄分析

对于企业信用管理，根据对应收账款的账龄分析，可以了解企业应收账款的流动性，可以测算出每期可收回的应收账款净值，以及做出坏账准备金预算。对应收账款的账龄可采用如表 4—2 的方式进行分析。

表 4—2　　账龄分析表　　单位：元

客户	应收账款余额	信用期以内	31～60 天（超 1 月内）	61～90 天（超 2 月内）	91～180 天（超 3 月内）	180 天以上（超半年以上）
A	100 000	100 000				
B	60 000	50 000	10 000			
C	80 000	40 000	40 000			
D	30 000	10 000	20 000			
E	40 000			40 000		
F	50 000	10 000			40 000	
G	50 000			50 000		
H	60 000		10 000		20 000	30 000
合计	470 000	210 000	80 000	90 000	60 000	30 000
比例	100%	44.68%	17.02%	19.15%	12.77%	6.38%

表 4—2 中，后 5 列给出不同账龄下的应收账款余额，显示出企业的应收账款分布，我们甚至可以做出账龄分布图来直观表示。在表 4—2 给出的情况下，假定企业在赊销合同中规定的信用期限为 30 天，该企业的逾期应收账款已经超过应收账款的 50%，不论行业的逾期应收账款的平均值如何，都说明信用管理部门对客户筛选工作做得不太好。根据分析结果，信用管理部门应该尽快采取如下措施：考虑收紧信用政策，并控制应收账款的发生总额；加强对逾期应收账款的催收工作，特别是要加强已过期 60 天以上的各笔应收账款的催收工作；开始考虑诊断账龄最长的逾期应收账款，做坏账核销的申请准备。

通过对各笔应收账款的账龄加权平均可以得出企业所有应收账款的平均账龄。通过对企业平均账龄的定期监督，企业可以随时掌握应收账款的平均账龄，以及每笔应收账款的质量。将平均账龄与赊销合同的平均信用期限和 DSO 进行比较，可以发现信用管理工作的问题所在，找出当前信用管理工作的重点和方向。更重要的是，通过行业分析报告，将平均账龄指标与行业平均数和主要竞争对手的相应指标进行比较，了解自己企业在市场竞争中的地位。另外，信用管理部门通过对账龄分析，还可以评价本企业应收账款的质量。

第四节　赊销合同管理

企业赊销合同管理是企业信用管理的重要组成部分。企业在批准客户的信用申请以后，就要着手鉴定与客户的赊销合同。如何把握赊销合同的具体条款，理顺合同管理机制，是企业赊销合同管理过程中的重要环节。

一、赊销合同文本管理

赊销合同文本管理是赊销合同管理的重要环节，目的是逐步规范签约双方当事人的签约行为，完善购销合同管理，维护信用交易秩序，保护当事人的合法权益。

1. 赊销合同文本的制定和发布

赊销合同的示范文本一般由国家工商行政管理局及国务院有关业务主管部门制定后，由国家工商行政管理局发布或者由国家工商行政管理局会同国务院有关业务主管部门联合发布。

2. 赊销合同文本的修订

赊销合同文本由原制定机关修订，送国家工商行政管理局审定，经过修订的合同示范文本，由原发布机关发布。

3. 赊销合同文本的印制

国家工商行政管理局制定的合同示范文本，由各省、自治区、直辖市、计划单列市工商行政管理局指定印刷企业印刷，并负责监制其他经济合同示范文本，由制定机关指定印刷企业印制，负责监制，并向省、自治区、直辖市、计划单列市工商行政管理局备案，被指定的印刷企业应当按照国家工商行政管理局和国务院有关业务主管部门制定、提供的示范文本的格式、内容进行印刷，不得擅自改动。

4. 赊销合同文本的发放

合同文本的发放工作，由各级工商行政管理机关和业务主管部门负责，当事人可到当地工商行政管理机关或有关业务主管部门及它们指定的发放单位领取合同示范文本，发放单位可收取工本费。非发放单位和个人不得把合同示范文本当作商品在市场上销售，从中牟利。

5. 赊销合同文本的受理部门

赊销合同文本的受理部门是工商局公平交易科。

6. 其他规定

企业可以结合实际，采取灵活多样的形式，方便当事人使用赊销合同文本。当事人可以根据需要选用，对当事人有特殊要求的赊销活动，允许当事人使用自制的合同文本和手抄合同文本，按照示范文本的内容和格式增加其他所需要的内容；对要求迅速交易的赊销活动，允许当事人以电话、电传等形式达成协议，但合同内容必须明确当事人的权利、义务。

二、赊销合同条款管理

基于企业所属行业的不同以及赊销交易中客户特征的不同，赊销合同的具体条款不尽相同，但又有基本相通的条款。这些基本的条款中主要包括：鉴于条款、标的条款、信用条款、结算条款、履行条款以及其他重要条款。

1. 鉴于条款

企业赊销合同一般以鉴于条款开始，主要介绍合同订立的目的、意愿、过程等背景情况以及合同订立的原则。鉴于条款对于合同的订立、履行、解释、效力等可能产生一定的影响，尤其对于双方当事人恰当处理合同意义非常重大。鉴于条款一般分为订约背景和订约原则两部分内容。

(1) 订约背景包括订约的目的、缔约谈判过程以及双方的订约意愿等。订约目的明确双方订立合同的动机及期望实现的目标，如鉴于买方因生产经营需要，拟向卖方购买原材料和设备，并获知卖方有此设备和原材料的出售，而卖方亦获知买方购买需求，同时也有出售意愿。缔约谈判过程简单描述双方为订立本合同进行谈判的经过，如鉴于买卖双方具有缔约的初步意愿，并为此于××××年×月×日进行了缔约谈判，签署了“谈判备忘录”并确定了交易条件。订约意愿则明确买卖双方在上述基础上，一致同意订立本合同，按照合同的条款履行合同义务，享有合同权益。

(2) 订约原则主要有自愿原则、平等原则、诚实守信原则等。具体来说合约的签订不违背任一方意志而强制签订，不是在非平等基础上签订合同，不搞欺诈、胁迫、乘人之危等非诚信行为等，如鉴于此，双方本着自愿/平等/互惠互利/诚实守信的原则，经友好协商，订立如下合同条款，以资共同恪守履行。

2. 标的条款

标的是指合同权利义务的对象，主要包括有形物、行为（劳务）、无形物（资产），将标的物订的越明确、越规范，才可能完全达到订立合同的目的。我们把标的条款分为标的种类、数量和质量三个部分。

（1）标的种类分为有形物、无形物和行为三种。有形物应该在合同中标明其名称、规格、型号、性能、参数；无形物包括专利权、商标权、著作权、非专利技术等，在合同中应该明确其名称、权利状况、性能用途及其有形载体；作为标的的行为主要有劳务、服务、咨询、施工、代理等，条款中应该写明其名称、目的用途、行为范围及方式。

（2）标的数量应明确计量单位、计量方法、根据这种方法计量的数量以及其他可能影响数量计量的内容。计量单位应当准确、规范，并符合行业习惯，不能含糊不清，引起歧义。对于计量方法则按照行业规定协商确定。

（3）标的质量保证条款包括权利性保证（保证对标的有完全的处分权）、完整性保证（保证标的及其配套设施完整、齐备）、包装保证、效能性保证（保证标的符合约定的指标和参数，能够达到预定的用途与目的）、质量检验（检验标的质量的机关、方式、方法）、维修保证以及保证期间等。

由于企业合同标的种类繁多，而每一类标的具有不同的特性，衡量其质量、数量等内容也不尽相同。质量条款往往是衡量当事人的履行是否适当的重要标准，因而是绝大多数合同的核心条款。实际上对于赊销合同来讲，质量条款尤其重要。如果质量条款表述模糊不清，那么极易让客户找到问题并最终影响赊销合同的效果。

3. 信用条款

企业赊销合同必须明确给予客户的各种信用条件。信用条件是销货企业要求赊销客户支付货款的条件，由信用期限和现金折扣两个要素构成。

（1）客户的信用条件如何，直接影响甚至决定着企业应收账款的持有水平和规模。信用期限确定客户在赊购货物后多少天内支付货款，是企业为客户规定的最长的付款时间界限，并在合同中取得客户的正式承诺。通常，信用期限取决于交易传统，同行业的企业经常采用相似的信用期限，但不同行业间信用期限则可能差别很大，信用期限在 30 天到 70 天不等。

（2）在客户签订赊销合同时，给予客户的现金折扣包括两种不同情况：一是给付现金客户以价格上的折扣，以鼓励客户同企业进行现金交易；二是在赊销方式下，对于在规定的短时间内付款的客户，给予发票金额的折扣，以鼓励客户及早付清货款。现金折扣中包含两个要素：折扣期限和折扣率。折扣期限指的是客户在多长时间区间内付清赊购款，便可以取得折扣优惠。折扣率指的是在折扣期间内给予客户多大的折扣，通常按照赊销额度的一定比例进行计算。

4. 结算条款

一般而言，结算条款主要包括币种的选择、金额、支付条件和支付方式等内容。

（1）币种选择主要针对外贸赊销合同，牵扯到汇率的变动问题。因此在合同中一定要注意币种的选择。稳妥起见最好以本国货币作为结算货币。

（2）应将标的单价与总金额分别用大小写约定明确，这样不但可以防止一方任意涂改，而且可以避免产生歧义。

（3）合同价款的支付条件是指在履行了何种义务、达到何种条件后，可以要求对方支付相应金额或者出具相应凭证，即付款进度。

（4）支付方式包括现金、汇票、本票、支票等。商务活动中，支票为最常见的支付方式。

5. 履行条款

履行是指合同双方相互承担约定义务的行为，即在何时、何地双方发生的权利义务关系，它是订立合同的目的所在。履行条款中包括履行期限、地点、方式、效果等方面问题。

（1）履行期限指完成合同的时间，可能是时间，也可能是时段，应力求精确，并明确时间的计量方法。如卖方应在本合同签订后 90 天内将货物交至买方所在地。

（2）履行地点可能在一个地方，或者在多个地方，完全根据合同的履行情况确定。地点应尽可能详细，写明具体的履行地址。如卖方将货物运输至交易地点，并在运输过程中保证货物的完好。

（3）履行义务人是指完成约定义务工作的人。一般情况下，合同多是双务合同，即签订合同双方都是义务人，只是各自履行的义务的内容不同。如货物运抵履行地点，买方应该安排设备检验，对外观质量存在异议，应在收货的一周内向卖方提出，卖方应及时更换。在检验期间，卖方有义务派代表到现场进行技术指导和解释等。

（4）履行内容指义务人应当做什么、如何做、达到什么标准或要求等，是履行条款中的核心内容。如在商定期限内给付货款等内容。

履行条款是衡量当事人是否违反了约定履行义务应承担违约责任的唯一标准，因此签订的基本原则越清晰越好，避免履行事项的空白或产生解释上的歧义。

实践中履行条款并不是孤立存在的，它与结算条款、违约责任条款、风险分担条款都有密切的联系。履行条款与结算条款的联系体现在两个方面：第一，对于负有价金支付条款义务的一方来讲，合同价金的给付本身就是一种履行内容；第二，价金的结算支付一般是基于卖方义务的履行。其次，违约责任条款必须依据履行条款的情况确定，就是说，履行条款没有被执行，则会相对应体现在违约条款中的责任承担。再次，风险分担条款应依据履行的某个环节或时点确定其内容。因为风险分担条款往往约定合同在哪一个履行环节之前，有关风险由一方承担；而在这个环节及其之后，风险由另一方承担。

因此，履约条款内容必须综合考虑，系统衡量。

6. 其他条款

赊销合同包括的其他条款有：风险分担、违约责任、不可抗拒力、争议解决、合同效力等条款。

（1）风险分担条款是双方当事人对合同履行过程中可能发生的风险确定责任承担者的条款，其基本内容见表4—3。

表4—3　　　　赊销合同的基本内容

基本原则	风险	发生时间	责任承担者
尽可能让对方承担风险	毁损/质量下降等	运输、包装、搬运中	按风险控制能力决定或者按照比例承担

（2）违约责任条款主要约定合同双方违反规定义务的形式、后果以

及应当承担的责任，是一旦发生违约事件适用的条款。对于赊销合同来讲，作为卖方尤其要明确货款支付的违约形式和责任。其基本内容见表4—4。

表 4—4　　违约责任条款基本内容

基本原则	违约形式	违约责任
尽量限制本方承担的违约责任的条件及责任范围，详细约定违约责任	拒绝履行或履行时间推迟，如拒绝付款或拖延付款等	继续履行，赔偿损失，支付违约金

(3) 不可抗拒力条款约定在合同履行过程中，发生不可预见、不可避免的并不能克服的客观情况下，对影响了一方或双方履行合同义务时的处理条款。其基本内容见表 4—5。

表 4—5　　不可抗拒力条款基本内容

基本原则	具体种类	处理方式
必须是不可预见、不可避免并不能克服的客观情况，且该情况影响到合同的履行，才能被认定为是不可抗拒力	自然灾害、政府行为和社会异常事件，主要指阻碍合同履行的一些偶发事件，如战争、罢工、骚乱等	并不都是全部免除违约责任，而应视不可抗力的影响程度和给合同债务人造成的困难来分别处理

(4) 争议解决条款是指在履行合同过程中，约定对因解释、履行合同细则引发争议情况的处理条款。其基本内容见表 4—6。

表 4—6　　争议解决条款基本内容

协商	仲裁	诉讼
合同发生争议时，应该本着友好协商的态度解决问题，协商不成才决定进行仲裁或诉讼	协商不能解决问题时，可以选择仲裁机构进行仲裁，但不能再选择诉讼，仲裁可以不公开审理，一裁终局	选择诉讼则不能再选择仲裁，合同中可以选定管辖法院，未选定的，依法确定

(5) 合同效力条款指具体约定合同的成立、生效、终止的条件与期限等内容。其基本内容见表 4—7。

表 4—7　　合同效力条款基本内容

合同成立	合同生效	合同期限
合同经双方合法代表签字或者加盖双方公章或合同专用章。国内合同侧重盖章，涉外合同侧重签字	合同生效一般由生效条件决定，未附生效条件的诺成性合同成立同时生效	具体确定合同生效和终止的时间。附解除条件的合同则由其生效时效力终止

上述条款虽然不直接体现信用交易的内容，但直接关系赊销合同当事人权利与义务的划分，对当事人的权益影响重大，尤其是赊销企业在面临信用风险的情况下，这些条款更是至关重要。因此应该引起足够的重视，对赊销合同的条款必须仔细斟酌其具体内容，防止由于合同条款的原因使违约者有可乘之机。

三、赊销合同管理机制

企业应该对签订的合同进行登记，及时检查和监督履行情况，记录出现的问题。要把赊购方的履约情况及时反馈给有关负责人，以便掌握情况，制定对策，把客户的违约风险控制在最低水平。

1. 明确赊销合同的履约原则

合同履行有完全履行和诚实信用两个基本原则。所谓完全履行，是指当事人应当完全按照约定全面履行自己的义务，这是履行赊销合同基本义务时应当遵守的原则；所谓诚实信用，是指当事人应当遵循诚实信用原则，根据合同的目的、性质、习惯履行义务，这是履行合同附随义务时应当遵循的原则。

2. 制定合同履行日程表

在合同履行过程中，企业信用管理部门应该确定履行的责任部门及人员，并了解对方履行合同的有关信息；再系统整理合同履行的相关信息，并进行核对、确认；最后，根据前述信息，确定本方与对方履行义务的具体时间及履行的具体标准要求，填制合同履行日程表，并指派专人进行跟踪管理。合同履行流程如图 4—1 所示。

合同履行日程表的制定不但可以提醒赊销企业严格按照合同约定履行承担的义务，预防己方违约；而且可以随时监控对方的履行情况，发现问题及时应对，最大限度地控制损失，维护企业的利益。如发现企业不能按期足额偿付货款，则应该立即改变交易方式，停止一切发货计划，以避免信用风险达到不可收拾的地步。

在实践中，在合同订立之后，因为不注意合同履行的管理而导致本方在不经意间违约，遭受损失后方如梦初醒的例子并不少见。另外，有些企业在合同签订后便将合同束之高阁，造成本方履行情况、程序、责任以及对方履约情况是否合乎合同规定都不得而知，为以后企业遭受损失埋下了种子。这些问题的产生实际上就是没有建立赊销合同管理机制。

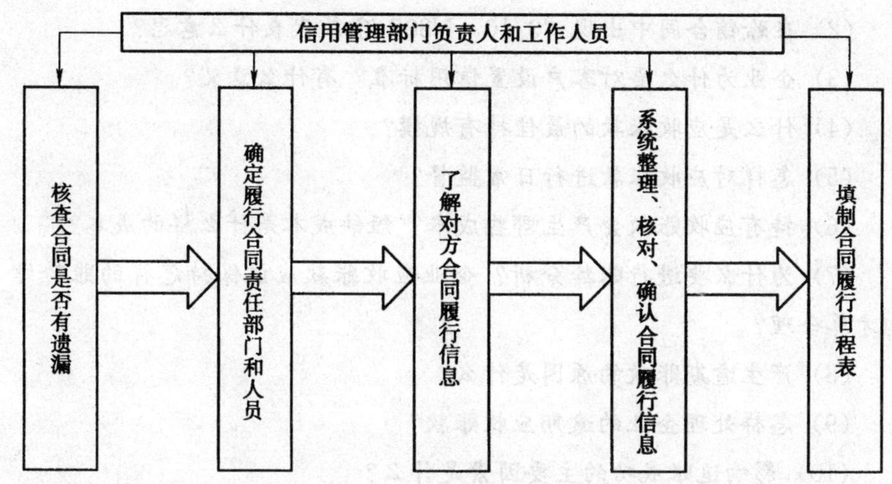

图 4—1　合同履行流程

因此，企业建立赊销合同管理机制，对赊销合同进行登记、跟踪、检查，是企业提高信用管理工作效果，降低企业信用风险的必要条件。

本章关键术语和主要问题

1. 关键术语

信用政策	信用条件	信用标准
信用额度	信用期限	企业授信管理
收账政策	赊销合同条款	现金折扣
贸易折扣	应收账款	账龄分析
应收账款持有成本	逾期应收账款	逾期应收账款诊断
坏账	坏账准备金	延期付款
延展期	商账追收	追账成功率

2. 要点

(1) 企业信用政策及信用政策的类型。

(2) 企业授信管理及授信流程。

(3) 应收账款管理的目标和内容。

(4) 逾期应收账款的处理方式。

(5) 赊销合同管理。

3. 思考题

(1) 企业为什么要制定信用政策？信用政策的主要内容包括什么？

(2) 在赊销合同中出现“3/10，N30”条款代表什么意思？

(3) 企业为什么要对客户设置信用标准？有什么意义？

(4) 什么是应收账款的最佳持有规模？

(5) 怎样对应收账款进行日常监督？

(6) 持有应收账款会产生哪些成本？短缺成本是什么样的成本？

(7) 为什么要进行账龄分析？企业应收账款应该保持怎样的账龄结构才算合理？

(8) 产生逾期账款的原因是什么？

(9) 怎样处理企业的逾期应收账款？

(10) 影响追账成功的主要因素是什么？

第五章 客户管理

客户管理是进行企业信用管理的前提。因为，每一笔信用销售都可能给企业带来风险，授信方必须做到对每一个客户胸中有数，做出正确、合理的判断，以达到促进企业销售最大化，降低信用风险，提高企业综合竞争力的目标。客户管理的主要内容包括：客户资信管理、客户档案管理和客户评价。

第一节 客户资信管理

通过对客户的资信调查，授信机构可以了解往来客户的真实信用状况，一方面可以确保债权并减少逾期账款与呆账损失，另一方面更可根据资信调查结果挑选出潜在的优良客户，以创造利润。所以，客户资信调查是客户管理最重要的一环。

一、资信调查概述

1. 资信调查的概念

资信调查是企业信用管理的基础。通过资信调查，企业能够及时、系统、客观地了解和掌握客户的资信状况，并以此作为企业进行信用销售是否授信和授信多少的重要依据。

一般认为，“资”指资金、资产、资质及声望；“信”指诚实、信用、信誉的意思；资信就是资质、信用之意。资信调查是指对被调查方资质和信用状况的调查，在西方国家将其解释为：收集被调查方各信用要素信息，客观反映被调查方信用特征的活动。

中国台湾地区则把资信调查叫做征信调查或征信，是收集并验证信用的意思，具有收集、分析、验证的特征。20 世纪 90 年代初期，中国内地也有很多机构沿用台湾的叫法，把资信调查叫做征信，或者两者通用，只是到了后来才逐渐统一叫做资信调查。

2. 资信调查的特性

（1）真实性

资信调查的本质是探求调查对象的事实真相，借以判断其信用状况，并作为授信决策的重要参考依据。资信调查必须不偏不倚、客观公正，力求真实，这是资信调查人员恪守的基本原则。

（2）综合性

资信调查工作要衡量的因素众多。以个人资信调查而言，其出身来历、家庭背景、环境、学历、交往情况、平时习性、嗜好、健康状况等，均能够形成其性格、活动能力及气质，而经历的过程也形成处世应变的能力，故对人的信用评估，应从先天、后天、环境等多方观察。企业也是如此，企业是由人、物及资本所构成的经济实体，由其构成要素而衍生出管理活动（管理要素）、生产与销售等经营活动（经营要素）、资金活动（财务要素）等各种机能。各种机能间不尽相同，但均具有共同密切的关联性，且各种机能又因其所处环境的影响产生各种变化，因此，反映出的综合现象才是企业的信用本质。

（3）前瞻性

资信调查工作的目的是为了债权在将来如期收回，其着眼点是被调查对象未来的还款能力。所以调查不仅局限于被调查对象的过去和未来，更注重被调查者的将来。如果目前优良的授信对象，其经营状况已过鼎盛时期，正在进入衰落阶段，预计不久的将来会发生变化，这样的企业就不适宜长期授信或高额授信；反之，虽然授信对象目前的经济实力还不很强，但其发展势头良好，那么给他的授信也会相应提高。所以，资信调查工作具有前瞻性。

（4）合作性

由于此项工作形式较为特殊，所以资信调查的横向联系至关重要。

资信调查机构之间、工作人员之间，互相都保持着密切的联系。工作人员往往是从多个相关部门得到各个方面的资料，再综合评定，去伪存真，得出较为准确的判断结果。

（5）机密性

资信调查的机密性是指对客户的调查资料进行保密。这是资信调查行业共同遵守的职业道德，也是企业内部资信工作人员的当然义务。资信调查机构不是商业间谍，对于涉及被调查对象的专有技术、产权等内容，在调查报告书中都慎重处理，使之不会对被调查对象造成不良的后果。另外，一些只供金融部门了解的内幕，也不能向其他部门公布。

（6）差别性

对于不同行业、不同地区的不同企业，调查机构都有不同的标准。在调查中不能使用统一标准对待；不同地区的企业，也应将多方面因素考虑在内，而不仅仅以单方面因素做出判断。

3. 资信调查的目的和功能

（1）帮助选择信誉良好的客户，剔除风险较大的客户

好的信用分析方法，不仅具有坚实的理论基础和科学检验，而且要和企业的实际情况有较好的吻合度，即信用分析方法能够真正反应企业需要的是什么样类型的客户，什么样的客户才是企业真正优质的客户。那么，以这样的分析方法作为衡量的标准指标，就可以清晰地了解企业拥有多少优质客户，从而积极与这些客户发展有效的信用交易；还可以了解哪些是企业的劣质客户，从而在今后的贸易往来中加强防范意识，主动采取风险转移的技术和手段。

（2）保护对企业有较大交易价值的客户

当优劣质客户分类不再是一种人为的随意行为之后，同样也能在很大程度上赢得那些真正优质客户的信任。一方面这些优质客户基于长期合作的需要，认可合理的商业游戏规则，并尽可能地遵守，以实现双赢的目的；另一方面，科学的信用分析和评价方法，让客户信赖企业的管理水平和市场拓展能力，从而为将来更大的合作奠定坚实的基础。

（3）维护企业的客户资源在一个较高的水平

通过符合企业实际情况的分析方法，不仅为企业清晰地展示了现有客户群的整体质量，了解本企业的客户质量在企业所属行业中的水平，而且还为企业挖掘更具合作意义的客户提供了思路。长期积累下来的数

据资料能够充分显示，在企业的发展过程中，客户群整体质量处于怎样的变化过程中，这些变化与企业本身的管理行为和行业管理水平的关联性怎样，等等，这些分析为企业更有效地提高管理质量，维护企业的客户资源在一个较高水平提供了有力支持。

（4）维护企业整体利益

当企业的整体客户群都处于较高的水平时，与这些客户合乎商业规则的商业往来，包括合同制定、货款结算和其他有关商业行为的有序性，为企业提高各种资源的有效利用提供了一定的空间，同时，客户良好的商业行为为企业提高利润空间、扩大市场占有率和挖掘企业发展潜力等带来积极的意义。

二、资信调查时机

1. 与客户第一次往来交易时

当第一次与陌生客户往来交易时，必须了解他的信用状况。就如同新结交一位朋友时，要试着了解这个人的个性、嗜好、学历、专长、为人处世的态度、家庭状况等。与一般客户往来，也是同样的道理。

因此，我们需要确定，这家机构是否在政府相关注册机关登记设立、组织背景如何、财务状况好不好、经营业绩如何、公众评价怎么样等等，以此作为评估是否与其往来交易的重要参考。

欲得知机构的这些情况，就必须做资信调查工作，具体是由自己做，还是委托专业征信机构来做，那就要看采取哪一种方式最有利。但是，需要指出的是，一定要重视交易前的信用调查，做到防患于未然，以防止日后被巨额拖欠，造成无法挽回的损失。

2. 定期调查

资信调查是一项持续不断的工作，只要继续与客户往来交易，就必须持之以恒地做资信调查，以了解客户的最新动态，切不可一曝十寒。企业的资信状况不是一成不变的，因为商场上的变化是变幻莫测的，虽然在个人感觉上客户的营运正常，但如果不做定期了解，就很难发现它所潜在的危机。这就如同一个人必须每隔一段时间做一次健康检查一样，了解是否有潜在的疾病，以便早日对症下药。

3. 客户要求扩大交易额度或改变交易方式时

当客户订货数量要求增加时，要了解其中的原因，到底是因为业务扩大导致订货数量要求提高，还是借着大量进货蓄意诈骗。有时客户会要求把付款期限延长，从一个月改为两个月或三个月；有的则要求把以前沿用的现汇或信用证（Letter of Credit，简称 L/C[①]）交易方式改为承兑交单（Documents Against Acceptance，简称 D/A[②]）或付款交单（Document Against Payment，简称 D/P[③]）的方式。类似情况发生时，必须做一次资信调查。

通常情况下，在与客户往来一段时间后，因业务扩大，交易额提高是一种正常的现象。比如从原来每年几万元的交易额，提高到几十万元甚至上百万元的额度，此时就要考察客户是否有此承受能力。

当客户要求改变交易方式，或者要求延长账期或要求扩大信用额度时，要查明原因。一般交往时间久而且信誉优良的客户，卖方大多会给予较长的账期，或较高的折扣优惠，或给予较大的信用额度，每家企业对于这方面都会有一定的规定。至于由 L/C 交易要求变成 D/A 或 D/P 方式的交易，一般企业在遇到此种改变交易方式的请求时，应委托其国内专业性资信机构代为进行资信调查，同时参照其过去财务状况及以往业绩，作为取舍依据，以促进营运的正常发展。

4. 出现订单异常现象时

所谓订单异常就是在交易期间，突然有大批量购买增加或减少的现象，同时对品质的要求不再严格，对此应该引起足够的重视。然而，有时订单的突然骤增也不一定是坏现象，假如客户开拓新市场成功，需要大量进货，这也是一种正常现象，因此，对这个问题就有实际调查的必要。

对于订单增大而对品质却不再有严格的要求，这种情况则有存心诈骗和恶性倒闭的可能性。因此，不要只顾迎合顾客的要求而忽略潜在的危险信号，以致造成损失。资信调查对于坏账率的降低有十分重要的作

---

① L/C，信用证付款方式，属于银行信用，很保险的一种付款方式。但是，要求开证行信誉一定要好，单证人员审单要认真仔细，公司业务、储运、单证部门要协调一致，避免单据出现不符点。

② D/A，承兑交单付款方式，是在跟单托收方式下，出口方（或代收银行）向进口方以承兑为条件交付单据的一种办法。即通过出口方银行交单给进口方银行，不同的是进口方只需承兑出口方单据，就可以拿走正本单据，到期后再付款。

③ D/P，付款交单交易方式，指出口方的交单是以进口方的付款为条件，即进口方付款后才能向代收银行领取单据。一般是出口方发货后准备好议付单据，通过出口方银行交单至客户方银行，进口方银行提示客户单据已到，进口方付款后银行交单。

用，远比出了坏账再想办法来得更有效。

5. 客户状态异常时

（1）不良债权增加

商业信用的规模不断扩大，企业间的债权债务关系纵横交错，但同时也带来一个问题，相互拖欠以致形成不良债权正在困扰越来越多的企业。企业运营以追求利润为目标，信用工具的使用也是为了促进企业的销售，以期实现利润最大化的目标，但一旦坏账过多，就可能严重影响企业的流动资金，增加企业运营成本，降低企业的利润，甚至导致企业破产清算。实际上因呆坏账比例过高致使资金周转不灵而破产的现象屡见不鲜。

（2）企业改组、经营者易人

一个企业是否能够快速、稳定发展，主要在于企业本身组织健全，人事安定，有精明强干的经营领导，这样才能使企业步上坦途。假如企业经常改组，董事长及总经理时常易人，企业人事紊乱，经营政策摇摆不定，这样的企业是不可能有前途的。一般来说，经营不善的企业大部分都曾有改组及更换管理层的情况发生。一旦企业发生这种变化，就应该密切注意其动态，从各方面收集其信息作为往来交易的参考。虽然企业成长过程中，随时都有可能遭遇挫折，但这往往也是企业脱胎换骨的良机，关键在于能否把握机会。

（3）经营者健康欠佳

企业领导人对整个企业具有绝对的影响力，尤其是一个经营有规模、在市场上已有相当知名度的企业，其经营者的健康问题更是投资者、交易伙伴关注的焦点。万一经营者身体健康恶化，对企业可能会产生许多不良的后果，甚至使企业的实力和市场份额逐渐减小，企业竞争力下降，直至最后倒闭。

三、资信调查的内容

1. 企业基本信息

（1）成立时间

企业成立时间的长短客观上反映了企业的市场基础。历史悠久的企业较之刚成立的企业更值得信任，因为在激烈的市场竞争中能够得到长久的生存和稳定的发展，在一定程度上说明该企业各个方面都趋于完善，市场基础深厚。但是，在变幻莫测的经济环境中，不能一概而论，有些新兴行业、企业发展迅速，已经成为现代商业社会的宠儿。

（2）经营范围和业务变迁

成熟的企业，一般具有稳定的经营范围和主营业务，如果一家企业的经营项目经常变动，说明企业没有长期一贯的经营战略和思想，易受外界干扰，随波逐流，急功近利。激烈的市场竞争导致企业承担的巨大市场风险，很多企业走多元化经营的道路以分散风险，这样做本无可厚非，但是多元化经营以至于包罗万象，无所不能，则企业没有核心业务，经营没有保障，与这样的机构打交道风险较大，调查时应分析该企业业务变迁的内在原因。

（3）经营方针

不同企业有不同的经营特色和方针，关键要考察其经营方针是否适合当前的经济形势和行业特点。考察时，应与其他同业的方针政策进行比较，再分析该企业特有的经营方针和经营态度是否与时代潮流和经济情况相适应。

（4）注册资本及变迁

注册资本一般来说表现出企业的规模。资本越大，表示企业的经营资本越雄厚，对企业今后的发展至关重要。企业增加注册资本，表示企业业务规模扩大，发展加速，但也有可能是股权结构发生变化。

（5）企业性质、名称及商标

考察企业性质，主要是明确企业的资金来源及股东和对外界所负权责。股份有限机构、有限责任机构、外商投资企业均以企业资产承担有限责任，而合伙企业、个人独资企业其所有者则承担无限责任。

企业的名称一般不会随意更改，使用越久，知名度越高。一旦企业更换名称，则很有可能发生重大变故，或股权变更，或经营失败，或其他。

企业的商标是企业产品的标志，代表企业的荣誉，一旦被社会广泛认可，其无形资产价值巨大，因此企业商标一般不予更换。但也有可能是企业产品存在质量问题，商标已丧失信用，遂以更改商标偷梁换柱，坑骗他人。在考察时，应认真分析变更企业商标的原委。

2. 人力资源信息

（1）股东和经营者情况

当打算与一个企业特别是与独资企业和合伙企业交往时，应当知道企业的股东是谁，主要股东之间的关系是否融洽，主要股东是否还投资于其他企业，这些企业经营状况如何等情况。企业的股权结构表示各股东对该企业的支配权的强弱。通过对持有大股份的投资企业和自然人的资信调查，可间接反映企业的一般特性和作风，借以分析该企业资本和经营上的安全性。

企业的兴衰成败，经营者往往起到决定性作用。具有卓越才能的经营者可以从零做起，逐步发展，成为地区乃至国际知名企业；也可以临危不乱，随机应变，再造生机，使亏损企业重新崛起。反之，平庸无能的经营者，即使接手优良企业，也会使其逐渐丧失优势乃至衰败。考察企业管理者，可通过直接面谈、经历调查、同业评价、社会评价等多方面综合评估，而判定经营者的个人经历、经验、信用和能力。

（2）员工状况

劳务状况是指企业人员的结构、薪金水平、出勤状况和工作态度等方面情况。劳资之间是否协调，员工素质的高低，员工比例结构是否合理等都会对企业的发展产生影响。

考察员工相处情况和工作态度，可以从侧面了解企业内部管理水平。如果企业员工工作态度积极、相互配合，说明企业内部管理完善，管理者领导有方。反之，则说明企业管理混乱，对企业发展极为不利。

（3）技术条件

技术条件包括技术人才、技术专长、技术开发等方面。良性运转的企业很重视技术的开发和创新，其追求的目标是长期持续的发展。非良性运转的企业正相反，忽视技术开发，只注重眼前利益。

因此，应该注意调查企业在技术开发上的费用投入、经营者的态度、与外界的技术交流以及对技术人才的重视程度。

3. 物力资源信息

（1）自然条件

主要考察营业场所所在地的自然环境对生产成本和产品品质的影响程度，主要考察气候、地质、地形、水利、资源等因素。

（2）能源供应条件

主要考察能源供应，涉及煤、电、油等工厂生产命脉的供应；考察交通，涉及原材料运输的便利情况和运输成本；考察原材料，主要是调查原材料供应的可靠性；考察产业政策，主要调查国家对产业是否有优惠或限制条件，以及在卫生、交通、检验、规划等方面鼓励或限制政策。

(3) 厂房、设备状况

调查工厂建筑物的结构、新旧、大小、配置以及机器设备摆放是否合理，原料、半成品、产成品的运送以及放置是否合适等；调查机器设备的种类、性能、精密程度、使用年数、修理保养状态等。同时应该关注设备合理利用，闲置设备比例等。

4. 关联企业

关联企业是指相互控股的企业，即该企业投资的企业和向该企业投资的企业都是该企业的关联企业。调查关联企业的状况，首先从关联密切企业入手，然后再调查分析一般关联企业。要调查关联企业在资本、人员、营业、资金等各个环节的关联，判断企业关系存在的理由，再判断关系的存续，最后分析关联企业对该企业有何种裨益或累赘。

企业发生关系大都是抱有良性、善意的目的。但是也有一些企业与关联企业的行为却是非善意的行为，他们隐藏或粉饰该企业的某些缺陷、迷惑欺骗调查者，以期达到利己目的。

5. 经营管理状况

(1) 组织与制度建设

企业的经营组织，大体上分为高层组织和基层组织两个方面。调查高层组织应该对该企业的机构章程，董事会的组织规程、构成形态、讨论事项、决议的方法等予以充分了解。调查基层组织时，应该依据企业组织系统以及企业内部各种规章制度，深究其部门、科室的构成，职务的安排，权限有没有明确界定，授权方式是否妥当等。

计划安排具体内容依各企业而异，调查时应分析其计划是否全面、完善、科学、简洁明了，计划的实施背景，具体实施落实情况等等。

内部制度包括内部牵制、内部检查、预算统计三个方面。调查时，首先明确内部牵制制度设计是否合理，内部检查制度实施效果如何。其次对机构的预算统计进行调查，包括对预算的目的、组织、时间、实施方法、报告的编制，以及对预算差异进行分析。

(2) 营业状况

业务繁忙还是萧条甚至是歇业，业务发展是上升还是下降，该项调查主要包括生产状况和销售状况两部分。生产状况调查又可分为生产业绩调查、原材料调查和生产力调查三类；销售状况调查应主要注意企业在销售量趋势、销售价格、销售对象、账款回收、推销能力等方面的业绩和合理性。

6. 银行信用记录

企业和银行之间资金往来和相应的记录对企业的资信调查非常重要，银行不仅有目标企业的存贷款记录和还款情况，还对企业的信用状况有较深的了解。调查企业与银行的往来时，应该了解企业存款、贷款、还款的情况，尤其是贷款和还款非常重要。调查贷款情况时，应首先了解贷款总额占企业总资产的比例，长期和短期贷款的比例，然后调查往来银行名称、贷款种类、期限、担保品及与主要借款银行的往来关系；调查还款情况时，应了解企业还款方式和还款记录，有无逾期还款现象等。

7. 行业状况

企业的发展与行业发展密切相关。根据经济运行规律，行业不同，其发展的前景也不同，有朝阳行业、新兴行业、高科技行业，也有传统行业、衰败行业、劳动密集型企业等。行业调查一般涉及行业生产、原材料、存货、价格、设备以及企业的地位和特色七个部分。对于行业状况的调查，依据企业所在行业的发展历史、现状和上述要素，以推测行业的整体前景，同时探究企业在同业中的地位、特色和动向，以推测其成长状态和发展趋势。

行业情况调查是企业资信调查的重要内容，如果高估了行业的成长速度，过多授信于该行业，必导致投资失策，血本无归；而如果低估了行业的成长速度，可能会失去优质客户，将利润拱手让人。

四、资信调查的途径

1. 直接向受信者索取

企业向信用申请者授信之前，作为对等条件，可以要求购买商或消费者个人提供必要的资信证明和相关资料，并以此为基础建立企业客户档案。

2. 向行业协会等机构索取

如贸促会及各地分会、商会、各行业协会。进出口企业可通过各国驻华使馆商务处、驻华外国商会查询。这些机构单位大多拥有工商名录、电话簿等，而且大多对外开放，允许和欢迎企业查询。

3. 向票据交换所查询

国际贸易授信时，可以到受信者所在国家或地区的票据交换所调查其有无退票或拒绝往来的不良记录。欧美和东亚很多国家都有类似机构，我国目前尚未建立票据交换查询系统，无法了解到受信者的付款状况。

4. 向工商管理部门查询

工商管理部门一般掌握着企业的基本资料，如法人代表、营业执照、注册资本、机构治理结构等，同时我国大部分省市的工商管理部门都已经能够办理企业注册资料查询服务。国际贸易授信时，也可以直接向受信者所在国或地区的工商管理机构致函查询。

5. 银行查询

银行是信用资产主要债权人之一，它同债务人发生的信用关系和对受信者的信用记录是资信调查重要的参考依据。但是，由于大多数国家的银行法规都有保密协定，除了法律规定的情况外，银行不得向第三者透露客户资料。我国银行基本不提供查询服务。

6. 政府机构查询

除了上面讲到的工商部门外，还可以向税务部门、房产部门、车辆管理部门、法院等部门查询相关资料。从税务部门了解企业纳税状况，但该方法在国内、国外均有很大困难；从房产部门考察不动产登记及设定情况，以及抵押情况；向车辆管理部门查询，考察车辆登记情况；向法院查询，了解企业应诉上诉的事件记录。

7. 向客户的往来企业调查

向企业的其他供应商和销售商调查，查阅其信用口碑、付款情况和负责人的付款还款意愿。但是应该注意调查企业的立场，以防止偏袒或诋毁受信者的情况发生，造成授信决策偏差。

8. 公开发表资料

（1）官方公开资料，如政府部门的各有关机构发表或公布的经济动态、经济指数、物价统计、商品走势、市场行情等。

（2）行业协会资料，行业协会一般会保存最新最全的行业资料，并公开发行会刊杂志，这有助于对该行业的经营现状、发展趋势等做出正确分析。

（3）专业及一般新闻报纸杂志。

9. 直接购买或委托专业资信机构调查

市场经济的发展促使社会分工的专业化越来越明显。一份完整的资信调查报告涉及很多的部门、机构、单位，资料的收集、分析、判断工作繁琐复杂，有时单靠个人力量根本无法完成。专业资信调查企业有完善的信息渠道、专业的分析模型与技术，并配有大型数据库，可以满足企业的调查和查询需要。他们向客户提供从目标企业的基本信息到目标企业的专业资信调查报告的一系列产品，客户完全可以根据需要购买相关产品。

五、资信调查的注意问题

1. 资信调查工作是一项持续不断的工作，资料必须不断收集，不断更新

在激烈的企业竞争中，每个企业的经济状况都在发生变化，曾经辉煌一时的企业，今天就可能被市场淘汰，昔日濒临破产的企业，现在却能欣欣向荣。因此，观察某一事物的状况时，决不能道听途说，仅凭印象或感觉审视他人，而应该以发展的角度看问题，利用最新资料进行正确的判断。

2. 资信调查是一个企业合理正当的行为和要求，必要时应该向对方直接索取资料

企业提供赊销服务时，不敢向受信人索要资信材料，认为此举会引起客户的不满，甚至丢掉这笔业务。其实，大可不必有这份担心，索取资料的做法说明企业内部管理制度的完善。这样做不但不会引起不良后果，大多数情况下反而会得到受信者的尊重和重视，认为该企业是可以信赖和长期交往的。对于信用管理严格的企业，受信者在支付货款的问题上也更加严肃认真，通常不随意拖延货款。即使少数受信企业因此拒绝交易，也正说明这些企业存在问题和缺陷，不敢接受检查和评估，放弃这样的企业不是一个坏的选择。

另外，在向对方索取资料时，应该尽量减少给对方制造不必要的麻烦，避免因没有准确告知要求，造成受信者交送资料不合需要的现象发生，切忌认为资信调查资料多多益善，而应做到收集的资料简洁、明确。

3. 收集资料的信用管理人员态度需和蔼可亲

有时，收集资料人员的办事态度直接关系到调查的成败。专业调查人员和蔼、亲切、诚恳的态度容易消除双方的隔阂。双方开诚布公，真

诚合作，才是资信调查工作的最高境界。

4. 要保守秘密，不要随意泄露客户的商业信息

受信企业出于合作的目的，将自己企业的商业信息和机密告诉授信企业，授信企业的信用管理人员应妥善保管这些资料，仅供自己企业做分析使用，不能泄露给受信企业的其他竞争者，损害受信企业的利益。

5. 信用管理人员要有很强的学习能力

为了迅速、准确了解受信企业提供的资料，并有能力与其保持联系和沟通，收集资料的人员必须掌握很多知识。除了具备一定程度的经济学、会计学、管理学、统计学等基本知识外，还要掌握自身行业市场状况、行业动态、专业技术、设备结构等专业知识，因此，信用管理人员必须勤奋好学，不断积累经验。

6. 认清调查工作的艰苦性

一次调查工作必须预先做好准备，经过直接或侧面调查后，把取得的资料加以整理、探讨、分析、评估，最后撰写成报告，其过程非常繁琐。有时遇到调查不顺利或者时间受限，更增加了调查工作的难度。因此，收集资料人员必须具有吃苦耐劳的精神，认清调查工作的艰苦性，才能做好这项工作。

7. 不应向受信企业轻率发表个人意见

有时，客户企业为急于了解自己的受信情况，于是向调查人员追问情况。但是，在最终授信决定之前，调查人员不应该轻率发表个人意见。因为评估需要考虑的因素很多，最终评估结果可能会有巨大差别。这样会引起受信企业的怀疑和不满，影响企业之间的贸易关系。

第二节　客户档案管理

建立和维护客户信用档案是信用管理的基础工作，只有建立起客户信用档案和不断跟踪客户状态，才具备对客户信用价值进行分析的条件。合格、完备的客户信用档案，可以帮助企业找出最忠诚的客户，分析优良客户具备的特征，让销售人员按照客户分析建立起来的标准去寻找理想的客户。

一、建立客户档案

1. 客户档案的概念和内容

对于企业在与客户交往中所形成的客户信息，以及企业自行制作的客户信用分析报告和订购的客户资信报告，都应进行分析和加工，将其制作成客户档案。客户档案是企业进行信用决策的依据，建立合格的客户档案是企业信用管理工作的起点，属于企业信用管理部门的基本建设工作。

客户档案是指一个企业将其所有客户的各种财务和非财务信息进行集中统一收集、记录、整理，并对每个客户的资信状况进行定期分析、评估，从而为企业的各级管理人员提供决策支持的客户资信背景情况记录。按照记录客户档案载体的不同，可以将客户档案分为书面档案和电子档案两种。

客户信用档案包含了企业经营中与客户信用相关的各方面信息，如企业基本情况、组织管理与人员配备、业务情况、财务状况、内部交易记录、企业评价、信用状况、资信报告、信用分析记录等多方面的信息。一般来说，很多企业的客户信用档案是在征信机构的标准版资信调查报告模本基础上制作的。

2. 建立客户档案的程序

现代企业客户信用档案的建立应根据集中管理，长期积累、动态管理，分类管理等原则，并结合企业的实际情况和预算，设计一个合理的筹建工作程序。在实践中，我们常常遇到的不外乎是新建客户信用档案库和改造企业原有的客户信用档案库。从工作进度看，又可分为一次到位型建设、投资逐步到位型建设、改造原有档案等几种方式。这与企业的建档工作预算和人员素质有关。建立一个合格的客户信用档案的基本工作程序如图5—1所示。

二、处理和维护客户档案

1. 处理客户信用档案

作为信用管理日常工作的一部分，信用管理人员要对原始客户信息进行筛选、分类、核实、计算、判断、分析、编辑等加工处理。筛选是从不同来源的信息中拣选出有用信息和新信息。分类就是按照客户信用

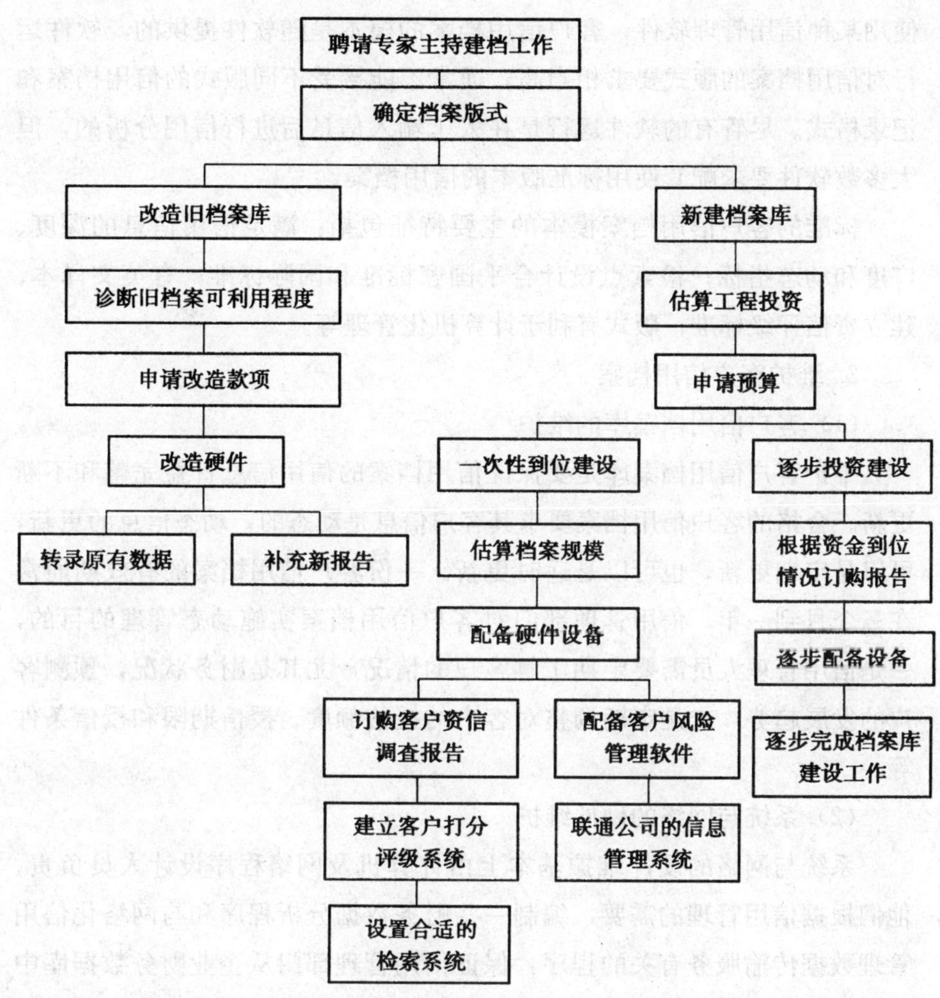

图 5—1 客户信用档案库建设工作基本程序

档案模本的信息栏目，将选出来的信用信息分成纯文字描述信息和量化信息。核实就是对形成客户信用价值评价指标的重要信用记录进行核实，保证信息的真实性、合法性和公允性。计算就是算出客户的资信级别和风险指数，使用更新了的记录。判断是就现行客户授信和信用政策的正确性和松紧程度进行判断。分析是就客户信用档案中的重要记录和评价结果进行分析，提纲挈领地做出客户描述，并提出建议。编辑就是按照模版要求，对客户信用档案的对应部分进行更新，使档案的数据结构对应于所采用的信用管理软件的要求。

经过加工处理的客户信息，应该达到信用管理档案模本的要求，模本通常是在国际流行的企业资信调查报告版式基础上设计出来的。如果使用某种信用管理软件，客户信用档案的模本是随软件提供的，软件运行对信用档案的版式要求相当高，通常不能接受不同版式的信用档案和记录格式。尽管有的软件运行是在人工输入信息后进行信用分析的，但大多数软件要求配套使用标准版本的信用档案。

标准的客户信用档案模本的主要特征包括：满足信用信息的深度、广度和动态指标；检索点设计合乎国家标准和国际标准；有英文译本；建立资信评级标准；版式有利于计算机化管理等。

2. 维护客户信用档案

（1）客户信用档案库的维护

维护客户信用档案库是要保证信用档案的信用信息日益完整和不断更新。合格的客户信用档案要求其客户信息是动态的，动态信息的更新，可以是定期更新，也可以是适时更新。一份客户信用档案的有效期通常在三个月到一年。信用管理部门对客户信用档案实施动态管理的目的，一是信用管理人员需要定期了解客户的情况，尤其是财务状况，预测客户的发展趋势；二是定期调整对客户的授信额度、授信期限和授信条件等。

（2）系统与网络的硬件维护

系统与网络的硬件维护基本上由计算机及网络程序设计人员负责，他们根据信用管理的需要，编制一些财务数据分析程序和与网络化信用管理数据传输服务有关的程序，保证信用管理部门从企业财务数据库中取得电子化数据。

（3）客户信用档案的企业内部咨询服务

1）主动提示。客户信用档案分析人员对客户的资信调查报告进行解读，将报告中给出的客户弱点等重要信息用彩笔或符号系统标示出来，提示给使用信用档案的业务部门和高层经理人员，为企业成功的商业谈判提供帮助。

2）信息的及时传递。信用管理人员将企业长期客户和正在接触的潜在客户的档案和修正信息及时通报给那些与客户打交道的本企业人员，达到既防范客户信用风险，又不错过商业机会的目的。

3）信息显示。有时企业的业务部门还要求信用管理部门在标准版客户信用档案基础上，提供对客户的分析和解释。所以，信用管理人员必须以一种简明的形式将客户的资信状况传递给相关经理或业务人员。

三、客户档案管理的注意问题

1. 客户档案管理的操作方式和总体架构也会随企业发展阶段的不同而不同

目前较为常见的客户档案模式有简单的客户档案和客户档案数据库两种。对于大多数处于初级阶段的小规模企业，企业的客户量不是很大，一般就是将一些客户档案形成电子化文档资料，通过 Word、Excel 等办公自动化软件进行简单的编辑、统计等操作，客户的信用档案比较简单。当企业规模发展到一定程度，客户的数量增多，必须建立客户档案库才能更好地对客户进行管理。客户数据库的建设采用两种模式：单独的客户信用档案数据库建设和融合在企业信息化管理系统中的客户信用档案库建设。

2. 客户信用档案必须得到应用，否则就是浪费

企业建立客户信用档案的主要目的就是支持赊销和授信工作。

3. 评价客户信用档案库及其管理是否合理的标准

一是要求档案中的信用记录内容和指标本身达到标准；二是要求信用管理人员（特别是信用管理部门的外联人员）向企业业务部门和高层管理人员提供主动、优良的客户信用档案服务，档案服务要达到准确提示、及时传递、显示简单易懂等标准。

第三节　客户评价

客户评价即由特定的机构或部门根据公正、客观、科学的原则，按照一定的方法、程序，在对被评价对象进行考察调研和系统分析的基础上，做出有关其信用能力的可靠性、安全性的评价，并以专用符号或简单文字加以表达的一种管理活动。客户评价结果直接影响企业信用政策运用和授信管理行为，是建立科学的授信管理制度的基础。

客户评价的主体既可以是专业资信评级机构，也可以是企业信用管理部门。就其对象而言，客户评价包括对企业客户和消费者个人的评价。

客户评价的方法有两大类，即传统评价方法和现代评价方法。传统评价方法，也称为专家打分制度，其核心是C学说。现代评价方法是以Z模型为代表的建立在关键因素基础上的较为客观的信用评级模型。

一、评价企业客户的方法

传统的信用评价方法是建立在经验基础上的，但经验往往很难规模复制，只能被少数人掌握。而且，传统的信用评价结果会因人而异。现代的客户评价方法通常以信用要素为基础，以数理统计为核心手段，结合经验、量化指标、比较权重，最终形成评价标准。

没有准确的评价，就不可能有正确的客户选择。所以，在信用管理中对企业客户评价的要求是：一要建立在经验和科学分析的基础上；二要有一致的标准；三要有量化的结果，即对于客户评价的结论是数量化的，表现为信用风险指数和资信评级。

1. 考察客户信用要素

长期以来，西方经济学家就信用要素发表了许多学说，这些学说从不同角度分析信用要素的特点，各自侧重不同，但总体来说，其基础要素是一致的。其中，以C学说最为基本，随后又陆续发展出F学说、A学说、P学说、M学说等各类演进学说。

（1）C学说

C学说是传统评价方法的核心。传统评价方法也称为专家打分制度，是指在对客户的信用评价中，专家依据经验，对客户进行信用风险分析和评价的管理制度。评价的主要依据是C要素状况。C要素经历了从3C、5C到6C的发展历程。专家设计表格，依据自己的经验，对要素状况进行打分。

传统评价方法的缺陷是，专家对风险要素的选择和风险要素权重的确定都是凭借经验，而非实证。所以具有一定程度的主观性和随意性。该种方法的效果具有不稳定性，操作弹性较大，在具体业务中程序繁琐，表现为经常填表格、写评语等。

1）3C学说。它是最早出现的衡量客户信用要素的C学说。3C是英文单词Character（品质）、Capacity（能力）、Capital（资本）的简写形式，传统思想认为，3C将企业的特质基本反映出来，是信用要素的基本形式。

Character（品质）指客户履约的意愿，是影响客户信用的首要因素。客户履约意愿如何直接影响到应收账款的回收速度、额度和收账成本。客户品质好坏，一般可以从客户的信用记录、企业管理人员的素质和品德方面来衡量。在企业资信调查报告中，被调查对象过去的付款记录、违约记录和征信机构对其进行的信用评级能够说明客户的品质好坏。企业也可以查询客户与企业的历史交易，看其中是否有迟付或违约的记录，以此来判断客户的品质。

Capacity（能力）指客户的支付能力，即偿还货款或服务费的能力，是仅次于品质的信用要素。通常可以通过对客户经营的财务分析和非财务分析，根据客户的经营状况和资产状况来判断。一般而言，具有较好的经营业绩、较强的资本实力和合理现金流量的客户，会表现出良好的偿付能力。经营状况走上坡路的企业，一般偿还能力较强。在标准的企业资信调查报告中，被调查对象的经营状况变化和它的固定资产情况可以说明其支付能力。

Capital（资本）指客户的财务实力或财务状况，其中包括全部净资产和无形资产净值。资本状况可以通过企业的财务报表和比率分析得出。资信调查报告中一般提供企业的上期财务报表和重要的比率。对于核心客户的监控，企业资信调查报告的财务分析内容可能不够，可以通过征信机构的深层次的客户资信调查，取得包括资产历史遗留问题、资产情况在内的资产分析。被调查对象的信用风险往往出自历史隐患和关联交易问题。另外，资本与能力相关联，一个企业的资产净值再高，只要现金流量非常低，履约付款的能力就不一定强。

2）4C 学说。4C 要素是在 3C 要素的基础上，增加了一个 C 要素——担保品（Collateral），是 1910 年由美国费城中央国民银行的银行家维席·波士特引入的。他认为，如果受信者能够提供出足以偿还授予信用价值的担保品，即使其他三项要素不佳，授信者也可以不用太担心款项收不回来。实际中也确实有许多信用交易都是在担保品作为信用媒介的情况下顺利完成的，担保品成为这些交易的首要考虑因素。虽然担保品可以减少授信者的潜在风险，但对于授信者本身却不能起到改善其信用状况的目的。授信者都希望通过正常途径收回债务，而不是处理担保品。因此，担保品只起到促使授信的作用，而不是授信的必要条件。

3）5C学说。美国弗吉尼亚州开拓移民商业银行的银行家爱德华于1943年在4C要素的基础上引入了第5个C要素——环境状况（Condition），形成了5C学说。凡是一切可能影响客户经营活动的因素，大至政治、经济、环境、地理位置、市场变化、季节更替、战乱等，小到行业趋势、工作方法、竞争等都体现在这一要素之中。作为5C中唯一的一个外部因素，环境对其他内部因素的变化有着重要的作用。

4）6C学说。6C要素是在5C要素的基础上又加了一个C要素——保险（Coverage Insurance）。同担保品一样，保险的目的也是为了减少信用销售中的风险。但和担保品不同的是，担保品一般是客户自己提供的，而保险却是通过第三方保证取得信用，所以，保险比担保品的运用更加广泛。

保险有广义和狭义之分。狭义的保险只表示保险机构提供的传统保险业务，广义的保险含义则广泛得多。凡是涉及债权保障方面的作业方式和业务，都统称为保险，比如信用保险、保理、信用证等众多具有保障作用的业务都是保险业务。

（2）F学说

美国人米尔顿·德里克根据6C要素的不同性质，又将6C要素重新分类归纳，把品质、能力归为管理要素（Management Factor），把资本、担保品归为财务要素（Financial Factor），把环境状况、保险归为经济要素（Economic Factor），于是产生了3F学说。

F学说简化了要素的数量，但是评价程序没有简化，评价内容没有减少。C要素与F要素关系如图5—2所示。

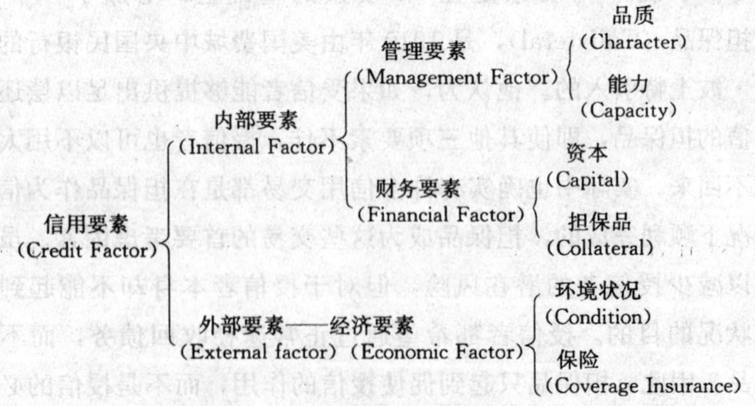

图5—2　C要素与F要素关系

（3）6A 学说

美国国际复兴开发银行将企业信用管理要素归纳为经济因素、技术因素、管理因素、组织因素、商业因素和财务因素六项，即 6A 学说。

经济因素（Economic Aspects）：主要考察市场经济大环境是否有利于受信企业的经营和发展。

技术因素（Technical Aspects）：主要考察受信企业在技术先进程度、生产能力、获利能力上是否有利于还款。

管理因素（Management Aspects）：主要考察受信企业内部各项管理措施是否完善，管理者经营作风和信誉状况的优劣。

组织因素（Organization Aspects）：主要考察受信企业内部组织、结构是否健全。

商业因素（Commercial Aspects）：主要考察受信企业原材料、动力、劳动、设备是否充分，产品销售市场和价格竞争力等方面是否占优势。

财务因素（Financial Aspects）：主要从财务角度考察受信企业资金运用、资本结构、偿债能力、流动性、获利能力等水平高低。

（4）5P 学说

5P 学说是现代企业信用管理中较为现代的学说。5P 学说从不同的角度将信用各要素重新划分，更为清晰、明确地描述了信用要素的各项特点。虽然在内容上与 6C 学说大同小异，但条理上更通顺、更便于理解。

5P 学说是指人的因素（Personal Factor）、目的因素（Purpose Factor）、还款因素（Payment Factor）、保障因素（Protection Factor）、展望因素（Perspective Factor）。

1）人的因素。人包括法人和自然人，是企业和经营者的统称。人的因素包含了“意愿”和“能力”两个方面的要素。意愿主要指受信企业偿还债务的诚意和愿望；能力既包含企业能力也包含经营者能力，前者主要从营运趋势、净资产回报率、资产获利能力等方面判断，后者主要包括经营能力、管理能力、组织能力、领导能力、计划能力、判断力、表达能力等。

2）目的因素。主要从受信企业申请信用的动机是否单纯、是否确属业务需要、信用资金计划用途是否妥当、信用额度是否合适、信用期限是否合理等角度探求受信者申请信用的目的。

3）还款因素。受信方能否按期还款，如果不考虑其他因素，将取决于信用额度到期时受信方的财务状况。因此，有必要认真分析受信方的资金来源。

4）保障因素。如果对受信方的资信状况不甚了解时，保障因素就变得至关重要。保障因素分为内部保障和外部保障两种。内部保障类似于6C学说中的担保品要素；外部保障是第三方承担的债务人信用责任的保障形式。

5）展望因素。主要是指授信方要分析受信方的短期偿债能力和中长期获利能力。

（5）10M学说

10M学说包括：人力（Man）、财力（Money）、机器设备能力（Machinery）、销售能力（Market）、管理能力（Management）、原材料供应能力（Material）、计划能力（Making plan）、制造能力（Manufacturing）、方法（Method）和获利能力（Margin）。

2. 企业资信评级的基本方法

（1）企业资信评级方法的主要内容

企业资信评级方法是将5C原则转化为具有可操作性的计算公式，并将客户信用价值的评价结论以量化的形式表现出来。

在交易初期的信用风险防范工作中，信用管理人员首先判断企业是否应该与一个提出信用申请的客户企业进行信用交易。对于被选出的有资格赊销的客户，要根据客户的信用价值大小进行分类，并给予不同类别的客户以相适应的信用条件。筛选出合格的客户和对合格的客户进行分类需要建立一系列的标准，这个分类标准就是企业资信评级。评级的结果实际上是将客户的财务实力与综合的信用评价用一个符号表示出来。评级符号可以是字母也可以是数字。很多商业化的评级系统使用字母加数字的方法。例如，可以用字母评分来表示企业的财务实力，同时用数字来表示企业的付款历史。评级系统要满足对每个客户的信用价值对应给出一个固定取值的要求，还为评价客户信用价值的信用管理人员提供一致的标准。

有了信用评级标准和评级结果后，信用经理就有了一张客户风险的“全景图”。在图中，按客户的信用风险资信级别的高低，将企业的客户和潜在客户排成一个序列。从中可以看出，在序列中资信级别的一极，是不付款的风险可以忽略不计的客户；而在另一极，客户风险很高，根本不能考虑对它们的赊销。

一般来讲，企业的客户群应是按正态分布的方式从高到低排列的，即风险极高或是风险极低的客户只占少部分，而大部分客户应该处于中间状态。当然，企业客户群的质量极好或极差的特殊情况也有，只是很少，也很难维持较长时间。

(2) 建立资信评级体系的方式

1）找到相关风险因素。通过相关分析，从影响客户信用状况的诸多风险因素中，选择其中与风险紧密相关的因素。

2）定义评分指标。评分指标通常包括：财务指标、非财务指标、主观评价、负面记录等。选择评分指标要考虑企业现有的评价方式、行业特征、专业咨询机构的经验。

3）建立指标体系。重点是将不同的分析因素赋予不同的权重。一般是先各个大项的权重，后各个小项的权重。同时还要完成每一项指标的评分标准，即制定不同指标数值所对应的得分，例如企业的净资产一项中，500 万元以上的企业可以得 10 分，300 万～500 万的企业可以得 9 分，依此类推。

4）计算客户的分数。利用档案中收集的信息和指标体系，对每个客户的相关指标打分，然后计算出客户的评分。通常可以利用软件将打分的过程和评分的结果自动化处理，这样也可以保证评分的客观性。

5）分析评分结果。通常企业都会根据自身的经验，对客户群信用的高低有一个大致的判断，而评分结果也应基本符合这一判断。分析结果中还要考虑评分结果适当的离散程度，即评分要确实能把客户区分开来，而不是所有客户一个评分，这样就起不到评分的作用。

6）指导确定信用额度。进行评分的最终目的是为了帮助企业做信用决策并能指导确定信用额度。有了对客户群的评分结果，就可以看出客户风险和信用状况的全貌。根据客户评级基本原理，设定各种不同的资信评价标准区间值，建立对企业客户资信评价的基准。这样，在处理客户信用申请时，就可以对照这种基准来确定是否授信给某个客户信用，以及信用额度的大小。当然，确定信用额度时还要考虑到企业的资源状况、信用目标等原则。

确定了信用额度后，也就为评分体系增加了一个检验的指标，可以对照信用额度与使用额度的情况来调整评分体系。任何评分体系不应是一成不变的，要随着市场情况、客户情况、企业经营目标等因素的变化而调整。即使这些因素没有变化，评分体系也要在运行一段时间后进行定期检查调整。所以，建立评级体系的最后一项工作是调整和修改，同时它也是下一次商业循环的开始。

以上资信评级的基本方法和建立方式，不仅被专业信用管理机构使用，也同样适用于企业内部的信用管理。专业评级机构的评级是企业进行内部客户评级的重要支持信息，但不能完全替代企业的内部评级，尽管专业机构收集的数据更为客观、全面，它的评级结果也更具科学性和客观性。

(3) 常用的资信评级模式

1) 穆迪和标准普尔机构的模式。穆迪机构（Moody′s Investors Service Inc.）和标准普尔机构（Standard & Poor）都是全球著名的资信评级机构，它们的资信评级体系和技术广泛地被世界各国的资信评级专业机构所接受。两家的资信评级主要针对资本市场上的企业和一些公共事业单位，如商业银行、保险机构、上市机构等，一般涉及金额较大，业务重点是中长期债权或信用的发放，也就是对资本市场的信用风险评定。穆迪机构对于长期资信评级结果用符号表示为 Aaa 级、Aa 级、A 级、Baa 级、Ba 级、B 级、Caa 级、Ca 级、C 级三等九级。标准普尔机构关于中长期债券等级结果用符号表示为 AAA 级、AA 级、A 级、BBB 级、BB 级、B 级、CCC 级、CC 级、C 级、D 级四等十级。

2) 邓白氏机构的模式。在对中小型企业进行资信调查的征信市场上，资信评级主要是针对信用期不超过 1 年的短期信用交易，交易额也较小。在这一领域中，在全球范围内使用较多的是邓白氏机构的评级模式。

邓白氏评级（D & B Rating）由两部分组成：第一部分说明企业的财务实力；第二部分是其资信状况。表 5—1 是邓白氏企业资信评级的一个简表，5A～HH 这 15 个号码表明公司的净资产范围或财务实力。这是将无形资产项目（如商誉和专利权）扣除后，通过分析企业的财务报表和其他财务数据所做出的估计。由于不同国家对企业规模划分标准不同，D & B 专家会对企业资产等级的划分做出相应调整。企业资信状况通过综合的信用评估被概括为各种信用等级，如高、较高、中等或限制，通过数字来说明。

表 5—1　　某企业资信评级简表

级别	企业资产（万美元）	综合信用评估			
		高	较高	中等	限制
5A	超过 5 000	1	2	3	4
4A	1 000～5 000	1	2	3	4
3A	100～1 000	1	2	3	4
2A	75～100	1	2	3	4
1A	50～75	1	2	3	4
BA	30～50	1	2	3	4
BB	20～30	1	2	3	4
CB	12.5～20	1	2	3	4
CC	7.5～12.5	1	2	3	4
DC	5～7.5	1	2	3	4
DD	3.5～5	1	2	3	4
EE	2～3.5	1	2	3	4
FF	1～2	1	2	3	4
GG	0.5～1	1	2	3	4
HH	0.5 以下	1	2	3	4

邓白氏评级的优点是简洁明了，看起来比较简单，但也需要评级机构收集并分析大量的尤其是连续三年财务报表数据才可以做出。信息不全不可以套用邓白氏评级模式。在企业的资产状况未知的情况下，还可以用员工人数评级替代。

3）信用风险指数法。针对亚洲企业财务数据多不完整的状况，邓白氏机构开发出适用于这个市场的风险指数（Risk Index），用于预测企业在未来 1 年内出现的破产、关闭、转让、突然消失等情况的可能性。风险指数与资信评级的原理相同，但风险指数的计算完全依靠数学方法，特别是数理统计分析方法，需要采集一些包含影响信用风险评价重要因素的征信数据。

风险指数有明确的解释含义，是评级的一种，给出了划分客户群的一个标准。表 5—2 列出了邓白氏风险指数的含义。

表 5—2　　邓白氏风险指数的含义

风险指数	含　义	企业停业比例
RI1	最低风险	0.01%
RI2	显著低于平均风险	1.09%
RI3	低于平均风险	1.80%
RI4	略低于平均风险	2.50%
RI5	2 倍高于平均风险	8.00%
RI6	5 倍高于平均风险	19.60%
NA	由于信息不足，无法做出评估	—

在国内征信市场上，中资征信机构采用了类似的技术计算风险指数，对风险指数的解释和表述形式也大同小异。表 5—3 给出了国内著名企业征信机构——北京新华信商业风险管理有限机构的风险系数及其对企业信用风险的等级划分。

表 5—3　　信用风险等级划分

风险等级	风险系数	风险程度
CR1	1.0～1.5	可以忽略不计
CR2	1.5～2.0	很小
CR3	2.0～2.5	低于平均水平
CR4	2.5～3.5	平均水平
CR5	3.5～4.0	高于平均水平
CR6	4.0～4.5	较高
CR7	>4.5	很高

注：1. 资不抵债的企业被划入 CR7 等级；
2. 被法院查封和被政府勒令停业的企业被划入 CR7 等级；
3. 由于种种原因歇业和废业的企业被划入 CR7 等级。

4）付款指数法。付款指数是邓白氏信用评级模式中重要的信用评分指标。它利用模型计算出分值，预测客户在短期交易中拖欠的可能性及拖欠的天数。基于付款指数，邓白氏机构也配套开发了付款指数报告。内容包括指数、行业 SIC 编码、该行业分类下机构数量、分值的四分位图以及 DUN Trade 付款纪录等。其中，评分所对应的结果见表 5—4。

表 5—4　　信用评分对应结果

付款期限（天）	付款行为	付款指数	付款习惯
100	提前	100	提前
90	折扣	90	享受折扣
80	及时	80	及时
70	迟 15	70	迟 15 天
50	迟 30	50	迟 30 天
40	迟 40	40	迟 60 天
30	迟 30	30	迟 90 天
20	迟 20	20	迟 20 天

5）风险预警指数和财务压力对应评分法。它是邓白氏基于财务压力评分生成的，用于预测企业在未来 12 个月内遇到财务压力的可能性。该评分系统包括两类统计模型，一类是针对 9 人以下的小机构，另一类是针对 10 人以上的大机构。其中，财务压力评分是邓白氏全球统一的模型标准，目前经调整后准确度相应提高。风险预警指数的分值从 0.1～10.0，对应的财务压力评分分值从 1 001～1 890。其中，财务压力评分为 1 001 分时，对应的风险预警指数为 0.1，代表企业出现财务压力的可能性最高。

二、消费者信用评分方法

1. 消费者信用评分的定义

个人信用评分是金融机构等授信机构利用数学和统计技术，根据获得的消费者个人信用信息，对消费者的信用价值或者信用消费潜力进行定量化的评估，确定消费者信用等级和信贷限额的一种方法。

针对不同的应用，信用评分分为：风险评分、收入评分、响应度评分、客户流失（忠诚度）评分、催收评分、信用卡发卡审核评分、房屋按揭贷款发放审核评分、信用额度核定评分等。信用评分不仅为授信部门筛选合格的客户设置了门槛，减少坏账，大大地降低了坏账率；而且也实现了授信部门对消费者授信决策的自动化、标准化，提高了授信工作的效率。

2. 消费者信用评分的产生和发展

个人信用评分方法的最初使用可以追溯到 20 世纪 30 年代。当时，在美国阿尔登斯机构工作的著名统计师亨利·威尔士首先采用数量化方法对消费者个人的信用申请进行打分。1941年，美国全国经济研究局的大卫·杜兰德的《消费者分期付款信贷的风险因素》一书出版，这本书正式系统地提出使用数理统计模型辅助消费者授信决策的观念，并给出一些利用统计方法处理消费者个人信用信息的计算方法。杜兰德的研究为许多商业银行分析消费者信用提供了一条新思路，也为银行进行贷款决策提供了一种量化分析的新方法。因此，许多商业银行纷纷效仿这种分析方法，对消费者的信用进行分析。

第二次世界大战以后，美国的消费信贷和信用卡发放大规模增长。为了解决授信机构对消费信贷的自动化审贷问题，1956年，美国工程师菲尔和数学家艾塞克创立了一家专业机构，研发出一系列用于消费者信用评分的算法。机构的主要业务是替授信机构和信用报告机构建立用于信用评分的数学模型和工具。机构以创始人名字命名，即菲尔—艾塞克机构。

1956年，在经验积累的基础上，菲尔—艾塞克机构开发出第一个商业用途的信用评分模型，用以辅助金融机构做出放贷决策。后来，世界上许多大型商业银行、信用局、房地产贷款和担保机构都使用该机构的服务，委托该机构替自己开发专用的信用评分模型，例如，广泛使用的FICO评分模型就是由菲尔—艾塞克机构开发出来的。作为一个世界著名的专业机构，菲尔—艾塞克机构逐渐细化信用评分服务，开发出多种信用评分类产品，用于处理客户信用申请、管理信用账户、设计授信等级、防范信用欺诈、消费行为分析等。

在北美征信市场上，各个信用局都有自己的消费者信用评分模型。除著名的FICO评分模型以外，Equifax的警讯评分系统也是最常见的信用评分产品之一。警讯评分系统对消费者个人的信用评分在363～800分之间，分数越高，说明消费者的信用越好。消费者的警讯评分与对消费者的授信额度直接相关。此外，还有很多信用评分模型不断出现，如DAS评分等。这些信用评分模型的出现标志着个人信用评分技术的日趋成熟。

3. 消费者信用评分的基本类型

信用评分是在一个或数个数学模型的支持下进行的。常用的信用评分是用于预测消费者违约率的，用来预测消费者准时且足额偿还信贷的可能性。对消费者个人的信用评分可以分成两种不同的类型。一种是基础信用评分，用于设置核准信用申请的门槛，即信用评分的数学模型具备简单地判断一个信用申请是否应该被接受的功能。另一种是细分类型的信用评分，其数学方法追求的是分离度指标，就是追求样本内的差别最大化。这种信用评分数学模型需要建立的功能为：在排除了最好和最坏申请人群以后，对于处在灰色地带的消费者，按照其违约可能性进行近乎连续性的细分。

（1）基础信用评分

基础信用评分的原理是采用排除法，对消费者个人以往的信用记录进行分析，以分析不良信用记录为主，排除信用不良申请人，保留信用优良申请人，预测的是消费者的违约率。排除法将非常可能违约和非常不可能违约的客户分类，设置上 15%和下 15%的“门槛”分值，属于“是或否”形式的信用评分。

发放信用卡的商业银行或信用卡机构每天都收到数以千计的信用卡申请。在分析消费者个人信用记录的基础上，发卡机构或银行首先要排除那些信用绝对不良的申请人，然后找出那些信用记录好的消费者作为优质客户。例如，授信机构根据自己的信用政策，将“门槛”分值以下的信用申请自动输入拒绝信函回复系统，由自动处理系统打印出标准的“拒绝信用申请信函”，回复给信贷或信用卡的申请者。

可见，基础信用评分的目的是简单地区分出最好和最不好的潜在授信对象。

（2）细分类型的信用评分

细分类型信用评分的任务是，对介于信用最好和最不好之间的消费者群体进行细分，对其将来的违约风险进行预测，使用一种数字或字母系统来表述一个人信用评分的差异，进而区分违约的几率。这种数学模型要求的建模技术非常高，要求数学模型能够细致地将个人信用评分细分为成百上千个档次。

在市场竞争白热化的条件下，信用评分极低的信用状况不良者已被排除，而信用评分较高的信用状况优秀者也已被各授信机构争夺完毕。在此种情况下，发放信用的金融机构或商品赊销商需要在信用评分处于中等水平的潜在客户群中挑选合适的授信目标。此时，细分类型的信用评分工具对于授信机构的重要性尤其突出。而且，评分要相当细致才能满足授信机构的需要。因为，不同的授信机构所愿意或有能力承受的风险不同，所设置的信用标准也不同。所以，在现实中能够见到这样的情况：一个信用卡申请可以被一家商业银行拒绝，却被另一个商业银行接受，这是因为两家商业银行的信用“门槛”高低不同。

因此，对处于“中间地带”的客户，细分类型的信用评分不能仅仅依靠消费者付费、公共记录、专业和雇佣记录等来简单地排除不良信用记录者；而更需要在此基础上，进一步详细地分析消费者的消费行为，包括所属的消费者群体、年龄段、消费规律、消费偏好、消费档次、付款习惯等等。一个科学的消费者个人信用评分数学模型要建立在对消费者群体的长期或阶段性跟踪、地域人口情况调查和大规模数理统计分析的基础之上。

4. 典型的消费者信用评分数学模型

（1）杜兰德信用计分模型

杜兰德 9 因素消费信贷评分体系主要包括：

年龄：超过 20 岁后每一年给 0.01 分，最高分为 0.3 分；

性别：女性给 0.4 分，男性给 0 分；

居住的稳定性：长期居住在现在住所给 0.42 分，最高分为 0.42 分；

职业：好职业给 0.55 分，坏职业给 0 分，其他给 0.16 分；

就业的产业：在公共行业、政府部门和银行给 0.21 分；

就业的稳定性：长期工作在现在的部门给 0.59 分；

在银行有账户：给 0.21 分；

有不动产：给 0.35 分；

有人身保险：给 0.91 分。

根据杜兰德的研究，划分消费者贷款风险高低或者消费者信用高低的界限是 1.25 分，评分在 1.25 分以上的可视为有良好的资信，可以考虑申请人的贷款请求；而低于 1.25 分的则视为贷款风险较高，申请人资信度较差，应拒绝贷款要求。

（2）FICO 信用评分模型

FICO 信用评分模型利用高达 100 万的大样本数据，首先确定刻画消费者的信用、品德以及支付能力的指标，再把各个指标分成若干个档次并确定各档次的得分，然后计算每个指标的加权，最后得到消费者的总得分。FICO 信用评分的打分范围是 325～900 分。

FICO 信用分可以帮助金融机构等授信机构进行授信决策。一般而言，如果借款人的信用分达到 680 分以上，授信机构就可以认为借款人的信用卓著，可以毫不迟疑地同意发放贷款；如果借款人的信用分低于

620分，授信机构或者要求借款人增加担保，或者寻找各种理由拒绝贷款；如果借款人的信用分介于620～680分之间，授信机构就要做进一步的调查核实，采用其他的信用分析工具进行细致分析。

FICO信用分的计算方法至今未向社会完全公开，Fair Isaac机构只公布了其打分方法的一部分，见表5—5。

表5—5　　FICO个人信用评分表

住房	自有	租赁	其他	无信息				
	25	15	10	17				
现地址居住时间（年）	<0.5	0.5～2.49	2.5～6.49	6.5～10.49	>10.49	无信息		
	12	10	15	19	23	13		
职务	专业人员	半专业	管理人员	办公室	蓝领	退休	其他	无信息
	50	40	31	28	25	31	22	27
工龄（年）	<0.5	0.5～1.49	1.5～2.49	2.5～5.49	5.5～12.49	>12.5	退休	无信息
	2	8	19	25	30	39	43	20
信用卡	无	非银行信用卡	主要贷记卡	两者都有	无回答	无信息		
	0	11	16	27	10	12		
住房银行开户情况	个人支票	储蓄账户	两者都有	其他	无信息			
	5	10	20	11	9			
债务收入比例	<15%	15%～25%	26%～35%	36%～49%	<50%	无信息		
	22	15	12	5	0	13		
年内查询次数	0	1	2	3	4	5～9	无记录	
	3	11	3	−7	−7	−20	0	
信用档案年限（年）	<0.5	1～2	3～4	5～7	>7			
	0	5	15	30	40			
循环信用透支账户个数	0	1～2	3～5	>5				
	5	12	8	−4				
信用额度利用率	0～15%	16%～30%	31%～40%	41%～50%	>50%			
	15	5	−3	−10	−18			
毁誉记录	无记录	有记录	轻微毁誉	第一满意线	第二满意线	第三满意线		
	0	−29	−14	17	24	29		

在美国的各种信用分析计算方法中，FICO信用评分模型的正确性最高。据一项统计显示：信用分低于FICO600分，借款人违约的比例是1/8；

信用分介于FICO700～800分，违约率为1/123；信用分高于FICO800分，违约率为1/1292。2006年，美国三大征信机构统一了信用评分。

（3）中国建设银行的个人信用计分模型

中国建设银行的个人信用计分模型，是借鉴国外商业银行的信用评分体系，并结合我国实际情况设计而成的。该模型采用百分制，由自然状况、职业情况、家庭情况、与银行关系四部分内容组成，见表5—6。

表5—6　中国建设银行的个人信用计分模型

	项目	评分标准							
自然状况	年龄	25岁以下	26岁～35岁	36岁～50岁	50岁以上				
		2	4	6	4				
	性别	男	女						
		1	2						
	婚姻状况	已婚有子女	已婚无子女	未婚	其他				
		5	4	3	2				
	健康状况	良好	一般	差					
		5	3	−1					
	文化程度	研究生以上	本科	大专	中专、高中	其他			
		8	6	4	2	1			
	户口性质	常住户口	临时户口						
		2	1						
职业情况	单位类别	机关事业	国营企业	集体企业	军队	个人独资	个体经营户	三资企业	其他
		6	4	3	5	2	2	5	1
	单位经济状况	良好	一般	差					
		4	2	−1					
	从事行业发展前景	较好	一般	较差					
		4	2	−1					
	岗位性质	单位主管	部门主管	一般职员					
		6	4	2					
	岗位年限	2年以上	1～2年	1年以内					
		3	2	1					
	职称	高级	中级	初级	无职称				
		4	2	1	0				
	月收入	10 000元以上	8 000～10 000元	5 000～8 000元	4 000～5 000元	3 000～4 000元	2 000～3 000元	1 000～2 000元	1 000元以下
		12	10	9	8	6	4	2	1

续表

	项目	评分标准					
家庭情况	家庭平均月收入	5 000 元以上	4 000～5 000 元	3 000～4 000 元	2 000～3 000 元	1 000～2 000 元	1 000 元以下
		9	6	5	4	3	1
与本行关系	是否本行员工	是	否				
		2	0				
	本行账户	有信用卡用户	有储蓄卡用户	无			
		6	4	0			
	存款余额	较高	较低	无			
		6	4	0			
	业务往来	频繁	一般	较少			
		4	2	0			
	其他借款情况	从未借款	有借款但已还清	有拖欠记录			
		4	5	—5			

中国建设银行根据个人的总分来确定信用额度贷款：90 分以上，贷款额度为 60 万元；80～89 分，贷款额度为 10 万元；70～79 分，贷款额度为 5 万元；60～69 分，贷款额度为 1 万元；50～59 分，贷款额度为 5 000 元；40～49 分，贷款额度为 3 000 元；40 分以下，贷款额度为 0。

5. 消费者信用评分的基本程序

欲建立一个消费者信用评分的数学模型，大致需要经过采集数据、整理数据、选取样本、建立初级模型、检验和模型调整、模型运行、日常维护、定期调整等过程。其中，采集数据、整理数据和选取样本这三项工作属于前期准备工作，而日常维护和定期调整则属于后期工作。

三、常用的信用评价模型

企业信用评价模型分为两类，预测模型和管理模型。预测模型用于预测客户前景，衡量客户破产的可能性，Z 计分模型和马萨利模型属于此类。管理模型不具有预测性，它偏重于均衡地解释客户信息，从而衡量客户实力，营运资产分析模型和特征分析模型属于此类。管理模型不像预测模型那样目标专一，因此能在信用决策中得到广泛应用，同时管理模型具有很大的灵活性，通过适当调整可适用于各种场合。

1. Z 计分模型

Z 计分模型通过关键的财务比率来预测机构破产的可能性，由美国著名财务学教授爱德华·奥特曼（Edward Altman）创建。与传统信用评价方法相比，量化的过程使得评价人员的主观性淡化了。但是，模型的难度在于系数的测算。

（1）第一代模型

1）Z_1 模型

$$Z_1=1.2X_1+1.4X_2+3.3X_3+0.6X_4+0.999X_5$$

式中 X_1＝(流动资产－流动负债)÷资产总额；

X_2＝未分配利润÷资产总额；

X_3＝(利润总额＋利息支出)÷资产总额；

X_4＝权益市场值÷负债总额；

X_5＝销售收入÷总资产。

对于 Z 值与信用分析的关系，奥特曼认为 Z 小于 1.8，风险很大；Z 大于 2.99，风险很小。该模型主要针对上市机构。

2）Z_2 模型

$$Z_2=0.717X_1+0.847X_2+3.107X_3+0.420X_4+0.998X_5$$

式中 X_4＝权益÷负债总额，X_1、X_2、X_3、X_5 含义同上。

奥特曼认为 Z 小于 1.23，风险很大；Z 大于 2.9，风险很小。该模型主要针对非上市机构。

3）Z_3 模型

$$Z_3=6.56X_1+3.26X_2+6.72X_3+1.05X_4$$

奥特曼认为 Z 小于 1.23，风险很大；Z 大于 2.9，风险很小。该模型主要适用于非制造企业。

（2）第二代模型

又称 ZETA 信用风险模型。主要变量有 7 个，分别是资产报酬率、收入稳定性、利息倍数、负债比率、流动比率、资本化比率、规模等。

2. 马萨利模型

由亚历山大·马萨利（Alexander Bathory）建立，是在 Z 计分模型的基础上发展起来的，它的应用范围更为普遍。据调查，马萨利模型的准确率可达到 95%。其最大的优点在于易于计算，同时它还能衡量机构实力大小，广泛适用于各种行业。其比率主要有：

（1）（税前利润＋折旧＋递延税）÷流动负债（银行借款、应付税金、租赁费用)，用于衡量机构业绩。

(2) 税前利润÷营运资本，衡量营运资本回报率。

(3) 股东权益÷流动负债，衡量股东权益对流动负债的保障程度。

(4) 有形资产净值÷负债总额，衡量扣除无形资产后的净资产对债务的保障程度。

(5) 营运资本÷总资产，衡量流动性。

以上五项比率总和便是该模型的最终得分。得分很低或出现负数，均表明机构前景不妙。

3. 营运资产分析模型

营运资产分析模型是 20 世纪 80 年代在国外提出并被广泛使用的，该模型主要用来评估客户的资金和信用实力，并可以核定客户的具体信用限额。此模型的计算分成 4 个步骤。

(1) 营运资产计算

营运资产=(营运资本+净资产)÷2，其中：营运资本=流动资产－流动负债；净资产即为企业自有资本或股东权益。营运资产是衡量客户规模的尺度，可以作为确定信用额度的基础指标。

从公式中可以看出，此模型在营运资产的计算上，不仅考虑了客户当前的偿债能力，而且还考虑了客户的净资产实力。用这两个方面的综合平均值来衡量客户风险具有很大的功效。因为从信用管理的角度看，仅考虑客户的流动资本和流动负债情况，还不足以反映客户的真正资本实力，净资产是保障客户信用的另一个重要指标。

(2) 资产负债比率计算

在营运资产计算的基础上，此模型应用 4 个常用的资产负债比率进行计算：

流动比率=流动资产÷流动负债 ………………………… A

速动比率=(流动资产－存货)÷流动负债 ………… B

短期债务净资产比率=流动负债÷净资产 ………… C

债务净资产比率=负债总额÷净资产 ……………… D

在上述比率中，A、B 衡量客户的资产流动性；C、D 衡量客户的资本结构。流动比率越高，表明客户的短期偿债能力越高，对债权人来讲越安全，反之，风险越大；资本结构比率越高，说明客户的净资本相对越少，对债权人来讲风险越大，反之，越安全。

（3）计算评估值

评估值＝A＋B－C－D

评估值综合考虑了资产流动性和负债水平两个最能反映客户偿债能力的因素。评估值越大，表示客户的财务状况越好，风险越小。

（4）信用限额的计算

将前面的营运资产和评估值加以综合考虑，即可计算客户的信用限额。

信用限额＝营运资产×营运资产百分比率

问题的关键是营运资产百分比率的确定。这是一个经验性的数字，评估值代表了评估的信用等级，在不同的等级上，可给予的营运资产百分比率是不同的，这是专业分析人员在大量经验基础上获得的重要数据。表 5—7 给出了一般性经验值，可供参考。

表 5—7　　评估值与营运资产百分比率

评估值	风险程度	信用程度	营运资产百分比率（%）
≤－4.6	高	低	0
－4.59～－3.9	高	低	2.5
－3.89～3.2	高	低	5.0
－3.19～－2.5	高	低	7.5
－2.49～－1.8	高	低	10.0
－1.79～－1.1	有限	中	12.5
－1.09～－0.4	有限	中	15.0
－0.39～0.3	有限	中	17.5
0.29～0.9	有限	中	20.0
＞1.0	低	高	25.0

由于营运资产分析模型中并未全面考虑影响信用风险的因素，所以依据此模型计算出来的信用额度只能作为企业进行赊销的参考，实际的信用额度还要考虑不同行业的特点，企业的信用目标等因素进行制定，而且要不断根据机构的销售政策和机构当前的赊销总体水平进行调整。

4．特征分析模型

特征分析模型就是采用特征分析技术对客户所有的财务和非财务因素进行归纳分析。它是一种对客户方面的特征进行区分和描述的方法，是从客户的种种特征中选择出对信用分析意义最大、直接与客户信用状况相联系的若干因素，把它们编为几组，分别对这些因素评分并综合分析，最后得到一个较为全面的分析结果。此模型克服了其他一些分析模型专业性强、计算方法复杂及对某些指标数据依赖性过强的限制，因而受到企业管理者的欢迎。

特征分析模型将客户信用信息分为三大类特征、18 个项目，见表 5—8。

在这三组特征中，除了取得客户详尽的财务信息相对较有难度之外，对其他两组特征的有关信息，企业都可凭自己的力量获得，不需要求助于第三方。

(1) 特征分析模型的计算过程

此模型的分析计算较为简捷，共分为 4 个步骤。

表 5—8　　影响企业资信的 18 个因素

客户特征	优先特征	信用特征
外表印象	交易盈利率	付款记录
产品概要	产品质量	资信证明
产品需求	对市场吸引力的影响	资本和利润增长率
竞争实力	对市场竞争力的影响	资产负债表状况
最终顾客	付款担保	资本结构比率
管理能力	替代能力	资本总额

第一步，在 1～10 分范围内对每一特征进行打分，客户机构的某项指标情况越好，分数就应打得越高。做法是：对每一个项目制定一个衡量标准，分为好、中、差三个层次，每个层次对应不同的分值。如，对应“产品质量”一项，衡量标准层次为：好—产品质量好、富有特色，中—质量中等、属大众消费商品，差—质量很差、属劣等品；不同层次对应的分值为：好 8～10 分，中 4～7 分，差 1～3 分；在没有资料信息的情况下则给 0 分。

第二步，根据预先给每项指标设定的权数，用权数乘以 10，计算出每一项指标的最大评分值，再将这些最大评分值相加，得到全部的最大可能值。

第三步，用每一项指标的评分乘以该项指标的权数，得出每一项的加权评分值，然后将这些加权评分值相加，得到全部加权评分值。

第四步，将全部加权评分值与全部最大可能值相比，得出百分率。该数字即表示对该客户的综合分析结果。百分率越高表示该客户的资信程度越高，越具有交易价值。

对于特征分析的最终百分率可以进行如下归类，见表5—9。

表5—9　　特征分析模型最终百分率分类

最终百分率（%）	类　　别
0～20	收集的信息特征不完全，信用风险不明朗，或存在严重的信用风险，因此不应该进行赊销交易
21～45	交易的风险较高，交易的吸引力小，建议尽量不与之进行赊销交易，即使进行也不要突破信用额度并时刻监控
46～65	风险不明显，具有交易价值，很可能发展为未来的长期客户，可适当超出原有额度进行交易
66以上	交易风险小，为很有吸引力的大客户，具有良好的长期交易前景，可给予较高的信用额度

（2）特征分析模型的用途

1）调整赊销额度。与营运资产模型相比，特征分析模型更全面。可以将特征分析模型与营运资产分析模型结合起来确定赊销额度。方法为：根据特征分析模型得出的最终百分率对在营运资产分析模型的基础上得出的赊销额度进行调整，见表5—10。

表5—10　　根据特征分析模型调整赊销额度

特征分析模型得出的最终百分率（%）	可超出赊销额度（根据营运资产分析模型确定）的数量
0～20	0
21～45	赊销额度×21%至赊销额度×45%
46～65	赊销额度×（46%+0.5）至赊销额度×（65%+0.5）
66以上	赊销额度×（66%+0.5）

2）与其他分析模型和结果互相印证。

3）对客户进行评级。一笔交易的信用风险不仅取决于客户的付款能力，而且取决于它的付款意愿。Z计分模型、马萨利模型和营运资产分析模型主要以财务分析为主。而特征分析模型既考虑了财务因素，又考虑了非财务因素；既考虑了付款能力，又能考虑付款意愿。另外，企业从多渠道获得的客户信息也可以在特征分析模型中加以利用。因此，特征分析模型是值得企业广泛采用的一种方法。

本章关键术语和主要问题

1. 关键术语

资信调查	信用档案	信用记录	客户信用档案管理
信用评级	信用评级指标	信用评级机构	信用评级方法
信用评分	信用评估模型	信用评级报告	5C理论
Z计分模型	FICO信用评分		

2. 要点

（1）客户资信调查的时机。

（2）客户档案的建立和维护。

（3）企业客户的分类管理。

（4）信用评估方法和模型。

3. 思考题

（1）如何选择资信调查的时机？

（2）可供企业资信调查的方法有哪些？

（3）普通版资信调查报告一般包括哪些主要内容？

（4）什么是信用评分？它的作用是什么？哪种是最常用的信用评分？信用评分怎样应用？

（5）评价企业信用常用的数学模型包括哪些？

（6）信用管理工作需要哪些客户的信用信息？怎样维护客户信用信息的动态化？

（7）建立客户信用档案应该遵循哪些原则？

（8）信用档案的检索系统应该具备什么特点？

第六章 企业信用风险转移

只要采用信用交易形式，风险几乎是不可避免的。企业信用管理部门的主要职责就是控制信用风险。为了将信用风险控制在尽可能低的范围内，需要使用各种各样的手段和工具，风险转移是风险控制的重要手段。

第一节 企业信用风险转移概述

风险转移指企业利用保险、担保和保理等方式将部分风险转嫁于别人的方法。在对企业风险进行财务预测之后，如果认为某项风险财务活动非进行不可，而企业又无足够财力来承担风险，或者企业承担风险所发生的风险成本大于风险收入，企业可以考虑将风险不同程度地转移给其他单位。风险转移过程中，企业可能要支付一定的费用或丧失一定的利益，如保险费支出和分给联营者利润等，但从经济效益上看，还是合理的。

一、企业信用风险转移的必要性

信用风险就是客户违约的可能性。一般来说，任何风险都有两种方法来控制，一是事前的积极防范，二是事后将风险巧妙地转移。常见的风险管理办法有预防、分散、转嫁、对冲、保险、补偿等方式。对于企业信用风险管理而言，事前的防范也就是对客户进行资信调查、进行客户信用分析和评估、实行客户资信管理以及信用政策的制定、显性激励机制的设计等一些措施。除了事前的风险防范，事后的风险转移也是重要的风险控制手段。

所以，企业在运用信用为企业扩大市场、争取盈利的同时，非常有必要关注信用风险程度，管理信用风险，控制信用风险的大小。

总的来说，风险转移方式主要有两种：一是利用客户提供的担保条件来实现授信方风险的转移，即债权担保；二是利用第三方的有偿服务来规避风险，主要形式有保理和信用保险。

二、企业信用风险转移的目的与时机

1. 企业信用风险转移的目的

风险管理的目的是减少对未来结果的不确定，因此可以从两个方面来采取措施，一是减少这种不确定性的出现；二是对这种不确定性做出分析和预估，并准备或支付一部分成本，用这种确定的当前成本来抵消未来的不确定风险，使支出和结果均在可预测和控制的范围内。担保、保理和保险就是通过这两种方式来实现信用风险转移的目的。

（1）债权担保在信用风险转移中的目的

担保制度的目的在于促进资金融通和商品流通，保障债权的实现。具体来说，债权担保有如下几个方面的目的：

1）确保债务的履行，减少信用风险。通常当债务得不到履行时，可以选择损失赔偿和担保两种方式。债权人请求损失赔偿时，债务人可能不积极行使权利，或故意处分财产甚至使经济状况恶化。而担保方式使得债权人在债务人财产共同担保之外，取得附加或额外的利益；或者可以支配供作担保的财产；或者因担保的给予而增加了债务人的清偿能力。这样能更好地确保债务的履行，从而减少信用风险。

2）有助增加有效销售，转移信用风险。债权担保给予债权人在债务人违约时向其保证人索偿，或通过质押物、抵押物、留置物受偿，因此担保能在信用扩张和销售的有效增长之间起到一个平衡作用，在信用扩张的同时，促进销售有效、持续地增长。

（2）保理在信用风险转移中的目的

保理承接的是应收账款的风险，企业可以利用保理商提供融资服务灵活地调节现金和应收账款之间的平衡，对企业的生产经营和管理有着非常重要的作用。

1）作为一种风险保障措施，企业将应收账款上的风险转移到了保理商，包括信用风险、财务风险和汇率风险。

2）企业可以在风险锁定的情况下对客户提供更有竞争力的付款条件，从而扩大市场，增加销售。

3）选择融资保理的企业在发出货物后可立刻获得现金，将资金投入新的生产运营，加速资金运转，从而促进利润的增长。

4）企业可以减少管理应收账款的费用。

（3）信用保险在信用风险转移中的目的

信用保险保障的是客户因破产、资金短缺、故意赖账等商业信用方面的原因造成的企业损失。保险机构的介入可以有效地解决企业和客户之间的信息不对称问题，从而防范并化解信息不对称造成的信用风险。对出口企业，投保出口信用保险对于企业的经营有着更重要的意义。

1）保障安全收汇。

2）企业可以通过保险机构限额审批预知客户的风险水平，从而降低经营风险。

3）企业更容易得到银行的融资支持。

4）企业在经营上不确定因素减少，从而可以更好地利用优惠付款条件吸引客户。

5）一旦发生欠款，企业可由出口信用保险机构出面追回，解决了由于语言、文化、法律差异带来的保障。

2. 企业信用风险转移的时机

了解各种方法的特点并在恰当的时机运用，对信用风险转移效果的实现很是重要。这里主要介绍债权担保方式的时机选择问题。

选用担保的过程，实际上是对信用风险大小、担保费用高低、业务利润厚薄三者的权衡过程。并非所有的业务都要担保，一般来说，选择债权担保有以下几种情形：

（1）与新客户第一次往来交易时

当第一次与陌生客户交易时，因对其信用情况不了解，所以应该寻求一定程度的担保，以保障债权的实现。通常这种情况下，多数企业会要求信用证或现金交易。如客户一定要选用商业信用结算方式，企业则应要求采用担保方式。

（2）老客户要求扩大交易额时

扩大交易额有的是因为业务扩大的原因，也有可能是客户蓄意拖欠的预谋。所以当老客户订货数量忽然要求增大时，企业应该弄清楚这其中的真正原因。在一时无法确定的情况下，可要求老客户提供担保。

（3）客户要求改变交易方式时

当客户要求付款方式的改变或付款期限的延长时，企业应考虑要求对方提供付款担保，以减少改变交易方式而带来的信用风险的增加。

（4）客户有异常情况发生时

客户异常情况主要包括：客户被别人欠账或官司不断、客户机构改组或经营者易人、经营者健康欠佳、客户在行业中排位急剧下降等。这种情况下应寻求担保。

（5）客户所处的宏观经济环境发生变动时

宏观经济环境的变动，往往会对客户的正常经营带来影响。如当国家宏观政策限制客户所处行业发展时，企业应考虑让客户提供担保。

保险或保理的时机选择与债权保障类似。一般来说都是在企业自身或客户经营的不确定性因素增加，有可能加大信用风险并对企业带来损失时，企业可以采用债权担保、保险、保理等方式规避信用风险。

三、企业信用风险转移的方法与渠道

1. 债权担保

债权担保的方式多种多样，有个人担保、机构担保、物的担保、银行担保等。但总的来说，目前在信用活动中的基本担保形式可归纳为5种，即定金、保证、抵押、质押和留置。所有这些方式的一个共同点就是：担保方式确保在原债务人无力偿还时，由担保人负责履行偿付债务，或从担保标的财物变现中优先受偿。

（1）定金

销售方在合约未履行前，可以要求买方预先支付占货款一定比例的现金，作为到期支付全部货款的保证。然而定金这种担保方式不能百分之百地保证货款回收，因为定金往往只占全部货款的很小一部分，从这个意义上来说，定金担保只能部分转移信用风险。

（2）保证

保证使销售方要求买方提供具有代为清偿能力的法人、其他组织或者公民作为第三方来担保买方付款的担保方式。除非债务人和保证人都同时丧失清偿能力，否则，对债权人而言，信用风险将从债务人转移到保证人或者债务人与保证人同时承担清偿债务的责任。企业在分析保证担保时需要注意保证人的资格、保证人的实力、保证人的信誉、保证人与债务人的关系和保证方式。

（3）抵押

抵押是在信用销售中企业寻求债权担保的一种有效方式。它是指买方或第三方提供一定数量的财产作为付款的担保。当债务人不履行债务时，债权人有权依法以该财产折价或者以拍卖、变卖该财产的价款优先受偿。这样对债务人的正常生产经营活动不会产生影响，但对于债权人，则为其提供信用而产生的风险多了一重保障。企业在分析抵押担保时需要注意：抵押物的选择，包括抵押物的性质、位置、产权关系、产权证书；抵押物的评估；抵押率的确定；抵押物的登记。

（4）质押

质押是指买方或第三方将其财产移交给债权人占有，以该财产作为债权的担保。当债务人不履行债务时，债权人有权依照法律规定，以该财产折价或者以拍卖、变卖该财产的价款优先受偿。企业在分析质押担保时需要注意债权质权的设定、股权质权的设定、收费权质权的设定、动产质权的设定。

（5）留置

留置是指债权人按照法律规定或者合约规定，对占有的债务人财产进行留置直到债务人所欠的债务全部还清时再返还债务人。当债务人超过一定期限仍不清偿债务时，债权人可以将留置财产进行折价或者变卖，从价款中优先受偿。这种担保方式适用于保管合同、运输合同、加工承揽合同以及法律规定可以留置的其他合同发生的债权，而较少用于信用销售中。

（6）特殊担保

主要有所有权保留和票据保证。

所有权保留是指在买卖交易中，一方当事人为确保交易价金的全部清偿，向另一方当事人转移标的物的占有时，依照特约仍然保留标的物的所有权，以担保其买卖价金获得全部清偿的交易方法。

票据保证是指票据债务人以外的第三人，承诺担保汇票债务或者本票债务而在票据上签名的行为。票据保证是保证人的单方行为，应当依照票据法在票据上签署。票据保证独立于票据的原因关系以及其他票据行为，保证人和票据债务人负同一责任。

2. 保理

保理，即保付代理（Factoring），其基本含义是指通过购买他人债权及收款而获利。1988 年 5 月，国际统一司法协会通过了《国际统一司法协会国际保理公约》（UNIDROIT Convention on International Factoring）。这个公约是迄今为止对保理业务，特别是国际保理业务最具有权威性的各国公认的最高法律框架文件。公约规定，保理是指卖方、供应商、出口商与保理商之间存在的一种契约关系。根据该契约，卖方、供应商、出口商将其现在或将来的基于其与买方（债务人）订立的货物销售、服务合同所产生的应收账款的所有权转让给保理商。

保理业务是保理商与以赊销方式出售商品或提供服务的卖方之间的一种契约行为，由保理商提供资金融通、销售分类账管理、应收账款催收及买方信用担保的综合性金融服务。

保理服务作为一种综合性的贸易服务方式，在债权的承购与转让方面，有保理商在核准的信用额度内承担坏账风险损失、为赊销式承兑交单托收方式提供风险担保等基本特征。保理制度最大的优点就是可以提供无追索权的短期贸易的融资，并且操作手段较容易方便，与 T/T[①] 相比风险小，与信用证相比成本低。作为一种国际贸易的支付手段，对于防范进出口风险、促进国际贸易，具有相当的积极作用。

3. 信用保险

信用保险是随着商业信用的发展而产生的一类新兴保险业务，产生于 19 世纪中叶的欧美国家，当时称为商业信用保险。信用保险以商品销售和货币借贷中债务人的信用为保险标的，以债务人到期不能履行契约中的债务清偿义务为保险事故，由保险人根据权利人的要求担保被保证人信用的保险。这里的权利人通常指债权人，信用保险是商品经济中债

① T/T，是通过电汇汇款的一种付款方式，单据直接邮寄给客户，无需通过银行。如果采用 T/T 付款方式，一般的做法是客户先付 30%的预付款，货装船后，客户凭传真的提单正本付剩余的 70%款。款到账后，邮寄整套正本单据给客户。

权人为保障自己的利益不受债务人的信用危机损害而采取的一种保险手段。

根据业务内容，信用保险可分为国内信用保险、出口信用保险和投资保险。

第二节　企业与专业机构

在买方市场上，大多数企业都会使用信用销售方法。由于信用销售要求客户在未来付款，收款有一个时间差，因此产生信用风险。所以，企业在投放信用时，为了有效转移信用风险，需要了解各种风险控制的专业机构，从而及时采取有利于自己的风险转移方式。

一、企业与保理

对于企业的信用管理工作，保理服务是一个很有用的信用风险转移手段，而且可以在事中管理阶段使用。多数保理服务在实质上是一种债权转让交易，保理商通过购买他人的债权而获利。

1. 企业可以选择的保理服务

保理商为企业提供下列服务中的至少两项：①贸易融资；②销售分类账管理；③应收账款催收；④信用风险控制与坏账担保。

在签订保理协议后，保理商会为债务人核定一个信用额度，并在协议的执行过程中根据债务人资信情况的变化对信用额度进行调整。保理商可以根据卖方企业的资金需求，在收到转让的应收账款后，立刻对卖方企业提供融资，协助卖方企业解决流动资金短缺等问题。

保理商还可以根据卖方企业的要求，定期或不定期地向其提供应收账款的回收情况、逾期账款情况、信用额度变化情况、对账单等各种财务和统计报表，以协助卖方进行销售管理。

由此可见，保理是保理商与以赊销方式出售货物的企业之间的一项综合安排。并且，现代保理业务已从单纯向买方收取货款发展为包括担保付款、提供融资与账务管理等业务的综合金融服务。如果使用保理服务，企业只要认真履行合同，就可得到100%的付款保障，而将风险转移给保理商承担。保理商之所以能够承担风险，是由于它们在审查受信方的业务操作上非常专业，与国际追账组织进行紧密合作，拥有一套严密的风险防范机制。保理商一般设有专业人员和专职律师进行账款追收，他们会根据应收账款逾期的时间采取信函通知、电话联络、上门催款直至采取法律手段等方法，协助卖方企业安全收回账款。

2. 与企业合作的保理机构

（1）国际

保理起源于19世纪的美国和欧洲，20世纪60年代以来得到蓬勃发展。在国际上，最大保理商组织是国际保理商联合会（FCI）。该组织现有107家成员，机构遍布世界各地。按照国际保理商联合会的规定，每个国家只能有少数几家保理商开办保理服务，提供保理服务的机构必须是本国最好的银行，拥有良好的信誉保证。

（2）我国

保理服务最早在20世纪80年代被引入我国内地，中国银行和交通银行是提供保理服务的先驱。早期的保理服务只提供给外贸出口企业。近年来，随着大量外资企业和外资金融机构进入中国，很多国外通行的保理服务也被引进国内市场。国内保理商已与美国、德国、英国等国家和地区的保理机构签署了国际保理协议，开展了广泛的国际合作。

二、企业与保险

信用保险不同于其他保险，它强调的是“信用”，承保的是因破产、资金短缺、故意赖账等商业信用方面原因造成的企业损失。

1. 企业可以选择的保险服务

对企业而言，信用保险机构的介入可以将企业承担的商业信用风险转移出去，从而降低企业经营风险，保障企业安全，如期收回货款。

对于出口企业来讲，投保出口信用保险的好处包括：①保障安全收汇；②企业可以放心地以更优惠的付款条件吸引客户，增强产品在国际市场上的竞争力；③由于信用保险降低企业的收汇风险，从而使企业更易于得到银行的融资支持；④通过信用保险机构的限额审批，可以提前预知企业的风险水平，从而降低交易风险；⑤一旦发生欠款，可由出口信用保险机构出面追回，解决由于语言、文化、法律差异而带来的商账追收障碍。

2. 与企业合作的保险机构

（1）国际

信用保险业起源于 19 世纪中叶的法国、瑞士和德国，主要是对国内贸易的保险。在 19 世纪后半叶，英国人开创了出口信用保险服务，对世界贸易的发展，出口信用保险的意义重大。1919 年，英国建立了世界上第一个官方支持的出口信用保险机构——出口信用担保局，经营出口信用保险，鼓励本国商人出口商品到信用风险较高的东欧国家。

1934 年，法国、意大利、西班牙和英国的出口信用保险行业组织联合成立了名为“国际出口信用保险和海外投资保险人协会”的国际性专业组织，简称“伯尔尼协会（Berne Union）”。迄今为止，全世界已有 60 多个国家和地区拥有专门的出口信用保险机构。由于出口信用保险对于出口业务的促进作用，大部分的出口信用保险机构有着国家的背景，并且以国家财政为后盾。出口信用保险已经成为提供风险保障的一项政策性支持措施，是 WTO《补贴和反补贴协议》原则上允许的支持出口政策手段。从全世界来看，发达国家的出口信用保险涵盖率在 20%～30%之间，涵盖最多的是法国，其全部出口的 37%投了出口信用保险。

（2）我国

在我国内地，信用保险服务正式起步于 21 世纪初。2001 年 5 月，国务院批准成立专业出口信用机构——中国出口信用保险机构，并于 12 月 18 日正式挂牌营业。该机构的成立深化了金融保险与外贸体制改革，加大了对出口贸易政策性支持力度，在信用保险、出口融资、信息咨询、应收账款管理等方面为外贸企业提供快捷、完善的服务，为企业积极开拓海外市场提供收汇风险和出口融资保障，标志着我国出口信用保险业进入了一个崭新的发展时期。

中国出口信用保险机构有以下一些主要业务：

1）短期出口信用保险。本保险保障 1 年期以内，出口商以信用证（L/C）、付款交单（D/P）、承兑交单（D/A）、赊销（O/A）方式从中国出口或转口的收汇风险。中国信保承保商业风险和政治风险。目前共有 6 个短期险品种。保费率为 0.8%～1%，承保额度为出口合同额度的 70%～90%，理赔时间一般为合同结束后的 4 个月。但是，如果进口商破产，保险机构立即赔付。

2）中长期出口信用保险。本保险保障 1 年期以上、10 年期以内的，

100万美元以上的出口（预付款或现金支付比例不低于合同金额的15%，船舶出口的比例不低于20%）收汇风险。目前中国信保提供两个中长险品种。

3）投资保险。本保险是为了支持中国企业到境外投资，鼓励外国及港、澳、台地区的投资者来中国内地投资而开办的。

4）担保业务。为了提升企业信用等级，帮助企业解决出口融资困难，担保业务服务于国内出口企业和提供出口融资的银行。

三、企业与担保

担保是企业转移风险的一种手段。它是在确定交易条件的情况下，为赊购方或卖方附加的债权保障。

1. 企业可以选择的担保服务

企业在赊销合同中加入担保条件，虽然有利于降低赊销企业的信用风险，但是并非所有业务都需要担保。而且，担保往往会降低销售的竞争力，不是所有赊购企业都接受担保条件的。

选用担保的过程，实际上是对信用风险大小、担保费用高低、业务利润厚薄三者进行权衡的过程。使用担保条件要有必要，还要找到使用担保条件的合适对象和时机。通常，如果出现下列情况之一，企业可以考虑使用担保条件：与新客户第一次做信用交易，老客户要求扩大交易额，客户要求改变交易方式，客户有异常情况发生。一般而言，如果对客户的资信信息掌握不齐全、客户要求交易的信用条件大大超过信用分析结果，或者客户发生异常情况，同时该项交易还有利可图，则应该采用债权担保措施。

担保主要分为人的担保、物的担保和银行的担保。对赊销企业而言，以银行信用证作为担保，这是更能保障债权、有效转移信用风险的方式。

2. 与企业合作的担保机构

担保机构基本上有两种类型：一种是商业性担保，即以盈利为目的的担保；另一种是以执行政府政策、扶持弱势群体为目的的担保。每个国家大都同时存在两种不同性质的担保机构，明确分工，从事多种多样的担保活动。

四、企业与商账追收

1. 企业选择商账追收服务

逾期账款经过企业信用管理部门的内勤和外勤催收后，如果未能奏效，那么就需要考虑委托专业追账机构进行商账追收。

企业信用管理部门每年都应该做出相关预算，追账委托费项目应该被列入追账成本。选择一家资质良好的追账机构很重要。即使在发达的征信国家和地区，尽管其信用管理行业相当发达，专业追账机构也很多，但经常是鱼龙混杂。如果需要委托专业商账追收机构催收账款，要注意商账追收机构的资质，追账覆盖区域，选择类型合适的商账追收机构。表 6—1 给出一些因素，可供企业选择商账追收机构时参考。

表 6—1　　选择国际商账追收机构参考

可信赖的商账追收机构特征	应该提防的商账追收机构特征
不仅仅提供追账一项服务	仅有追账一项服务，不能诊断商账
同时提供资信调查服务	完全不提供其他信用管理服务
在全球或地区有多家办事处或分机构	仅在一地有办公室
按 15%～35%的比例收取费用	收费比例低，或有较大伸缩性
接受一些国家和地区的案子，并定期通知追账成功率	什么案子都接，只向客户吹嘘如何成功
有向大型征信数据库或行业提供客户信用不良记录的能力	向客户吹嘘“黑白道”手段，与世界各大征信机构或专业组织无关
有可能收取追账委托费	收费及其灵活，可以收费极低
员工数众多，特别是消费者欠款催收机构	机构总共只有不超过 10 名员工
当地商会、著名机构推荐	没有正规机构推荐
通常有法律服务和法律支援	没有法律顾问
对客户一视同仁，收费公开	没有公开的报价单
发达国家的追账人员都有从业执照	没有人员持有商账追收行业的从业执照

2. 与企业合作的商账追收机构

商账追收机构的名称五花八门，大众通常称它们为讨债机构或追账机构，英文写法是 Collection Agency。对逾期账款的追收是这些机构的专业，能体现它们的业务实力。

（1）国际商账追收机构的运作方式

根据信用管理理论，商账追收机构主要利用社会信用体系建立起来的失信惩罚机制的力量，依法对债务人进行破坏信用记录的威胁、道德和心理压力、法律诉讼的威胁等，追账程序设计技巧和电话催收技巧也是商账追收业务的重要技术。

追账机构的营业收入来自对被追回账款的提成，而且一般欠款没有追回就不收费。对于受委托的专业追账机构，不论全款追回还是部分追回，都先按照比例扣除它们应得的收费比例，这是专业追账机构通常采用的收费方式。对于海外追账，追账机构可能会在接案时先收取委托费。如果追账成功，委托费从追账机构的收费中扣除；如果追账失败，委托的债权企业会损失掉委托费。

不论功能多么强的追账机构，都不能绝对保证替企业追回欠款。通常，大型追账机构的追账成功率平均为26％～48％，地方性追账机构宣布的成功率可能更高些。国际追账成功率主要与三个因素有关，即欠款客户所在国家或地区的环境、账龄和商账的质量。在一些国家，由于市场软环境比较好，商账追收的成功率比较高。所谓商账的质量，主要指赊销合同是否有漏洞，当然，即使合同存在漏洞，追账机构也会去讨债。在一笔逾期应收账款经过诊断后，只要追账机构接受委托，都应该认为账的质量是可以接受的。如果追账机构能在拖欠发生当地进行追讨，有可能取得更好的追账效果。

所以，企业在采取委托追收措施之前，应该对逾期账款进行诊断，特别是对收账成本的考虑。

（2）国内商账追收机构概况

在国内注册而从事海外追账的机构一般分为三种：大型跨国信用管理机构的中国分支机构、大型跨国专业追账机构的中国分机构和中资信用管理机构。大型跨国信用管理机构通常不仅仅提供海外商账追收服务，它的优势在于它在全球许多国家拥有分支机构，主要靠自己的人员在各国追账，这样可以自己控制追账过程。大型跨国专业追账机构的规模一般没有大型跨国信用管理机构的规模大，但这种机构以海外追账服务为主业，在追账效果方面可能更有优势。中资信用管理机构一般是受海外追账的委托，他们一般是某外国专业追账机构的代理。

企业请商账追收机构进行账款追收时，必须签订委托书，其样本见表6—2。

表 6—2　　　　　　　　委托书样本

<table>
<tr><td>
商账管理委托书（不可撤销）
商账/客户名/日期号/流水号/业务员
兹委托×××机构向×××机构追收关于　　　欠款。
债务人直接将其欠款交付给被委托人，被委托人在追回款项后 5 个工作日内付给委托人。
同时委托人授权被委托人有权向政府有关部门、公安、法院等司法系统提出控告和诉讼；授权被委托人有权在互联网等媒体发布有关欠款信息。
委托人保证其提供的全部资料、信息的真实性、准确性，以及由对其提供材料的问题产生的后果负法律责任。
委托人（签字、盖章）：
委托日期：
</td></tr>
</table>

企业委托商账追收机构进行追账后，必须向商账机构提供必要的资料，企业向商账追收机构必须提供的资料包括：欠条、合同、发票、收据、提单、信用证等及其他相关文件的副本。债务人已经确认的付款、付款担保、付款计划等文件的副本。债权人已经履约，债务人未履约证明的副本。

商账追收机构还会要求委托人填写立案登记表，其样式见表 6—3。

表 6—3　　　　　　　　立案登记表样本

<table>
<tr><td>
债权人（名称、地址、法人代表、电话、传真、E-mail）
债务人（名称、地址、法人代表、电话、传真、E-mail）
债权债务人业务往来介绍
账款总额（包括利息）
付款时间
逾期天数
欠款事由
迟付事由
追账记录及现状
佣金为追回款总额的____%
委托人（签字、盖章）：
日期：
</td></tr>
</table>

五、企业资产证券化与风险转移

1. 资产证券化是一种信用体制创新

最早起源于20世纪70年代的美国住宅抵押贷款证券，发展极为迅速。资产证券化，通常是指以缺乏流动性但具有稳定未来现金流的资产作为信用交易基础，通过结构重组和信用增级，发行证券的融资方式。

首先，该种方式构建了金融体系中银行信用与市场信用之间的转化机制，打通了间接融资与直接融资的通道。其次，该种方式是对传统信用交易基础的革命，完成了从整体信用基础向资产信用基础的转化。传统融资方式，无论是直接融资，还是间接融资，其信用基础都是债务人的整体信用。信用基础主要包括主观层面和客观层面所组成的复杂指标体系。传统的融资体制是建立在这种复杂的信用指标体系之上的，信用的评定是主客观因素的加权平均。如果主体的某一方面出现问题，那么信用因素的加权平均值就会打折扣，融资通道就会受阻。资产证券化把信用保证具体落实在信用因素最客观的部分，改变了传统信用制度的信用基础。再次，该种方式综合了两种传统信用体制的优势为一体，表现在把市场信用的资产组合功能与中介信用的投资者组合功能有力地结合在一起，降低了信用交易成本。

因此，资产证券化不仅是一般意义上的金融产品创新，更是一种信用体制的创新，是不同于传统的间接融资和直接融资的第三种信用制度。

2. 资产证券化对资产的要求

资产证券化与保理都是利用应收账款来获得现金融资，从表面看，二者之间并非存在严格的界限。区别主要在于，保理商为了保护自己，通过高折扣方式锁定利润；而资产证券化则是通过资本市场融资，通过向各种投资者出售证券来分散风险。资产证券化在本质上是一种新型的资产变现方式，交易者通过把资产（贷款或其他应收款等）转换为证券并将其出售给投资者，从而实现了资产的变现。这种变现并不是以发起人的整体信用为担保，而是代表了特定的资产组合。

并非所有的资产都适合资产证券化。适合于证券化的资产应具备如下特征：

（1）能在未来产生可以预测的稳定现金流量。

（2）现金流量的期限结构清晰。

（3）保持有一定时期的低违约率、低损失率的历史记录。

（4）本息的偿还分摊于整个资产的存续期内。

（5）该资产的债务人有广泛的地域和人口等统计分布。

（6）原持有者已经持有该资产一定时间，且资产达到一定的信用标准。

（7）该资产有较高的变现价值或者它对于债务人的效用很高。

（8）该资产具有标准化、高质量的合同条款。

3. 资产证券化的基本过程

以债权证券化过程为例，资产证券化的过程如图 6—1 所示。承做贷款的金融机构（或资产持有人）将取得的债权出售给特殊目的机构，同时通过信用增强机制控管信用风险，并经由信用评级机构验证评级后，由承销机构出售给投资人。

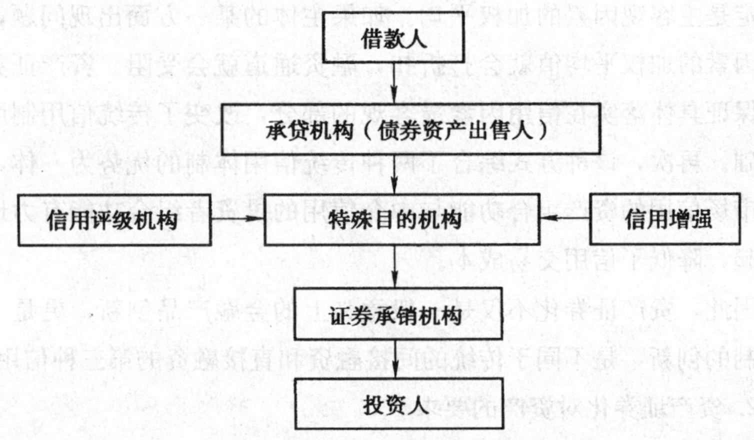

图 6—1　资产证券化的基本过程

其中，各参与方在资产证券化过程中的作用分别是：

（1）借款人

借款人向承贷机构举债，形成债权，并依合约按时缴纳本金和利息。借款人是证券化债券的现金流量来源。

（2）承贷机构（发起机构）

金融机构在承做贷款后，可以将贷款出售给其他机构或自行组合贷款，发起证券化，成为证券化出售机构或发起机构。证券化发起机构依照其掌握的债权种类发起不同形式的证券化。例如，汽车金融服务机构从事汽车贷款证券化；住贷机构从事住宅抵押贷款证券化；而商业银行可用于证券化的债权则包括信用卡债权、住宅抵押贷款、商业性不动产抵押贷款及学生助学贷款等。

承贷机构决定发起证券化之后，需要从资产负债表中挑选出相同性质的资产组成贷款组合。这是由于异质性贷款的现金流量有相当大的差异，不利于投资人估计现金流量，使投资人面临的风险增加，最终将不利于证券化债券的销售。在资产从承贷机构的资产负债表中转出时，必须做到真实出售。所谓真实出售即指资产确实转移到代表投资人权益的特殊目的机构手中。

(3) 特殊目的机构

特殊目的机构（Special Purpose Vehicle，SPV）是一个以资产证券化为唯一目的的独立信托实体，其收入主要来自于其发行的资产支撑证券（又称抵押证券）。特殊目的机构代表所有投资人承接债权出售者所出售的债权，并发行证券化的受益凭证或政权，是证券化的主角。特殊目的机构的组织形式不一，可采用信托、机构或其他多种形式。

(4) 信用增强

一般而言，证券化的主要产品是信用评级优良的债权。为了使证券的信用评级优良，必须对债权的信用风险加以控制，使得证券发行的财务结构优化。如果在证券化的过程中可以取得政府的保证，风险即被认为是可以控制的，此时不再需要进行信用增强。然而，大部分的证券化产品没有政府保证，因此必须自行设法进行信用增强工作。适当的信用增强可以在低廉的成本下提高证券化产品的品质并且降低融资成本。

(5) 信用评级机构

评级机构的工作是审核资产组合所能承受的最大风险强度，并公平地进行评级，以利于大众投资者做出投资决策。评级机构对每一项证券化工作都要设定一套量化和非量化的评级依据。在架构资产组合与切割债券时，承贷机构与承销贷机构需要密切合作，找出既能满足投资者需求，又能获得最优评级与最低成本相结合的资产组合及证券化方法。

(6) 证券承销机构

证券发行后，必须交给承销机构通过已公开上市交易或私募方式销售出去。承销机构依据其经验与专业知识分析市场状况，并提供定价等咨询服务。

4. 企业可以选择的资产证券化种类

（1）住宅抵押贷款证券化

由于住宅抵押贷款通常是每个家庭一生中所背负的最大的债务，因此住宅抵押贷款证券成为证券化产品中规模最大的一种也就不足为奇。在美国的证券化产品中，住宅抵押贷款证券的规模是最大的，它占到了所有证券化债券市场的70％。

住宅抵押贷款证券（Mortgage-Backed Security，MBS）代表了对金融机构（储蓄贷款机构、商业银行、抵押机构等）发放的抵押贷款的所有权益。当这些抵押贷款被发行人或服务人打包（Package）或组合（Pool），并以证券形式出售给投资者时，抵押贷款证券就被构造出来了。当住房所有人（借款人）偿付基础抵押贷款时，证券的投资者就会收到本金和利息。

在住宅抵押贷款的承做过程中，最重要的工作目标就是对违约风险的评估与控制。所谓违约风险是指当贷款人无法偿还贷款本息时，放款机构所面临的一切损失的可能性。

当面临无数贷款申请案件时，放款机构必须有一套评估制度，才可能在众多的申请案件中挑选出风险最低的申请人，批准贷款。对于风险较高的申请人，则需要找出补救方法。例如，要求其购买保险（由第三人承保，并酌收保费）。

在住宅抵押贷款证券化的过程中，首先要解决的问题就是将住宅抵押贷款组合起来。而在住宅抵押贷款的组合中首先要注重的就是它们的一致性，这是因为组合中的住宅抵押贷款越相似，其现金流量分析、提前还本与违约风险的估计就越准确，住宅抵押贷款证券的风险评估与定价也就越准确。因此，为了提高住宅抵押贷款组合的齐质性，需要对住宅抵押贷款的审核及其规格实行标准化的操作。

在整个审核贷款的过程中，最主要的评估依据是贷款的价值比与债务支出所得比。这两个比率越低，贷款的风险就越低。在不同的金融体系和社会经济条件下，它们的设定标准是不同的，而这些比率的高低也反映了该金融体系的信用风险状况及整个社会经济的发展情况。

（2）汽车贷款证券化

在住宅抵押贷款证券化推行数十年之后，住宅抵押贷款证券市场日益蓬勃兴盛。于是美国金融界便产生了将住宅抵押贷款证券化技巧应用到其他债权的想法。金融界考虑的第一个非住宅抵押贷款型债券的证券化对象就是汽车贷款债权。在 1985 年，汽车贷款债权证券化成为第一个非住宅抵押贷款型的证券化产品。汽车贷款债权成为第一个非住宅抵押贷款型债券的证券化标的物决非偶然，其稳定而又单纯的现金流量使其具备了成为证券化的良好资产的重要特征。

(3) 信用卡债权证券化

信用卡贷款证券于 1987 年首次推出，其后发展迅速，已经成为最大的非住宅抵押贷款证券化产品。信用卡债权证券化的推出也把证券化的技术向前推进了一大步。

在此之前，资产证券化产品的标的资产都属于还本型债权。还本型债权于固定期间内按时收到本金与利息，现金流量较为稳定且易于预测。而债权本金余额由于定期还本会随着时间的推移而减少，如住宅抵押贷款、汽车贷款都属于这种类型。信用卡为循环型（Revolving Type）债权，其现金流量源自于持卡人的刷卡与还款，事先并没有固定的本金额度，也没有预定的还款时间表。持卡人每个月的刷卡额显然是无法事先预估的，在刷卡后，持卡人可能随即完全清偿信用卡贷款，也可能仅缴纳最低还款额，因此，现金流量十分不稳定。

信用卡的现金流量极不稳定。证券化发起人（一般即债权出售人）必须重新规划其现金分配才能使证券化顺利进行。其最主要的策略就是将所有收到的现金流量分为两部分：还本部分与财务费用，并且将债券的付款期间分为两期：循环期（Revolving Period）和还本期（Amortizing Period）。

在循环期，信用卡所收到的财务费用部分用于支付投资人的债券票息与其他必需的费用；而还本部分则用于添购新的应收账款，甚至新的账户，以确保以后的现金收入。因此在循环期投资人的债券是不会还本的。循环期结束后就进入还本期，在还本期中，出售人开始规划偿还债券的本金。无论是循环期还是还本期，只要证券化发生财务困难或其他危机，整个证券化即进入提前清偿期（Early Amortization）。在此期间，收到的所有本金都用于还本，以提前结束证券化，减少投资人的损失。

(4) 商业性不动产抵押贷款证券化

商业性不动产主要指能产生租金收益的不动产，包括出租集合住宅、零售商店、办公大楼、工业园区、旅馆等，以收取租金为目的的收益性不动产（Income Properties）。所谓商业性不动产抵押贷款证券（Commercial Mortgage Backed Securities，CMBS）是指将融通这些收益性不动产的抵押贷款包装起来，并发行表示其价值的债券。

商业性不动产抵押贷款在贷款期间必须定期缴纳利息，而不缴本金，在贷款到期日，才将本金一笔清偿。若借款人无法清偿本金，必须在到期日之前安排续借（Extension of Loan）或者向其他金融机构贷款，以还掉旧贷款（Refinance）。商业性不动产抵押贷款存在对提前还本的限制，一般称为赎回保护（Call Protection）。其限制包括两种：一是禁止提前还本，二是提前还本处罚。提前还本处罚通常采取提高利率的形式。

随着资产证券化市场的成熟，证券化的技术日新月异，这些新的技术为一些原先被认为困难的证券化提出了解决办法。因此近些年来，新的证券化产品层出不穷，可以说只要未来能够产生现金流量的债权几乎无不可成为证券化的标的，例如住宅权益贷款（Home Equity Laons，HEL）的证券化、资产担保商业票据（Assets Backed Commercial Papers，ABCP）的证券化、担保债券凭证（Collateralization Bond Obligation，CBO）和担保贷款凭证（Collateralized Loans Obligation，CLO）的证券化等。

5. 企业选择资产证券化中的信用风险

信用风险是指借款人未能依约偿还本息，以致银行所办理的贷款遭受损失的风险。这种违约支付现象与担保资产的业绩直接相关，可能会导致 SPV 或投资者面临现金流量的损失。在一项资产证券化业务中，从相应资产中产生的现金流是支付投资者的唯一源泉，因此在预先安排好的现金流支付中，任何反面的变化都属于违约支付。由于借款者一旦拖欠偿还本金和利息，资产担保类证券的 SPV 或投资者就可能无法按期取得本金和利息。因此对信用风险的分析评价就是分析评价借款者拖欠支付本息的可能性。

由于借款者可能是个人（如住宅抵押贷款的借款人），也可能是企业（如工商业贷款的借款人），因此对二者的信用风险分析就有所不同。若借款人是个人，则信用分析主要集中在个人的收入能力、信用记录、年龄、婚姻状况等个人资料；而对于企业借款人的分析就要复杂得多，多数企业借款人不能按规定支付本息的主要原因是存在财务困难，而这种财务困难可以在借款人的财务报表中表现出来。

6. 资产证券化过程中的信用风险转移

在资产证券化投资风险中，信用风险是投资者所面临的重要风险。如何转移信用风险，是投资者非常关心的问题。资产证券化产品在信用风险的防范或信用级别的提高方面有一系列的措施，主要包括政府机构担保、信用提高等。

（1）政府机构担保

政府机构担保主要是利用政府的信用作为担保，提高资产担保证券的还本付息能力。政府机构对资产证券化产品的担保，在住房抵押贷款证券上体现得尤为明显。

20世纪30年代大危机后，由美国国会通过立法建立了数家为抵押贷款提供资金或保险的机构，如政府国民抵押协会（Government National Mortgage Association，GNMA or Ginnie Mae）、联邦国民抵押协会（Federal National Mortgage Association，FNMA or Fannie Mae）、联邦住宅贷款抵押机构（The Federal Home Loan Mortgage Corporation，FHLMC or Freddie Mae）。这些机构为构建一个流动的二级抵押市场提供了支持，美国的二级抵押市场由此起步，逐渐发展起来，形成了今天的巨大规模。

（2）信用提高

信用提高是指发行人运用各种方法和手段，来保证能按时、足额地支付投资者利息和本金。信用提高是减少资产担保类证券发行的整体风险，特别是防范信用风险的有效手段，它同时也是资产担保类证券发行区别于传统证券（如机构债券）发行的特征之一。

信用提高利用内部或外部信用的支持来保证投资者得到应得的未来现金流。实际上，信用提高已经成为资产证券化市场发展的催化剂，是成功发行的必要前提。对于发行人来说，信用提高并不是将经营的基本信用风险转移给了独立的信用提高机构，而是由于资产担保证券“特殊性”的要求，必须进行信用提高，否则发行不会成功。这些“特殊性”包括资产债务人的违约、拖欠或债务偿还期与SPV安排的资产担保证券偿还期不一致等，即资产证券化中存在很大的信用和流动性风险。

进行信用提高的目的可以归结为：缩小证券化资产质量与投资者对其要求之间的差别；为投资者提供投资咨询；提高发行人的收益；为发行人提供了在资本市场不完全披露信息的可能性等。

信用提高的形式主要可以分为两大类，即内部信用提高（Internal

Credit Enhancement）和外部信用提高（External Credit Enhancement）。内部信用提高的形式主要包括：高级/次级结构（Senior/Subordinated Structure）、超额担保（Over—Collateralization）、利息率差（Yield Spread）和储备基金（Reserve Fund）等；外部信用提高的形式主要包括：保险机构担保合约（Surety Bond）、第三方担保（Third—Party Guarantee）、信用证（Letter Of Credit，LOC）、现金担保账户（Cash Collateral Account，CCA）、投资担保（Collateral Invested Amount，CIA），等等。

本章关键术语和主要问题

1. 关键术语

信用风险	信用风险控制	信用风险识别	信用风险转移
信用增强	保理	信用保险	信用担保
商账追收	资产证券化	特殊目的机构	

2. 要点

（1）企业信用风险转移的方法与渠道。

（2）企业如何选择相关专业机构转移信用风险。

（3）企业信用风险转移的目的和时机。

3. 思考题

（1）企业进行信用风险转移的常用手段有哪些？各自有哪些特征？

（2）试比较债权担保、保险和保理的异同。

（3）试述资产证券化的基本过程，以及各参与方在资产证券化过程中的作用。

（4）资产证券化过程可能存在哪些风险？如何转移这些风险？

（5）结合中国实例，列举企业采取信用风险转移手段防范风险的实例。

第七章 征信工作原理与准则

第一节 征信概述

征信是对企业资信或个人信用调查的业务操作。在信用交易的过程中，征信的目的在于降低交易双方的信息不对称状况，提高授信的成功率。

一、征信的内涵

1. 征信的概念

征信（Credit Reporting），特指以了解企业资信和消费者个人信用为目的的调查。在操作上，征信包括对企业或个人的信用信息进行采集、核实、处理、合法传播的全过程。

征信机构能否在一国开展征信业务活动，取决于该国的征信数据环境，即存在合法且商业化的数据供应，同时政府还要以法律法规形式保证征信市场的开放，市场准入门槛设置合理，开放对信用调查业务的营业许可。因此，一些非征信机构也提供少量的信用调查服务，例如一些律师事务所或会计师事务所也向其客户提供信用调查服务，但不能被定义为现代征信服务。这是因为，这些调查活动不是以大型征信数据库方式进行的，他们采取的是个案调查形式，调查工作不见得遵守征信行业的行规。

早在1830年，英国伦敦就出现了资信调查机构。当时的欧洲商业发展迅速，经营规模和范围不断扩大，商业经营技术层出不穷，导致信用交易逐渐成为主要的商业交易工具。由于经济发展的波动性，企业信用的良莠不齐，作为信用交易主要债权人——银行越来越感到资信调查的必要，为适应市场需要，专业资信调查机构应运而生。继英国之后，美、法、德等国也相继成立了类似的机构。时至今日，资信行业已经发展成为一个十分健全的行业。

2. 征信的内容

征信是对基本信息及与交易有关的信息和数据进行采集、核实、加工和依法传播。

（1）征信对象

征信对象即信用调查或信用审查的客体。在一国范围内，征信的对象通常限于企业法人和自然人。企业法人和自然人虽然都是民事主体，在民事活动中地位平等，但是两者在财产关系和人身关系，以及在经济实力、收入来源、举债目的等方面却不尽相同，因而征信的手段和方式等也不尽相同。这样就产生了两种主要的征信：企业资信调查和消费者信用调查。

（2）征信目的

征信目的即调查或审查债务人的偿付能力，而征信人员能够调查掌握的是有关债务人偿还债务能力的各种信息。这种信息对于债务人是清楚的，而对于债权人是不甚清楚的，只能通过各种方式尽可能来了解掌握。征信的目的就是要克服借贷关系中的信息不对称问题，尽可能挖掘和发现借款人的隐藏信息和隐藏行为，从而防范和避免逆向选择和道德风险。

（3）征信数据

征信数据是对信用信息的专业化称谓，用于制作调查报告类征信产品。征信数据分企业征信数据和个人征信数据，以及财产征信数据。企业征信数据用于生产各类企业资信调查报告，包括制作行业调查报告和国家风险调查报告等。个人征信数据用于生产各类消费者信用调查报告。

征信数据分量化数据和非量化数据。非量化数据是对一些事实的记录，用语言形式进行描述。量化数据可以直接用来进行定量分析。许多非量化数据是可以被量化的。

征信数据主要包括原始调查数据和经过技术处理的数据。征信数据既可以通过直接调查获得，也可以向数据供应商采购，还可以通过与相关数据交换方式取得。原始征信数据不能直接应用于征信产品的生产，必须经过技术处理才能使用。征信机构对数据进行技术处理的过程主要包括数据筛选、数据转换、数据加工和数据清理。最基本的数据处理，包括核实、分类、剔除不良的数据项、筛选出不真实的数据等；深加工的数据处理，包括误差修正、形成中间变量、配以符号等。经过深加工的征信数据主要用于量化分析企业和个人信用评价的数学模型。

(4) 征信服务和产品

征信服务是受委托方委托的信用调查服务，主要分为企业征信、个人征信和财产征信三大类，是一种社会化的有偿服务。征信服务的主要提供者是征信机构，包括企业资信调查机构和消费者信用调查机构。征信服务的使用者主要是各种各样的授信单位，还包括一些政府部门和企业人力资源部门。征信服务将调查结果以调查和分析报告的形式报告给委托人。广义的征信服务还包括资信评级、信用管理咨询、商账追收等。

征信服务的最主要目的是降低信用交易过程中交易双方信息不对称的状况，帮助授信人筛选合格的客户和跟踪客户的经营状况，提高信用交易的成功率。

征信产品包括各类资信调查报告、信用调查报告、信用评分报告和信用管理软件。根据征信服务的深度，调查报告可以是普通的、深层次的和专项的。更深层次的征信服务是信用管理咨询服务。所谓信用管理咨询服务，指的是征信机构在对企业诊断的基础上，提出规避客户风险的解决方案和预算，帮助企业建立或改进信用功能的服务。信用管理咨询旨在完善企业内部的信用管理制度和必要的信用管理技术手段，使得企业可以借助多种信用调查报告、专业软件和小型数据库在内的各类征信产品的组合，承担日常的信用管理工作。

(5) 征信机构

征信机构是专门从事资信调查业务的专业机构。狭义而论，征信机构是指专门从事信用信息（征信数据）采集、处理、评价、传播业务的以盈利为目标的信息服务专业企业。对于从事信用交易的双方，征信机构是信息中介机构。通过征信机构的服务，可以降低交易双方的信息不对称状况，帮助授信方规避风险，也帮助信誉卓著的受信方体现其特殊的高信用价值。

征信机构是有别于那些有能力从事个案调查的律师事务所、会计师事务所和私家侦探机构的，大多数征信机构采用大规模的信用信息处理方式工作，依靠征信数据库进行大规模的数据加工和服务，调查报告是以类似工业生产线形式组装出来的。因此，脱离了传统工作方式的征信机构，其工作方式越来越远离"私家侦探"形式的调查。而且，征信机构必须站在独立、公正的第三方立场提供高效率的服务。

征信机构通常被分为两大类，它们分别是企业征信机构和个人征信机构，如果算上财产征信机构，征信机构共有三类。各类征信机构还可以根据其业务侧重，继续细分为若干种特定业务类型。征信机构的大致分类情况如图 7—1 所示。

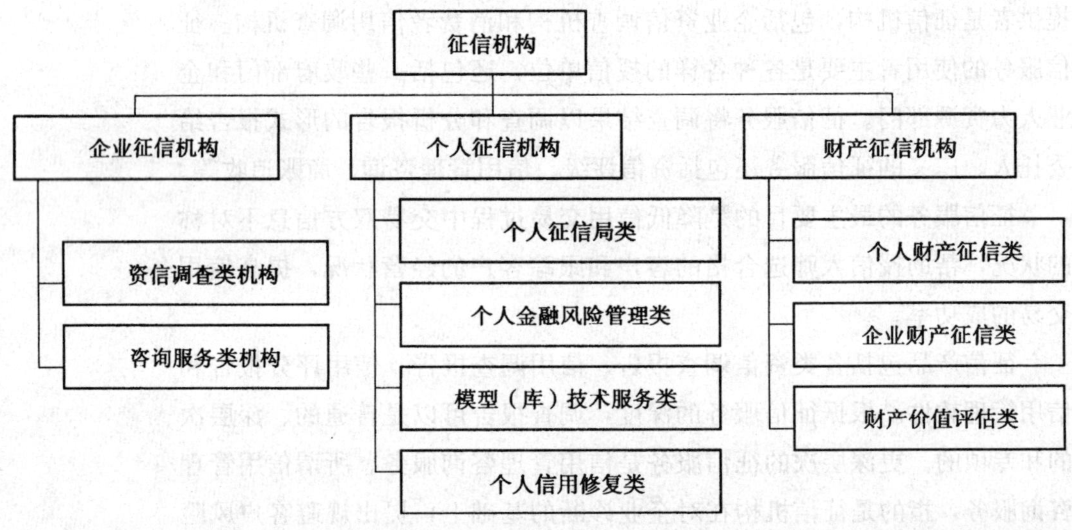

图 7—1　征信机构及其类型①

（6）征信行业

根据信用管理理论分类，征信行业是直接使用征信数据或经营征信数据，从事征信产品生产的行业，其主要业务特征是调查。

在征信行业发展历史上，传统的行业分支主要包括企业资信调查（俗称企业征信）、消费者信用调查（俗称个人征信）、资信评级和商账追收。随着信用风险控制和转移工具的不断创新，现代征信行业比传统概念上的征信行业更为广义，出现了保理、信用保险、电话查询票据、信

① 林钧跃.《企业与消费者信用管理》. 上海财经大学出版社，2005 年版.

用管理咨询等，使得征信行业成为具有 11 个分支的行业（如图 7—2 所示）。

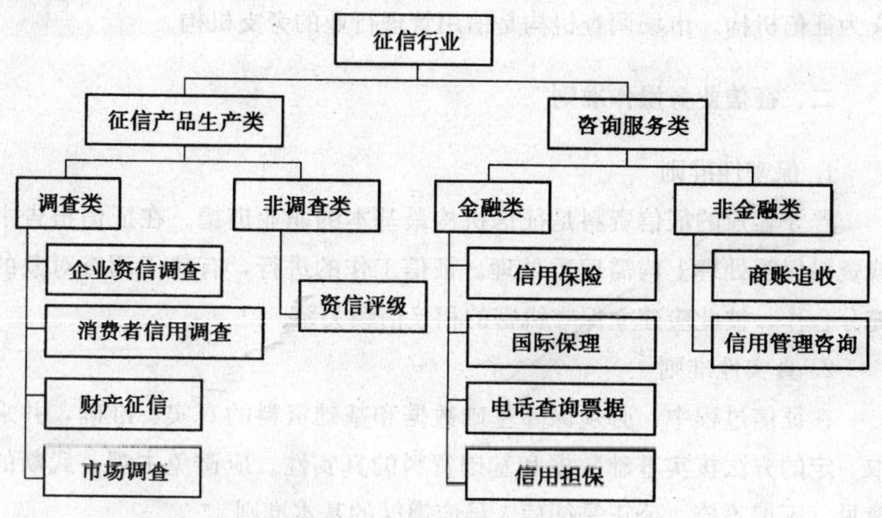

图 7—2 征信行业分类

（7）征信市场

征信市场是指征信机构提供征信服务的目标市场。征信市场的划分是按照狭义的征信定义进行的。

根据调查对象的不同，征信市场被分为 4 个，分别是资本市场、商业市场、消费市场和产品市场。在不同征信市场上，提供不同征信服务的征信机构种类分别是资信评级、企业资信调查、消费者信用调查和市场调查。除了消费市场外，其他 3 个市场上的调查服务不受国界限制。

由不同种类的征信机构提供的服务，决定了不同市场上的被调查对象熟悉的征信服务业务操作方式不同。征信市场划分见表 7—1。

表 7—1 征信市场划分

范畴	服务	征信对象	信息源单位
资本市场（Capital）	资信评级	金融机构、上市机构	商业银行、非银行金融机构、上市机构、公用事业机构、外管局、评级对象
商业市场（Commercial）	企业资信调查	中小企业	工商、法院、海关、技术监督、统计、商业银行、供应商
消费市场（Consumer）	消费者信用调查	该国公民、在该国境内长期活动的外国人、个人资产	公安、法院、劳动人事、邮政、房产登记行、公用事业机构、通信机构、雇主、信用卡机构、专利局
商品市场（Merchandise）	市场调查	各类产品、试验品、商品	各类消费品的用户、消费者

注：关于信息源的分类，并非在每个国家的情况都相同，表中的分类是根据我国的情况总结的。

市场调查机构提供调查服务，但它们所提供的不是信用调查服务，调查对象既不是企业，也不是消费者，是调查对象产品，所以不能被定义为征信机构。市场调查机构是信用管理行业的旁支机构。

二、征信业务操作准则

1. 保密性准则

严守客户的征信资料是征信机构最基本的职业道德。在征信报告书或资料保管处理上均需慎重处理。征信工作的进行，有赖于调查对象的充分合作，彼此应建立保守机密的相互信赖关系。

2. 真实性准则

在征信过程中，必须保障基础数据和基础资料的真实、准确，并采取一定的方法核实基础数据和基础资料的真实性。应避免主观、武断的意见。不偏不倚、公正是征信人员应遵循的基本准则。

3. 一致性准则

所采用的基础数据、指标口径、评估方法、标准要前后一致。

4. 独立性准则

征信人员在征信过程中要保持独立性，不能受征信对象及其他外来因素的影响，要根据基础数据和基础资料独立做出评判，运用自己的知识和经验客观、公正、公平地实施征信。

5. 稳健性准则

在征信和对征信结果的分析过程中，下结论要谨慎，特别是在给定性指标打分时，要谨慎给分。在分析时，要准确指出影响企业经营的潜在风险，对企业某些指标的极端情况要进行深入分析。

6. 持续性准则

在平时，对有关资料应随时有系统地搜集、记录、积累，建立档案以便参考。只有完整的数据，才能显示被调查资料的持续性，才能提供最完整的征信资料，使征信结果具有历史性、实效性和前瞻性。

三、征信服务的种类和模式

征信服务可以追溯到 19 世纪 30 年代的英国和美国，世界第一家征信机构在英国伦敦诞生，它是一家企业征信机构。由于技术手段的限制，早期的征信服务有些类似经济侦探服务。进入 20 世纪 90 年代以后，信用管理行业的服务方式从主要经营征信产品转变为全方位地向客户提供信用管理顾问和策划服务，全球一致的征信服务和信用管理外包服务也开始盛行。这些新服务方式的发展，既可以为没有必要建立独立信用管理部门的小企业建立信用管理功能，又可以帮助大型跨国机构降低信用管理成本。

1. 征信服务的种类

（1）按照服务模式，可分为企业资信调查和消费者信用调查

企业资信调查是指专门收集企业信用信息、生产企业信用产品，提供企业信用状况的征信活动；消费者信用调查是指专门收集个人信用信息、生产个人信用产品，提供个人信用状况的征信活动。换言之，是企业征信还是个人征信，均视被调查对象是法人还是自然人而定。对授信机构接受个人资产进行抵押贷款的国家或地区，存在专门针对受信人或担保人财产进行的资信调查，这种调查称为财产征信。因为财产征信的主要目标是个人财产，因此，财产征信通常是个人征信的一部分。有些国家这两种业务类型由一个机构完成，也有的国家是由两个或两个以上机构分别完成，或者在一个国家内既有单独从事个人征信的机构，也有从事个人和企业两种征信业务类型的机构。一般都不加以限制，由征信机构根据实际情况自主决定。比如美国的征信机构主要有以下三种业务模式：

1）资本市场信用评估机构，其评估对象为股票、债券和大型基建项目。

2）商业市场信用评估机构，也称为企业征信服务机构，其评估对象为各类大中小企业。

3）个人消费市场信用评估机构，其征信对象为消费者。

（2）按照服务对象，可分为信贷征信、商业征信、雇佣征信及其他征信

信贷征信主要服务对象是金融机构，为信贷决策提供支持；商业征信主要服务对象是批发商或零售商，服务内容扩大到信用之外，为投资和一般性交易提供决策支持；雇佣征信主要服务对象是雇主，为雇主用人决策提供支持；其他一些征信服务活动，如市场调查，债权处理，动产、不动产鉴定等。

（3）按照征信形式，可分为同业征信和联合征信

同业征信是指征信机构在一个独立或封闭的系统内部进行征信和提供征信服务的工作方式，如金融业、建材业、运输业；联合征信主要是针对个人征信而言，它是指征信机构根据协议，由第三方中介机构把分散在各商业银行和社会有关方面的个人信用信息汇集起来，进行加工和储存，形成个人信用档案信息数据库，为银行和社会有关方面系统了解个人的信用状况提供服务。

（4）按照征信的地域，可分为国内征信和国际征信

国内征信是针对国内的被调查对象所做的资信调查，是目前世界范围内最多的机构形式之一，尤其是近年来开设征信机构的国家普遍采取这种形式；国际征信是指委托人和被调查对象不在同一国家，调查工作跨越国境。跨国征信服务这几年正在迅速崛起，此类征信之所以能够在近年得以快速发展，主要有内在和外在两方面原因：内在原因是西方国家一些老牌征信机构为了拓展自己的业务，采用多种形式（如设立子机构、合作、参股、提供技术支持、设立办事处等）向其他国家渗透；外在原因主要是由于世界经济一体化进程的加快，各国经济互相渗透、融合，跨国经济实体越来越多，跨国征信业务的需求越来越多，为了适应这种发展趋势，跨国征信这种机构形式也必然越来越多。

（5）按照征信的时期，可分为主动征信和被动征信

主动征信是征信机构主动进行的信用调查，是在不存在委托人情况下进行的调查。被动征信的情况相反，是在受到委托之后，根据委托人的具体要求展开的信用调查。

2. 征信服务的模式

（1）从实践看，征信服务的模式分为以下三种：

1）欧洲模式。代表国家有法国、德国、比利时。其特点是：央行建立信贷登记系统的全国数据库和网络系统，登记内容包括企业信贷信息和个人消费信贷信息。

2）美国模式。代表国家有英国、美国、加拿大、澳大利亚。其特点是：全国的企业和个人征信、评级、调查等信用中介机构都是私人所有，市场化运作，全方位向社会提供有偿的商业征信服务。

3）日本模式。代表国家为日本。其特点是：银行业协会建立会员制征信机构，会员银行有义务如实提供客户的信用信息。

（2）从整体上看，征信服务的模式可以归结为两类，一类是由政府

监管部门出资设立的征信机构，称之为公共征信机构；另一类是由各种经营性组织或个人出资组建的征信机构，称之为私人征信机构。两类征信服务模式的比较见表 7—2。

表 7—2　两类征信服务模式的比较

不同特点	公共征信机构	私人征信机构
制度类型	政府建立	各种经营性组织及个人建立
信息来源	被监管机构	各种来源
采集信息的方式	强制上报	合同、协议采集
收集信息的内容	正、负面信息	某种情况下收集正面信息
采集信息的范围	只采集大额贷款人信息	根据需求，依法全面采集
提供信息的范围	对非成员保密	依法对外提供
对计算机技术的依赖程度	严重依赖	一般
工作人员	很少	相对较多
服务费	不收或少收	收费

大多数国家的公共征信机构都是由中央银行或金融管理部门建立，主要服务对象是政府监管部门，目前也对商业银行提供服务。它以监管者的身份强制要求金融机构上报数据，一般只上报大额贷款，所采集的信息种类不多，信息总量较小。公共征信机构不以盈利为目的，对提供的服务不收费或者少量收费。

私人征信机构是一个寻求利润的企业，通过采集、整理、加工、出售信息获取收入。其出现早于公共征信机构。私人征信机构的早期是区域性、行业性的，或是作为生产或商业企业的附属机构存在。随着信用经济的扩展和科学技术的进步，私人征信机构在兼并整合的过程中，逐步产生了一批跨行业、覆盖全国、甚至跨国界的专业信用调查机构。私人征信机构的信息主要提供者也是征信机构服务产品的使用者，它主要通过与信息持有者签订采集信息协议，采集的主要是小额贷款，征信对象主要是消费者。私人征信机构还从有关行业广泛收集信用信息，因此其服务面更广，服务产品也更多。

世界上第一家公共征信机构起源于欧洲，1934 年德国成立第一家公共征信机构。1989 年以后，无论是私人征信机构，还是公共征信机构，都进入一个快速发展的时期。在世界银行调查的 30 个有公共征信机构的国家中，有14个国家的公共征信机构是在1990—2000年期间建立的；对全球50个私人征信机构的调查显示，大约有半数的机构是1989年以后开设的。从目前的情况看，在美国，征信机构都是私人所有。但实际上征信业最发达的美国经历了行业合并和大征信机构对外扩张与并存的时期。20世纪80年代中期以后，美国独立的征信机构从2 000多家减少到2000年的400家，而这400家机构中只有三四家具有大型征信数据库，其他的大多数主要作为这少数几家征信机构的上游或下游中介服务机构存在。在欧洲，15个欧盟国家有7个国家建有公共征信机构，除法国外，其他国家同时也都有私人征信机构。美国、欧洲以外的国家或地区征信机构的组织模式大多选择私人性质。

1932年，上海各大银行曾联合创设中国征信所，主要业务是调查工厂、商店的生产、营业、亏损情况以及个人的信用状况，向特约订户提供调查报告等。中国征信所的收入主要来自提供资料信息所获得的报酬和银行的津贴。这个20世纪30年代成立的征信机构，其工作范围和特点与现代资信调查毫无两样，可见当时中国社会经济发展已较为完善，在某些大城市中已对资信调查存在迫切要求，也说明资信调查是市场经济发展到一定程度的必要产物。随着大陆企业公有化进程，计划经济占据主导地位，中国内地没有了资信调查，这种状况一直持续到20世纪80年代。

四、征信服务的作用

征信服务是伴随社会信用经济的发展而产生的，既有克服信息不对称状况、降低信用风险，帮助授信方规避风险，帮助信誉卓著的受信方体现其特殊的高信用价值的作用；也有提高社会道德水准，发挥社会失信惩戒的作用。

第二节　企业资信调查

企业资信调查俗称企业征信。广义上是指企业自己或通过第三方搜集客户的信用信息；狭义是直接受某一客户委托的专业机构，对客户指定有业务关系的企业资信状况进行深入调查和评估，或对客户自身进行调查和评估，以证明被调查企业资信状况的业务经营活动。

企业资信调查是企业信用管理工作最常使用的外部技术支持手段，其目的是要解决企业赊销或其他授信工作决策时的信息不对称问题，提供科学授信决策的依据。企业的信用管理人员学会征信方法，有助于建立和维护企业的客户信用档案，以及筛选合格的赊销客户。

企业资信调查是对征信机构而言的一系列技术操作，包括采集被调查对象的信用信息、处理和加工信息、评价被调查对象的信用价值、传播信用信息等。

企业资信调查机构分调查和信用信息服务两大类。通常规模比较小的企业征信机构是调查类机构，大型企业征信机构必定是信用信息服务类的。在大型企业征信机构，企业资信调查报告是以生产线方式进行组装的。

一、生产企业资信调查报告的业务流程

在生产企业资信调查报告时，企业资信调查机构一般遵循严谨的业务操作流程。

1. 接受委托

销售或客户服务部门接受委托，通过管理规定的渠道，下任务订单给生产部门。

接受委托时，征信机构要与客户简单接触，了解客户需求和征信目的。如果征信对象处于主动地位，要求对其资信调查，目的不外乎有两个：一是企业融资需求，如申请银行贷款，或申请融资租赁，或欲向社会发行债券和股票等，被征信后，为对方提供一个信用等级参考资料；二是企业交易需求，如在商品贸易中的赊销或预付，工程项目中的招、投标。这两种情况下，企业主动向第三方征信机构申请对自己征信，最终得到一个信用等级，供自己及对方使用。如果征信对象处于被动地位，也就是说企业在申请银行贷款、融资租赁、发行证券，以及申请赊购货物等情况时，授信方对企业的征信。对于不同性质的征信业务，所采用的方式方法和征信重点要有所不同。

2. 采集数据

在接到一项客户调查请求后，征信部门首先会在数据库中查找被调

查对象；其次核查已有信息的准确性。根据客户需要和数据库数据情况填写工作底稿，通过各种信息渠道获取后续信息。

3. 核实数据

调查员通过电话核实各数据源的基本数据，特别核实那些逻辑不合理的数据。

4. 整理数据

剔除不可靠的逻辑不合理的数据和假数据。在形成变量时，尽可能排除财务报表的虚假成分，做出系统性修正。

5. 报表分析

分析财务报表，并做出评价。

6. 量化指标

根据数学模型，进行资信评级和求出风险指数。

7. 现地现认

征信工作要遵守征信数据核实的“现地现认”原则。征信机构在依据征信数据库的记录向客户出售资信调查报告之前，委托调查员“下现场”，核实被调查对象的一些情况。

8. 组装报告

按照标准格式，将基于事实的记录、量化分析结果、分析结论等组装起来。对于不同的工作流程，这项工作程序也可以提前进行。

9. 质量检验

根据标准进行产品检验。

10. 产品出库

向有关客户服务人员发出提货通知，或者发送给客户。

二、实地调查的业务内容

下现场实地调查是调查人员的基本功。

实地调查途径主要包括：核对《企业法人营业执照》上的住所地；走访客户企业主要负责人及相关人员，尽可能与实际经营者洽谈，诱导被访人员回答重点内容；查看客户经营场所，生产经营情况，了解其主要商品的供应来源；走访客户周边的“邻居”、业务往来企业、业内同行、往来银行、主管上级部门；核对和查阅有关证件单据资料，即主要信用记录；查询媒体和互联网上的相关资料。

通过实地调查，调查人员可以获取企业基本情况，如企业的注册资料，企业规模、经营范围、经营性质、行业归属、主要股东、主营业务、往来客户、主要财务报表、在银行的往来账款、融资情况，通过调查得到的数据被记录到征信工作底稿上。

在实践的基础上，调查人员总结出 5W 和 1H 调查事项，具体的业务操作内容包括：

What：被调查企业属于什么行业，是否从事与营业执照规定相符合的业务。

Where：办公场所或生产场地在什么地方，是否有物业的产权，是否有研发中心。

Who：法人是否就是经营者，法人与经营者之间有什么关系，是否是家族企业，企业有什么特殊的背景。

When：被调查企业是什么时间成立的，从事现在的业务多久了，所在行业发展的展望如何。

Why：经营者的专业背景情况，为什么进入这个行业，动机是什么。

How：被调查企业的经营状况，该企业是怎样经营的，经营业绩怎样，员工人数多少，上下游是什么样的企业，与银行是怎样往来的。

三、企业资信调查的内容要点

为了提高工作效率，现代企业资信调查采用大型征信数据库工作方式进行。所以，采集征信数据工作是企业资信调查的基础。征信机构需要大范围、大量和常规地采集信用信息，而且是主动采集。

1. 宏观经济发展环境

（1）国内经济状况

对国内经济情势的判断和预测是经济决策的基础。在发达的市场经济国家，景气分析是研究宏观经济走势的常用工具。景气分析又称为商业周期分析，主要利用月度或季度经济统计序列数据，分析和判断经济发展处于周期性波动的阶段；找出景气状态发生变动的原因；预测未来经济景气走向和下一个波峰或波谷出现的时期，验证和评价政策实施的效果等。进而用数学方法把各种经济要素变动进行计量汇总变成指数，即景气指数，以反映一种状况或宏观经济的行情，它成为政府和社会各经济主体进行经济决策的基本依据。

（2）国际经济环境

市场经济是一个开放的体系，当今任何国家不可能脱离国际分工和依存关系，而保持封闭式的自给自足的经济。正是由于全球经济的相互依存、合作、竞争和发展，使得各国间的关系越来越密切，相互影响也越来越深。

相对于一个企业来讲，行业状况是一个大系统；相对于一个行业来说，国内经济情势是一个更大的系统；相对于一个国家来讲，国际经济环境则是一个更大的系统。因此对一个企业征信，不仅要分析国内经济情势，而且要分析国际经济环境。

（3）行业状况

行业情况需要了解行业结构及行业分类。我国的行业分类国家标准始于1984年，国家首次颁布了《国民经济行业分类与代码》（GB/T 4754），1994年对其进行第一次修订。2002年进行第二次修订（见表7—3），并将该标准名称改为《国民经济行业分类》（GB/T 4754—2002）。

表7—3　　国民经济行业分类简表

代码	门类	大类	中类	小类
A	农、林、牧、渔业	5	18	38
B	采矿业	6	15	33
C	制造业	31	169	482
D	电力、燃气及水的生产和供应业	3	7	10
E	建筑业	4	7	11
F	交通运输、仓储和邮政业	9	24	37
G	信息传输、计算机服务和软件业	3	10	14
H	批发和零售业	2	18	93
I	住宿和餐饮业	2	7	7
J	金融业	4	16	16
K	房地产业	1	4	4
L	租赁和商务服务业	2	11	27
M	科学研究、技术服务和地质勘察业	4	19	23
N	水利、环境和公共设施管理业	3	8	18

续表

代码	门类	大类	中类	小类
O	居民服务和其他服务业	2	12	16
P	教育	1	5	13
Q	卫生、社会保障和社会福利业	3	11	17
R	文化、体育和娱乐业	5	22	29
S	公共管理和社会组织	5	12	24
T	国际组织	1	1	1
	合　计	96	396	913

资料来源：http：//www.gdstc.gov.cn/tongji/code/hydm.htm.

行业状况调查的重点是市场，主要包括行业的市场需求状况、行业的市场供应状况、行业的价格状况、行业利润率。

(4) 公共政策

公共政策主要由两方面构成，地区政策和行业政策。这都是指国家的总体经济政策。另外地方政府根据辖区内的实际情况也会制定自己区域发展政策，如城乡发展政策、旧城改造政策、支柱产业政策等。同样，政府主管部门根据经济发展情况也会制定相应的政策，如外贸主管部门的进出口政策、金融主管部门的证券市场融资政策、房地产信贷政策等等。

公共政策从意图和效果看，无外乎有两个方面：限制发展或鼓励发展。因此分析一个企业或一个行业的状况，应该了解和掌握政府的政策。

2. 企业信用信息

从征信数据的采集范围看，企业信用信息采集的内容要点有：

基本信息：包括机构名称、机构代码、机构性质、注册地址、经营地址、注册资本、历史沿革记录等。

资质信息：包括注册商标、产品准产证登记、质量认证记录等。

所有者和经营者信息：包括法人代表、主要股东、主要管理者记录等。

银行信用信息：包括贷款、还款记录等。

关联信用信息：包括担保、质押、抵押记录等。

商业信用信息：包括赊销信用额度、商账还款、合同履约记录等。

财务信息：包括资产负债、利润分配、现金流量、财务警示、财务审计记录等。

公众信用信息：包括涉案、处罚、不良社会信用记录等。

媒体披露信息：包括披露来源、披露时间、披露内容描述等。

自愿披露信息：包括披露时间、披露内容、发布人、披露内容公证记录等。

四、企业资信调查的操作技巧

1. 接触技巧

（1）选定出发点，把握立场

征信机构是服务性的企业，征信工作人员与客户之间的地位是平等的。在与客户接触前，应选定出发点。在接触过程中，保持友善，但又不是一味妥协，无原则地谦让。要表现出诚意，提问简单明了，对于征信对象经营中专业性较强或技术性较强的问题，要虚心请教，不断与客户沟通。

（2）把握主动权，采用最适当的方式征信

征信工作人员要有所准备，掌握好与客户接触的节奏和重点，询问时要由浅入深地引导客户协助征信。关注客户的回答，并引导其提供较多的相关信息。

2. 查账技巧

查账是征信人员了解企业财务数据的真实性和财务状况的风险度的必要手段。一般来讲，限于征信人员的身份和地位，征信调查时对企业所采取的查账方法通常是抽查法。为了提高抽查的质量和效率，征信人员还需要掌握以下查账技巧：

（1）逆查法

逆查法的对称是顺查法。顺查法亦称正查法，是按照经济业务账务处理的时间顺序的查账方法。顺查法工作量大且不利于突出检查重点，一般不太适合征信人员的查账。因此，逆查法是征信人员查账过程中最常用的方法之一。逆查法又称倒查法，其基本思路是从会计报表的分析入手，找出重点，然后以此为线索，有针对性地检查相关的账目和原始凭证，提高了查账效率。

（2）审阅法

审阅法是以当时的政策法规制度为准绳，仔细阅读审查各种书面资料，从中发现疑点或问题，确定进一步查账线索的一种方法。审阅的书面资料包括：会计凭证、会计账簿、会计报表及其他相关资料。审阅的内容一般包括三个方面：一是外表形式的审阅，如资料是否完整，格式是否合规，项目填写是否齐全，手续是否完备；二是实质性的审阅，如相关资料口径是否一致，相关数据是否衔接，内容是否真实；三是合理合法性的审阅。

（3）核对法

核对法是指对账簿记录（包括相关资料）两处或两处以上的同一数值或有关数据进行互相对照，旨在查明账账、账证、账实、账表是否相符，以便证实账簿记录是否正确，有无错账、漏账、重账等行为。会计资料之间的核对方法有以下几种：原始凭证之间的核对；原始凭证与记账凭证之间的核对；凭证与账簿的核对；账账核对；账表核对；表表核对。

（4）异常分析法

异常分析法是通过审阅有关账户、数据、金额、往来关系等，从其异常现象、异常变化、异常关系中发现问题的查账方法。具体关注以下异常情况：账户名称异常，项目摘要异常，数据增减异常，金额精确异常，往来关系异常等。

3. 观察技巧

观察是实地调查的重要内容。如果说访谈还可以选择不同的地点进行，那么观察则只能在特定的场所如客户的办公地点和经营地点进行。

从观察的内容来看，主要有三个方面：一是观察客户的经营场所，二是观察客户的经营设施，三是观察客户的经营活动。

从观察的结果来看，主要有两个目的：一是感受客户的经营氛围，二是核实客户的经营情况。

从观察的方式来看，主要有三个类型：一是参与性观察，即征信人员参与到客户的经营活动之中，从内部收集有关第一手资料。参与性观察又可分为公开参与性观察和暗地参与性观察，前者如参与客户的经营工作会议、参与客户的商务谈判会议或促销会议等，后者如在客户不知情的情况下以顾客身份参与商场的交易活动，或以购房者身份参与房地产开发商的售楼活动等。二是随意性观察，即征信人员走马观花式地随意观察客户的经营活动，以简单地收集有关第一手资料。三是结构性观察，即征信人员根据既定的调查目的拟定调查提纲，借助感官或辅助工具对客户的经营活动进行连续性观察，以收集有关第一手资料。

五、信息采集的渠道

企业信用信息的采集渠道主要分为，宏观信用信息来源和微观信用信息来源，如图 7—3 所示。

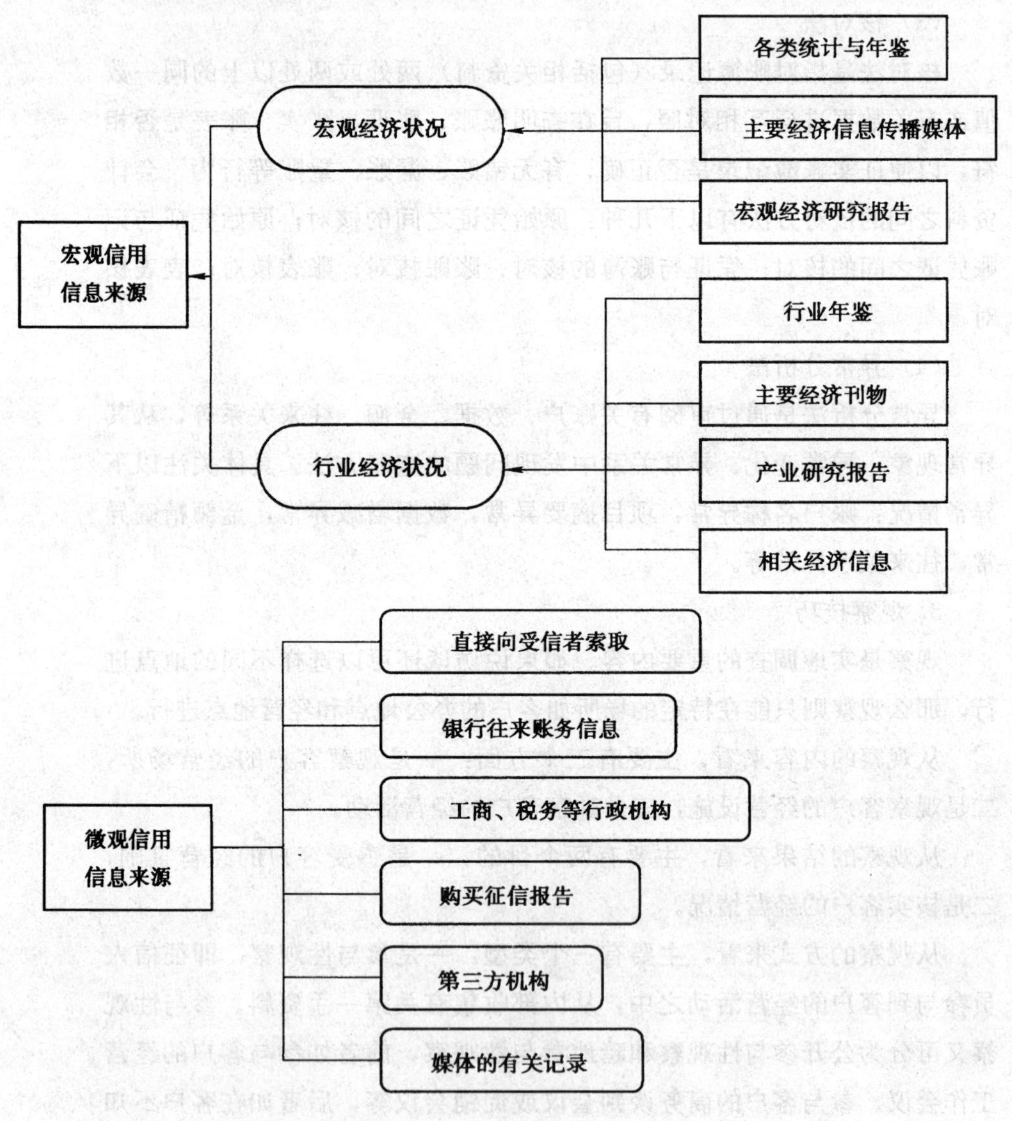

图 7—3　信用信息的采集渠道

1. 宏观信息采集渠道

宏观信用信息来源主要包括：宏观经济状况和行业经济状况。海关和统计局定期形成的各种统计报表，一些行业协会的资料，以及公开发行的宏观经济研究报告、产业研究报告等，对于掌握宏观经济和行业情况是很好的信息来源。同时，一些国内外的电视、报纸、杂志、网站等知名媒体也会披露财经信息或者设立财经新闻板块，公布宏观经济信息或行业内的动态信息。

2. 微观信息采集渠道

（1）直接向受信者索取

受信者至少要提供：企业营业执照与税务登记；股东名单；主要负责人名单；最近三年资产负债表、利润表、现金流量表等。这些资料的获取几乎没有成本。

（2）向银行等金融机构查询公司往来财务信息

银行、财务公司、应收账款代理商或其他金融代理商也是信用信息的重要来源，因为金融机构通常是最大的单个债权人，他们可以获得更多的细节。

（3）向政府有关机构查询

工商部门除了拥有详细的企业注册登记信息外，还有企业的年检资料。此外，还可以向税务部门、房产部门、车辆管理部门、法院等部门查询信用记录。

（4）购买征信机构的征信报告

征信报告可能由于企业规模大小、行业的不同，其表达方式会略有不同之处。通过阅读以往的征信报告，可以分析企业组织背景及经营者能力、设备状况及业绩、财务状况及偿债能力、现状与预测。

（5）向第三方信息资料服务机构查询

第三方一般有：行业协会或社会团体、相关企业和竞争对手；债权人；保险机构；其他信用机构。可以通过运用各种协会及各地分会等收集有关材料。这些单位大多拥有工商名录、电话簿等，知晓企业的有关状况，而且大都欢迎企业前往查阅。从企业名录中可以查到交易对象的营业范围、正确的名称地址、成立日期、负责人姓名、资本金、组织形态、规模、甚至信用等级等。

（6）查询媒体等公共记录

公共会议，以及相关行业公共媒体，如：专门从事财经信息的披露或设立专门的财经新闻板块的电视、报纸、网站等知名媒体。

六、企业资信调查的产品与服务

企业资信调查获取的信用信息用于生产企业基本信息和普通版企业资信调查报告，即企业信用管理中大量使用的报告。除资信调查报告外，广义的征信服务还包括各类风险控制和转移的服务，例如信用管理咨询服务、信用管理外包服务、利用征信数据库开拓市场服务、商账追收、信用管理软件服务、信用保险服务、保理服务和信用担保服务。其中，前 5 项属于常规的征信服务，后 3 项属于金融或准金融类服务。同时，征信机构还要给出被调查企业的资信级别，用于指导企业的授信工作，确定客户的信用额度。

1. 企业资信调查报告产品

征信机构一般以信用报告的形式提供信用数据。大型企业征信机构能够产生多种企业资信调查类报告产品，它们的征信产品成系列推出。

标准或流行版的企业资信调查报告可以提供企业授信决策所需要的基本信息，是一种性能价格比最好的资信调查报告。这种报告的基本设计思想是：在足够低费用的条件下，尽可能地准确判断与一个被调查对象进行赊销的成功可能性，以及做多大额度的信用交易能够安全地回收货款。这种报告的格式，也常被企业信用管理人员接纳为客户档案的格式。

世界各国征信机构提供的信用报告并没有统一的格式和标准，各家提供的信息也不完全一致，而且根据市场需求也都在不断演进。一般而言，使用国际流行版本企业资信调查报告格式，要求征信机构填充 12～16 个栏目的企业信息，并将信息转换成为征信数据。国际流行的普通版本企业资信调查报告的主要内容包括：企业发展史、注册信息、当年经营情况、付款记录、银行往来记录、公共记录（经济纠纷、刑事处罚等）、财务报表（资产负债表、损益表和现金流量表）、主要产品、进出口报关、主要经营者履历、对外信誉状况分析、现场核实信息等。除现场核实信息外，征信数据最好是经过若干年积累的。

常见的企业资信调查报告产品有：

（1）普通版企业资信调查报告

各征信机构都生产的一种主流征信产品，许多企业的信用管理部门使用这种报告作为客户档案的主体。对应企业的国内和国外客户，这种资信调查报告分国内企业资信调查报告和海外企业资信调查报告。这种报告的销售通常采用会员制。这种报告的主要内容包括：企业发展史、业务范围、员工人数、付款记录、公共记录、财务状况、进出口、主要经营者履历等信用记录，以及征信机构对被调查企业给出的资信级别和风险指数。

(2) 后续报告

后续报告是普通版企业资信调查报告的后续服务，也称客户信用跟踪报告。后续报告服务的有效期为一年。凡订购普通版企业资信调查报告的客户，在此后的一年内，只要被调查对象的信息有变化，征信机构将免费提供给客户更新的调查报告，使得客户继续掌握被调查对象的变化情况。根据征信数据库的数据更新频率和财务报表的上报次数，对于发达国家的调查对象，每三个月提供一次后续报告。

(3) 企业基本信息

这是一种最简洁形式的企业资信调查报告。这种报告提供企业的背景信息，以工商注册信息为主。客户订购企业基本信息，主要目的在于核实客户的真实性或与被调查对象取得联系。价格因素也是客户首要考虑的因素之一，由于企业基本信息的简洁特征，征信机构可以通过网上提供。

(4) 企业资深调查报告

相对于普通版调查报告，这种报告对被调查对象进行更深入调查，主要在资产、较长历史阶段中政府对被调查对象的批示和授权、土地使用权、经济纠纷、人事变动、财务分析、供应商等方面进行详细调查，注重的是事实，并不增加许多数学方法的数据处理。深度调查报告主要用于企业并购、法律诉讼、企业拍卖、抢夺大客户、重大项目的合作等目的。

(5) 专项问题调查报告

针对企业特殊感兴趣的一项或几项客户情况进行的调查，对企业的特殊提问给予明确回答。这种报告一般用于企业的行动证据、法律证据、向主管单位汇报的依据等。

(6) 风险指数报告

尽管各征信机构都制作风险指数，但邓白氏机构的风险指数是专门针对中国市场开发的产品，并作为单独一种报告产品推向市场。基于对中国企业进行大样本分析，邓白氏机构于1999年推出这种产品。该产品可以帮助企业对中国企业进行排序，帮助企业识别那些信用值较低的机构，风险指数显示在六个风险等级下，每个风险等级反映企业业务失败的概率。风险指数报告帮助企业迅速评估被调查企业相对于其他企业的风险，并预测企业的技术性破产。

（7）企业家族调查报告

分析被调查企业的母机构和子机构、母机构和分机构、机构的投资结构或参股的其他机构之间的关系。弄清客户企业的“家族”关系，有两方面的意义，一是可以挖掘客户企业的销售潜力；二是在审批客户信用申请时，可以根据客户担保的连带或责任关系授信，以充分考虑客户的能力。从征信数据库检索出来的客户企业家族信用信息可以用“投资人资产分布图”表现，一般分投资人本国资产分布和投资人海外资产分布两种分布图或报告。

（8）国际供应商评价报告

这种报告用于对供应商的风险评估，向企业信用管理部门为供应商的筛选和定期排查工作提供技术、信息支持。这种报告提供的信息包括：供应商的财务实力、财务状况和长期稳定性、供应商的国际融资能力、供应商的销货折扣等。这种报告用于改进企业的采购业务程序和水平，以及提供新的采购机会。

（9）付款分析报告

所提供的信息是被调查企业的供应商对被调查客户企业付款行为的评价。它可以帮助企业信用管理部门和市场销售部门将新客户归类，例如将客户归类到“被提醒时才付款”的客户类别内。相对普通版的征信报告，这种付款分析报告的售价不高。企业还可以将自己的客户数据送征信机构进行分析，让征信机构做出自己企业与同行业平均DSO水平的比较。所以，这种报告还具有咨询服务的性质。

（10）行业状况调查报告

又称行业信息分析报告，这种报告根据对本行业典型企业群的比较分析，提供被调查行业的一些平均值。这种报告可以提供给企业的计划部门、信用管理部门、市场销售部门和高层经理作参考。从该报告中，可以了解到本企业在行业中所处的地位、经营管理水平和主要竞争对手情况。对于企业制订发展计划和改进企业管理非常有帮助。通常报告的种类分国际同行分析、国内同行分析、综合分析等几种。

(11) 国家风险调查报告

这种报告提供大量的商业数据和被调查国家的经济指标。这种报告可以用作海外投资、国际贸易的决策参考。

2. 常见的企业征信咨询服务

信用管理咨询服务服务于企业，帮助企业建立部分或全部信用管理功能，提供企业信用管理部门的设计和运转辅导。信用管理咨询服务机构或咨询顾问还可以向企业信用管理部门提供逾期应收账款诊断、信用管理功能优化、客户档案改造或建设、赊销合同管理、企业信用管理内训、信用管理外包、大客户的全球统一服务等。

信用管理咨询服务建立在征信产品链加长和普及的基础上，对提供信用管理咨询服务的专业顾问的素质要求非常高。至于信用管理咨询服务的主要模式，主要分传统式顾问和专业计算机软件工作方式。在对企业的信用管理工作现状进行诊断和提出功能设计方案的基础上，现代信用管理咨询服务通常围绕信用管理专业软件的安装和使用辅导来进行，要求提供信用管理咨询服务的征信机构具备强大的技术支持能力。

自 20 世纪 90 年代，征信机构提供的信用管理外包服务得到大力发展。信用管理外包服务是征信机构接受企业的委托，部分或完全代表企业处理信用交易和赊销客户，行使企业信用管理部门的职能。大型企业使用信用管理外包服务是基于人员成本或管理费用方面的考虑，它们使用信用管理外包服务承担其机构的信用管理工作，目的是提高工作效率和节省开支。对于中小型企业，因为它们没有能力和必要在自己的机构内部建立一个独立的信用管理部门，但信用管理又是必不可少的，因此使用信用管理外包服务解决其信用管理问题是一个比较好的出路。

随着经济的全球化，大型征信机构提出“全球服务”理念，对跨国机构客户在全球所有的子机构提供当地服务。要实现全球服务，征信机构总部要建立一个针对大型跨国客户提供服务的全球服务小组，由它协调对客户在各个国家子机构的征信服务。

3. 信用评级

信用评级是指在对被征信的企业素质、外部环境、财务状况、发展前景以及可能出现的各种风险等进行分析的基础上，对被征信企业偿债能力和可信度进行独立、客观、公正的评估，并以专用的符号表达评估结果。企业信用评级是企业价值的“显示屏”，是银行贷款发放和风险控制的“探测仪”，是整个社会风险的“过滤器”。

为了便于管理，一张信用分值卡必须包括合理数量的特征项，每个项目不超过5～6个属性。也就是说，如果特征项目包含的原始属性过多，就必须将其数量缩减。

从理论上讲，每个评级体系都可以分为三种简单的运作方式：一是申请审核人根据分值抽样表确立每个客户的分值，进而确定其成为好账的可能性；二是管理层根据分布表决定本机构可以接受的风险程度；三是评级体系的总体管理，包括监管分值抽样表的使用，跟踪评级系统的运作以随时掌握客户群的变化以及由此造成的评分系统能力的弱化，更重要的是，严格控制超越评级系统的违规操作。

七、企业资信调查报告的主要栏目

在征信市场上，普通版资信调查报告是最基本的报告产品，是企业信用管理最常用的报告品种，甚至有些企业按照这种报告的格式要求制作客户档案。但是，由于没有国际标准可循，主要征信国家也没有为此制定国家标准。因此，各国征信机构生产的普通版企业资信调查报告在格式和内容上不完全相同，主要可以分为欧洲、美国和亚洲风格的企业资信调查报告。

1. 欧洲风格的企业资信调查报告栏目

欧洲是企业资信调查业务的发祥地，征信市场相当成熟。欧洲风格的企业资信调查报告的栏目主要有：机构基本信息、资产或净值、行业分类和产业简介、在业界地位和同行评价、信用价值分析。

欧洲风格报告的优点是：内容简洁；除基于事实的客观情况外，征信机构会给出综述性评价；提供授信额度的建议。欧洲风格报告的缺点主要是：报告内容较为简单，有些重要的调查项目未包含在内，例如有时不能提供财务报表，也缺乏对企业财务报表的分析；缺乏交易核实信息和银行意见；较少提供调查对象的业务内容及其展望方面的信息。

2. 美国风格的企业资信调查报告栏目

在国际征信市场上，美国式的普通版企业资信调查报告很常见，属于非常流行的主流报告版式。美国风格的普通版企业资信调查报告的主要栏目有：机构基本信息（包括注册信息、注册资金、企业历史、员工人数等）、财务报表、付款记录、与银行的往来记录、诉讼记录和其他公开记录、行业分类、经营状况和业务量、进出口情况、经营者介绍、评级和风险指数。

美国风格报告的优点在于内容具体翔实，可读性强，风险指数等量化指标的技术含量最高，对企业活动及交易状况均能做出详细的描述。但是，美国风格报告也有它的缺点，如：符号系统复杂，需要解读报告的训练；另外较缺乏对被调查对象信用价值的文字评价；没有对授信额度提出建议；强调“现地现认”原则不够。

3. 亚洲风格的企业资信调查报告栏目

亚洲风格的企业资信调查报告以日本和中国台湾地区为代表，中国内地的企业资信调查报告在形式上更接近亚洲报告的风格。亚洲风格的普通版企业资信调查报告的主要栏目有：公司基本信息（包括注册成立日期、注册地址、营业地址、注册资金、实到资金等）、企业类型和所有制、经营者背景介绍（有时包括股东）、企业财务报表（缺乏时会给出估计其财务状况的其他相关资料）、银行往来记录、行业类别及营业概况、付款记录及往来厂商情况、诉讼记录和其他公共记录、动产或不动产的抵押担保记录、被调查对象的信用价值综合评述。

亚洲风格报告借鉴了美国风格报告的优点，内容上更加细腻，更注重使用者阅读报告的方便；注重信息核实，坚持“现地现认”原则，征信业务操作上着重实地拜访；文字描述多，且对财务数据的分析也相当重视，不乏图文并茂；资料更新快速，时间落差较短。亚洲风格报告的缺点是：技术含量不及美国风格报告，数学模型技术上的投入非常不够，量化指标的种类少，预测的精度低。

第三节　消费者信用调查

消费者信用调查俗称个人征信。消费者信用调查业务操作包括个人信用信息采集和处理、信用档案的建立和维护、信用价值评分、信用记录传播的全过程。个人征信服务对象是来自零售信用、现金信用和服务信用领域的授信人。消费者信用调查的目的主要在于调查申请信贷、信用支付工具、赊购商品的消费者，测度他们的信用价值，帮助授信人做出正确的授信或赊销决策；或者调查应聘白领工作的申请人的信用状况，以帮助雇主根据所在行业行规的要求和岗位的性质做出正确的聘任决定；让任何交易对方了解消费者的信用状况。

消费者信用调查的结论是信用调查报告，出于保护个人隐私的目的，信用调查报告或信用记录的传播受到法律的严格限制。

一、消费者信用调查业务操作

消费者信用调查业务操作是建立在大型征信数据库和通讯技术的基础之上的，为一国或一地的居民建立个人信用档案，并对人群的信用记录进行长期动态的跟踪和档案维护。个人征信业务操作具体包括个人信用信息的采集和处理、信用档案的建立和维护、信用价值评分、信用记录传播、客户投诉处理等流程。

1. 个人信用信息的采集和处理

信用信息是信用报告的核心信息。个人征信数据库的覆盖面应该具有完整性或者相对完整性，即不遗漏地逐渐将一国或者一个城市的每个合法居民的信用状况记录在案。所谓合法居民，还应该包括长期在本地停留的外国人。同时，在个人征信机构的业务操作过程中，记录在个人信用档案上的信用信息必须符合事实，坚持信用记录基于事实的原则。信息采集的内容包括：

（1）个人辨识信息

包括报告编号、姓名、别名、新旧地址、身份证号码、社会保障号码、出生年月日、配偶姓名、现职机构名称与前职机构名称等项资料。

（2）个人信用交易信息

包括消费者向金融机构、信用卡发卡单位、零售商等授信者申请信用或贷款的科目、账号、开户日期、货款金额或额度、最近余额、还款人姓名（如配偶或共同借款人）、期数、每期偿还额、逾期金额、逾期次数等重要信用资料。

（3）公共记录信息

主要是政府登记在案的破产宣告、积欠税款、法院债务判决等案件记录项目。

（4）查询记录

凡向个人征信机构查询该消费者信用报告者，其名称、查询日期、金额等都按顺序列在查询记录项目内，供后续查询者参考。查询记录一般分两种：一是外部查询，即因消费者主动提出申请信用额度或贷款，使得授信人向个人征信机构查询消费者信用报告；二是内部查询，即授信人为扩展业务，寻找潜在优良客户，自行向个人征信机构查询消费者信用信息。

消费者信用调查机构将来自不同渠道的信息分类存储在个人征信数据库中，随时形成事实报道性质的定性描述的信用调查报告。在美国，消费者信用调查公司会按照信用报告协会（CDIA）的规定，以信用观察2000表格（Creditscop 2000 Form）和标准数据采集的Metro格式要求，将采集的信息进行分类整理并存储，以备随时检索信息和编辑信用报告。因为，消费者的信用报告在授信方提出查询前并不存在。而是在收到查询请求时，个人征信机构才从成千上万可能的资料来源里收集、整理、分类，用以编辑信用报告。

2. 信用档案的建立和维护

基于信息准确性的原则，个人征信机构的数据必须随时更新。如果采用批处理数据工作方式，时间间隔必须足够短，因此要提高征信数据库的更新频率。由于个人信用信息数据库在不断更新记录，消费者的信用报告每天都可能有差异。

3. 信用价值评分

为了提高授信机构的工作效率，个人征信机构会让数据通过信用评分数学模型，产生数量化描述消费者信用状况的个人信用评分值。

4. 信用记录传播

对于制作消费者个人信用记录的个人征信机构来说，从采集信用信息到销售消费者信用调查报告，全部业务操作过程必须符合法律法规的要求，特别是对有失信记录者进行惩罚的量刑，这是征信机构需要坚持的原则。

5. 客户投诉处理

如果遇到授信人的投诉，个人征信机构要对授信人提供的消费者失信记录内容进行技术性审查，投诉人必须提供交易文件支持其投诉。

消费者申请查阅其个人信用报告后，如果发现报告内容有误或与事实不符，可以电话或邮寄信函方式提出查核或更正的要求。征信机构要在规定的工作日内，对申诉的信用资料进行审核，并将更新的信用报告或核查无误的信函，寄送消费者参考。

二、消费者信用信息及采集

以大型消费者信用调查公司为代表的现代消费者信用调查业务模式是主动式征信。在消费者信用调查数据的采集方面，比较企业征信数据采集方式，消费者信用调查数据更明显地分强制公开部分和自愿公开部分，经过消费者签字的各类条款固定格式的合同、申请表、应聘表等都属于自愿公开的个人征信数据。消费者信用调查数据库的征信方式有三种。

1. 消费者信用信息来源

消费者信用信息的采集主要来自以下四个方面：官方信息、银行信息、公共媒介信息、第三方调查信息。

（1）官方信息

主要是指来自于法院、公安、社保等公共管理部门的信息，如图 7—4 所示。这些信息对个人信用的评价有重要的参考价值，但不是主要的信息。

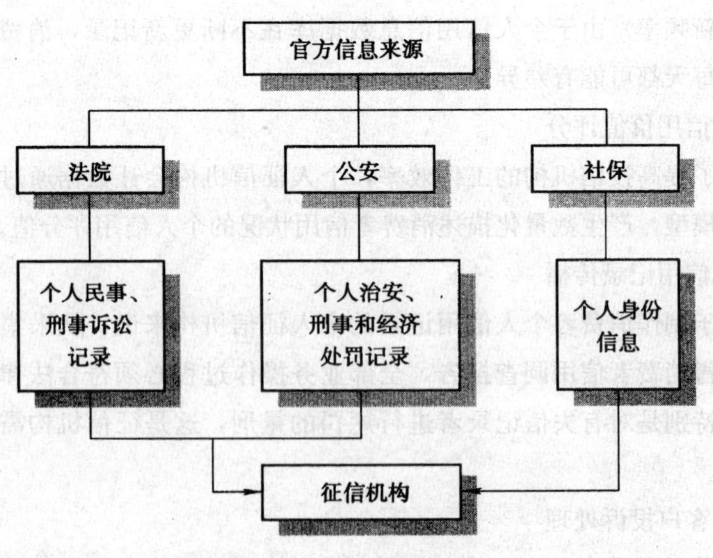

图 7—4　官方信息来源

(2) 银行信息

银行信息则是消费者信用评价的主要信息，也是最好的客户资信或背景调查信息，因为商业银行有其个人消费信贷和信用卡客户较详细的信用记录，还有储户的一些动态付款记录信息和对一些大储户的调查报告。但是商业银行信息的覆盖面窄，一般不是全动态的，而且可能还是收费的。银行信息来源如图 7—5 所示。

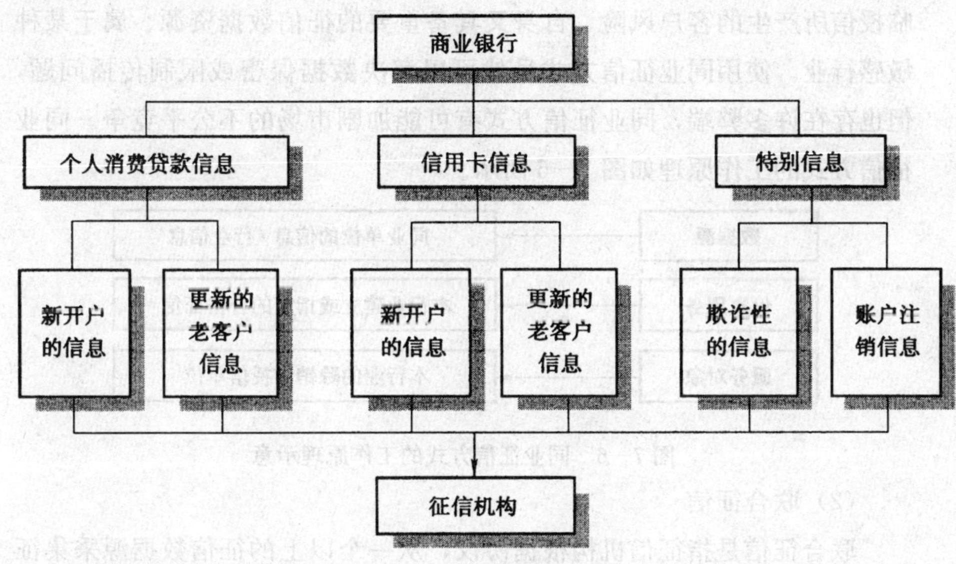

图 7—5　银行信息来源

(3) 公共媒介信息和第三方调查信息

从公共媒介得到的客户信息是有一定偏见的信息。如果经过过滤处理，则公共媒介提供的很多信息，特别是有些个人的正面信息，是很有价值的。但是，这些信息不是完整的信息，也不是动态信息，并且有一定的成本。如果委托第三方调查，得到的信息有可能很有价值，但缺点是费用太高。

2. 消费者信用调查数据的征信方式

对于征信机构，经常使用的征信方式有三种：同业征信、联合征信和金融联合征信。

(1) 同业征信

同业征信是由征信机构在一个独立或封闭的系统内部进行征信和提供征信服务的信息采集方式。采用同业征信的方法，征信机构主要同属于一个行业内的企业采集征信数据，信息资源仅在业内共享，所生产的征信产品也只在业内应用。这种信息数据采集模式的主要信息来源是同行业的企业，征信机构不会向行业以外提供征信产品和服务。所以，使用同业征信方式的目的，就是在一个体系内部实现信息资源共享和会员式服务。

采用同业征信方式的行业一般应该具备如下条件：行业内的许多企业都开办消费者授信业务，需要使用个人征信产品和服务。业内企业面临授信所产生的客户风险、自身又具备重要的征信数据资源、属于某种敏感行业。使用同业征信方式虽然可以解决数据保密或限制传播问题，但也存在许多弊端，同业征信方式有可能加剧市场的不公平竞争。同业征信方式的工作原理如图 7—6 所示。

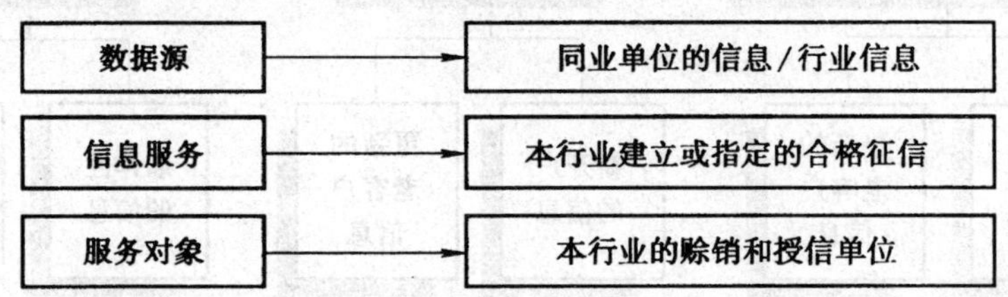

图 7—6　同业征信方式的工作原理示意

（2）联合征信

联合征信是指征信机构根据协议，从一个以上的征信数据源采集征信数据的形式。联合征信有两个特征：一是允许征信机构从所有数据源采集征信数据；二是通过征信机构，使提供征信数据的单位之间存在数据资源共享的关系，因为凡拥有征信数据的单位一定都与消费者存在信用交易关系，应该成为失信惩戒机制的社会联防成员，也就应该是合法使用调查报告的用户。

征信数据源单位指的是任何掌握征信数据的政府和非政府单位，特别是商业银行、公用事业单位、邮政、移动通讯机构等，它们应该有偿或无偿地向征信机构提供征信数据。

由于消费者信用调查报告的传播受到法律法规的限制，在联合征信中，信用交易的授信方、雇主、个别的政府部门和当事人本人可以订购。联合征信方式的工作原理如图 7—7 所示。

（3）金融联合征信

金融联合征信是一种特殊的个人征信业务形式，既不同于同业征信，也不同于联合征信，其实质是要采用联合征信的信息采集方式，制作

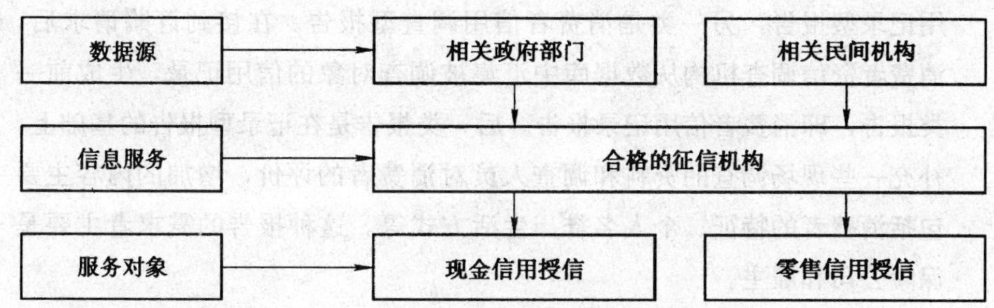

图 7—7　联合征信方式的工作原理示意

"全面信息"消费者信用调查报告，但严格限制使用报告的客户群体，仅对金融机构提供服务，不支持零售信用领域的授信工作。

从采集信用信息的角度来看，金融联合征信是一种联合征信。金融联合征信机构需要广泛采集个人征信数据，因为金融机构的授信决策需要全面的消费者信用信息。从用户角度看，金融联合征信又像同业征信，因为只有会员性质的金融机构（甚至只有商业银行）和当事人是征信产品的唯一限定用户。

出于法律的限制，金融联合征信有助于支持金融机构的授信决策，保证金融系统的安全，但金融联合征信的排他性容易造成信息资源浪费。从市场意义上讲，这种征信形式有失公平，市场渗透力也比较差，限制了征信机构的市场发展空间，限制了客户群规模。金融联合征信方式的工作原理如图 7—8 所示。

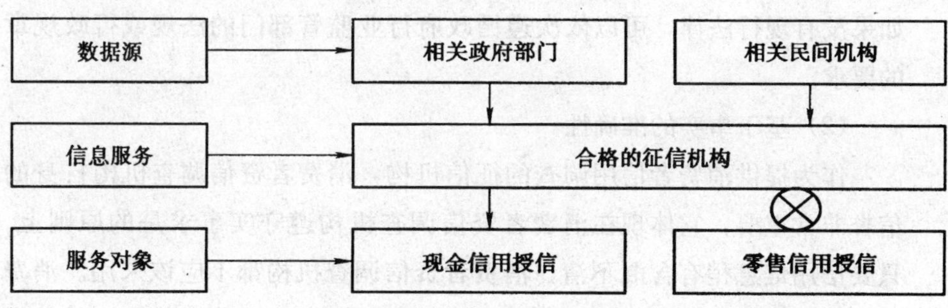

图 7—8　金融联合征信方式的工作原理示意

三、消费者信用报告的版式和标准

1. 消费者信用报告的版式

消费者资信调查机构提供的报告一般分为两大类：一类是消费者信

用记录型报告，另一类是消费者信用调查型报告。在接到订购请求后，消费者资信调查机构从数据库中汇集被调查对象的信用记录，生成前一类报告，即消费者信用记录报告。后一类报告是在记录型报告的基础上，补充一些现场调查的资料和调查人员对消费者的评价，增加的内容主要包括消费者的特征、个人名誉、生活方式等。这种报告的需求者主要是保险公司和雇主。

从征信项目看，分为一般性项目和特定项目，内容依据的是 5C 和 1S 原则，它们分别是个人品行（Character）、能力（Capacity）、资本（Capital）、抵押（Collateral）、状况（Condition）和稳定性（Stability）。以 5C 和 1S 为准则的消费者个人信用调查，只是分析消费者个人信用提供的一般性框架。

除常规项目以外，个人征信局还会按照数学模型和报告产品的要求，对消费者进行特定项目的调查。特定项目的调查内容包括：付款记录、收入、纳税与开销、就业、婚姻状况、年龄、处于分期付款状态的资产、抵押品、申请信用的目的、征信局查询记录等。

2. 制作消费者信用报告的标准

（1）符合法律法规

消费者资信调查机构从采集信用信息到销售消费者信用调查报告，全部业务操作过程必须符合法律法规的要求。对于法律不允许利用的数据项，即使对于评价个人信用具有参考价值，也要严格限制，不得使用。如果没有现行法律，可以依次遵循政府行业监管部门的法规或行政规章的要求。

（2）基于事实的准确性

作为提供消费者信用调查的征信机构，消费者资信调查机构自身的信誉非常重要，它体现在消费者资信调查机构遵守实事求是的原则上。只要信用信息稍有含混不清，消费者资信调查机构都不应该采用。消费者信用状况实际上是不断变动的，其变化必然影响消费者信用评估的结果。因此，征信或评估机构必须在一定的时间范围内，对这些变化进行追踪，掌握个人信用的变化，根据个人信用好坏的情况，以及影响个人信用因素的诸多方面进行调整。

（3）方便客户

消费者资信调查机构生产多种调查报告，每种报告都具有较强的针对性，而且报告应该易于阅读，逻辑性强，文本标准一致。消费者资信调查机构要争取做到让合法的请求得到快速处理，使得授信机构需要的报告“立等可取”，不耽误授信机构的决策。

(4) 追求完整性

消费者资信调查机构从建立数据平台和快速组装信用报告的角度考虑，尽量收集有关信息。也就是说，只要一个人有了永久性的身份证号码以后，消费者资信调查机构就可以对其信用交易、社会福利和就业状况进行记录。

美国消费者信用信息产业协会（CDIA）制定了消费者信用报告的统一标准，它规定了消费者信用报告的格式和内容。其报告样本见表7—4。

表 7—4 消费者信用报告样本——当事人报告

消费者识别号码：ID123456789012345

当事人：×××
赛福顿大街 10000 号
ALHAMBRA，CA 91801

当事人信用报告使用说明：

本报告解说附件告知您的权利及有关说明。如果附件遗漏或者有任何疑问，请向本报告末页所列事务所查询。

当事人信用历史：

此部分资料来自公共记录和授信人。账号附注＃号为提示授信人特别查复之用。如果您认为本报告有误，请按照本报告末页所指示的步骤请示查证。

根据您的请求检索出您的档案，有关您的信用历史记录，如实记录如下：

账户	说明	状况
SANTA ANA 地方法院大通街 123 号 SANTA ANA，CA92765 案号：＃7505053	本案原始标的金额为 US $1 200 原告 ALLIED COMPANY	10/88 告诉 10/19/89 清偿
BAY 公司码头大厦 SAN FRANCISCO，CA94041 百货公司账号 ＃4681123R101	本账户 95/85 开户 为循环信用账户 信用额度 US$1 600 最高余额 US$1 285	至 95/01 正常账户 04/93 逾期 60 天 01/21/95 余额 0 最近付款记录 09/13/94 付款历史：NNNCC1CCCCC CCCCCCCC21CC
中区银行 巡牧东路 1456 号 DALLAS TX75221 银行账号 ＃4590345859403	本信用卡 07/88 开户 附循环信用额度 US$6 000 最高余额 US$1 624	至 12/94 完全清偿账户 07/94 逾期 30 天 最后付款记录 12/22/94 付款历史：CCCC1CCCCCC

续表

查询记录：以下为取得您信用历史的查询名单

户名	日期	备注
CAL 车商亚伦街 10 号 NEWARK，NJ09987 车辆	03/24/94	信用交易查询复审及收账用途及金额未定
丘塞银行大通街 651 号 SMALL OAK，AR72657 银行授信	04/18/94	48 个月汽车贷款 查询金额 US$18 000

查询记录：以下为提出查询但是未取得您信用历史的查询名单。

户名	日期	备注
BAY 公司码头大厦 SAN FRANCISCO，CA94041 百货公司	02/10/95	为复审目的

请协助我们去帮助您。

信用局得知优良信用对您十分重要。资料正确、更新对我们也一样重要。下列为您请求发给当事人信用报告的填写资料，如果不正确或姓名不完整，过去五年住址、社会安全号码、出生年不正确，本报告就可能不完整。如果本报告不完整或不正确请通知我们更正。

您的姓名：×××	社会安全号码 ＃548603388
地址：桦树北街 10655 号 BURBANK，CA91502	配偶：SUSAN
其他地址：苏菲亚港 1314 SANTA ANA，CA92708	出生年：1951

辨识信息：以下为其他报送材料

地址： 苏菲亚港 1314 SANTA ANA，CA92708 11/84 信用局会员报送	地址： 影视大厦 BUFFALO，NY14202 04/84 信用局会员报送

任职经历：

雇主	地址	记录事件
AJAX 电脑	百老汇 2035 号	第一次报送 04/89
贝尔汽车	洛杉矶，CA90019	第一次报送 11/80

其他：配偶名第一个字母：S 其他使用名字：Smith 小名：Jack

自 01/01/95 起，以此社会安全号码查询次数：8

社会安全号码发给：1965—1966

电话秘书服务登记 商务地址/电话

本报告结束

我国在没有制定全国统一的个人信用报告格式标准之前，上海资信公司的报告版式类似于美国 CDIA 制定的标准格式，它所包含的内容包括个人身份信息、银行信用记录、社会信誉、特别记录和查询信息。其报告样本见表 7—5。

表 7—5　　个人信用报告样本

报告编号：2000006209900060000000279
报告时间：1999—10—26　　10：56
查询编号：0299000000

1. 个人身份信息

证件号：310101660606261643	证件类型：身份证
姓名：张三	性别：男
出生日期：1966 年 06 月 06 日	婚姻状况：已婚

	信息获取日期
户籍所在地址：北京路 1318 号	1998—06—01
住址：江西路 200 弄 33 号 213 室	1998—06—01
住址：大连路 100 弄 66 号门 2 室	1999—10—02

工作单位	职业	
上海市第三百货公司	财务会计	1998—06—01
上海市第一百货公司	财务会计	1997—10—05
职称：中级		1998—06—01
最高学历：本科		1998—06—01

2. 银行信用

(1) 银行贷款

汇总记录

首次贷款日期：1996 年 10 月 1 日，当前在两家银行发生 2 笔贷款；
上月末在各商业银行实有贷款余额：264 000 元；
每月还贷金额：5 000 元；
上月末累计逾期还款总额：1 500 元。

单项记录

序号	贷款项目	抵押担保方式	开户日期	账户状态	还款周期（年）	月末贷款余额（元）	剩余还款月数（月）	协定日还款额（元）	本月还款金额（元）	本月还款日期	月末累计逾期贷款金额	拖欠历史（月末逾期金额及时间）	信息获取日期	24 个月内各期偿还金额（元/月）
1	汽车	抵押	1998—08—08	未注销	30	8 400	24	3 500	3 500	2000—07—15	0	0/30 0/60 0/90	2000/07/18	3 500
2	公积金	抵押	1998—08—18	未注销	30	180 000	120	1 500	1 500	2000—07—16	0	1/30 0/60 0/90	2000/07/18	1 500

说明：拖欠历史——反映该账户从开户至今的拖欠情况，用“n/30”“n/60”和“n/90”表示。其中“n/30”表示逾期超过 30 天但不到 60 天的有 n 次；“n/60”表示逾期超过 60 天但不到 90 天的有 n 次；“n/90”表示逾期超过 90 天的有 n 次。

(2) 信用卡

汇总记录

首次申请信用卡日期：1998 年 5 月 16 日；
现有两家银行的两张信用卡；
各信用卡合计可透支余额：7 000 元；月末实际发生透支金额：0 元；本月透支总额：3 600 元。

续表

单项记录

序号	类型	开户日期	账户状态	24个月内各月透支总金额	信息获取日期
1	准贷记卡	1999—05—16	未注销	0，0，0，100，20，100，0，0，0，0，1 500，1 200，0，0	2008—08—01
2	贷记卡	2000—06—16	未注销	5 600，3 600	

3. 社会信誉

发生日期	类型说明	判罚内容	判罚结果
1994—08—07	法院诉讼	私人借贷纠纷	经济赔偿
1992—11—12	公安处罚	扰乱治安	拘留三天

4. 特别记录

发生日期	类型	类型说明	涉及金额	查处结果
1998—05—10	贷款欺诈	伪造资料申办	25 000元	向法院起诉
1999—09—23	信用卡欺诈	信用卡假挂失	6 000元	注销账户

5. 查询记录

6个月内共被查询7次：

查询者类型	查询日期	查询原因
银行	1999—10—25	贷款发放
银行	1999—10—24	信用卡发卡
银行	1999—10—22	信用卡发卡
银行	1999—10—18	贷款发放复审
银行	1999—10—15	贷款发放
银行	1999—07—25	贷款发放
银行	1999—06—27	信用风险控制

四、常见的个人征信产品与服务

在征信市场上，个人征信产品和业务服务的种类很多。

1. 主要的产品和服务

（1）个人征信数据，包括居民个人的背景资料和信用记录。

（2）个人征信数据整合（增值）产品，即集合来自不同数据源的个人征信数据，准确和适时地提供经过整合的消费者信用信息，以更便于各类授信决策，针对性更强。

(3) 数据库服务与技术服务，即设计、建立、管理、委托和维护大型征信数据库，提供方便的存取方法。

(4) 决策支持与策略分析，即针对客户的具体情况建立有效的信用风险分析模型，并提供分析、策略和工具，寻找潜在的市场，探索制定最有利的商业策略。

(5) 信用修复服务，即个人征信机构通过对消费者主动纠正失信行为的考核评估后，解除消费者失信行为公示及其市场准入限制的措施。

2. 常见的个人信用报告

个人信用报告是征信产业的基础产品。市场上常见的几种消费者个人信用调查报告中，最普通的当属消费者当事人信用报告，它的编制完全基于调查记录，并且不加更改。这种调查报告是消费者个人信用调查报告中最基础的版本（参见表 7—5、表 7—6）。除最基本的当事人信用调查报告以外，常见的消费者信用调查类报告还可以包括以下内容：

(1) 购房信贷信用报告（Residential Mortgage Credit Report）

报告提供的信息比普通版的当事人信用调查报告内容详细，带一些分析，有时还有个体企业的财务分析和个人负债比率等。报告旨在帮助授信者准确评估授信风险，帮助他们获得和维系优质客户，降低自身资产风险。这种报告的另一特点是，每项信息资料都经过再度查证。

(2) 就业报告（Employment Report）

提供给雇主的一种报告，用于判断应聘者是否合乎所申请岗位的基本要求，俗称“雇主报告”。报告主要反映应聘者的公共记录（包括若干年内的无犯罪记录）、转职情况、以前的工资收入水平等，有时包括前雇主或者其他证明人的意见。雇主至少能够根据报告内容，印证求职人员所填写的应聘申请表主要内容的真实性。

(3) 商业报告（Business Report）

它不是标准版式的报告，它是根据用户的特别请求，提供小型非股份有限公司的分析。商业报告是在消费者版本的基础上压缩一些内容并根据顾客需要增添一些其他内容之后形成的，可以帮助顾客更好地评估和控制交易风险，获得和维系优质顾客。

(4) 销售支援报告（Sale-back Report）

这是一种属于基本信息的报告，其内容包括对客户的分行业和信用评分分数段信息，根据上述分析程序而制作的客户预选清单。所谓的预选清单，是征信局根据委托人设定客户标准，筛选出的目标客户名单。

（5）消费者信用评分报告（Consummer Credit-grading Credit）

包括个人识别信息、对其的信用评分、信用评分结果的意义说明。信用评分是在大规模样本基础上采用数理统计方法计算出来的，可靠的消费者信用评分有利于简化授信评估和审查程序、节约时间成本和人力资本，提高信用决策的速度和准确度。消费者信用评分报告通常使用FICO评分，信用评分有时会附在某种报告上，作为报告的一个组成部分。

五、公共信用信息登记系统

公共信用信息登记系统是以欧洲大陆的多数国家为代表的。

1. 公共信用信息登记系统定义

1992年10月，欧共体中央银行行长会议将公共信用信息登记系统定义为：为向商业银行、中央银行和其他金融监管部门提供关于公司、个人乃至整个金融系统的负债情况而设计的一套信息系统。

它的主要特点是：由政府财政出资建立的覆盖面较广的个人信用数据库系统，一般由中央银行作为系统的管理者，实际运作机构为非盈利性，直接隶属于中央银行。信用信息主要来自金融机构，同时服务对象也只限于金融机构。因此，这种系统的运作模式实质上更像“金融联合征信”方式。

2. 公共信用信息登记系统与私人征信登记系统

许多征信国家在建立公共信用信息登记系统的同时，还存在私人征信登记系统。实践证明，二者不是简单取代，而是相互补充的关系。概括起来，公共信用信息登记系统与私人征信登记系统有着较大的区别，具体表现在以下三个方面：

（1）系统的创立者不同

公共信用信息登记系统由金融监管机构设立，私人征信登记系统由私人和法人组成。

（2）系统运行的方式和目的不同

公共信用信息登记系统更多地体现了监管者的意志和需要，主要是为金融监管部门的信用监管服务，规避金融信贷风险，而不考虑社会的商业化信用信息需求；私人征信登记系统采取商业化、市场化的运作方式，是为社会更广泛的信用需求服务，服务范围更宽、更广、更全面。

（3）征信数据来源和使用不同

公共信用信息登记系统的数据强制性地来自于银行等金融机构；民营征信机构的数据来源更全面，除银行数据之外，还包括来自商业、贸易等方面的信用信息。公共信用信息登记系统的数据使用更多的是金融机构内部为防范风险的信息互通，而私人征信登记系统的信用报告则是商品，强调为需求者提供商业化、个性化服务。

3. 公共信用信息登记系统的优势

（1）有稳定的信息来源。存在这一优势的原因在于主要的参与者都是法定必须参加的。

（2）对总体有一个清晰的认识，因为该系统对信息有一个总体的收集和对比。

（3）可以提供长期且稳定的服务，因为有一个长期的历史数据记录。

鉴于以上优势，公共信用信息登记系统在为金融监管当局提供信息、帮助商业银行等中介机构分析借款人信用风险方面具有很大的优势。不同国家公共信用信息登记系统的主要信息量见表 7—6。

表 7—6　　公共信用信息登记系统

国别	起始时间	覆盖的主体数量	发布的信用报告数量	最低报告限度（$）	成员机构报告的数据（对成员机构的反馈信息）
奥地利	1986 年	58 111（1999 年）	11 901（1999 年）	430 700	L，G
比利时	1985 年	360 000（对家庭，1997 年）400 000（对企业，1990 年）	3 550 000（对家庭，1997 年）	223（对家庭）27 950（对企业）	D，A（对企业）D，A，L（对家庭）
芬兰	1961 年	213 000（1991 年）	3 500 000（1990 年）	0	D，A
法国	1989 年（对家庭）1984 年（对企业）	370 000（1990 年）	5 400 000（1990 年）	118 293（1990 年）	D，A（对家庭）L，G 以及未提取贷款（对企业）
德国	1934 年	1200 000	1 800 000	1 699 800	L，G
意大利	1964 年	6 536 914（1998 年）	1 400 000（1994 年）	86 010	D，A，L，G
葡萄牙	1977 年	2 400 000	未知	5	D，A，G
西班牙	1983 年	4 600 000（1991 年）	758 000（1997 年）	6 720（对常住居民）336 000（对非常住居民）	D，A，L，G 地区，行业和货币风险

注：1. 表中 D 表示违约贷款、A 表示拖欠、L 表示贷款风险、G 表示担保。
2. 最低报告限度折算成美元的汇率采用的是 1998 年 9 月 1 日的汇率。

本章关键术语与主要问题

1. 关键术语

征信	征信机构	征信市场
征信行业	企业征信	行业调查
个人征信	同业征信	金融征信
联合征信	个人信用评分	财产征信
征信对象	征信产品	调查报告
标准信用信息报告	基本信用信息报告	深度信用信息报告
专项调查报告	专业风险管理软件	征信服务
征信系统	征信方法	信用调查
征信技术	信用信息编码	征信数据
信用研究模型	信用信息	个人信用信息
企业信用信息	政府信用信息	信用记录
个人信用记录	企业信用记录	不良记录
征信行业	征信国家	国家风险分析报告

2. 要点

（1）征信服务的种类和形式。

（2）征信服务的目的和功能。

（3）企业信用信息的采集和处理。

（4）企业征信产品与服务。

（5）企业资信调查报告的主要栏目。

（6）个人信用信息的采集。

（7）常见的个人征信产品与服务。

3. 思考题

（1）征信有哪些功能？说明征信和市场调查的区别。

（2）什么是征信产品？征信产品有哪些特征？征信产品的种类？

（3）企业资信调查报告有多少种？普通报告包括哪些内容？怎样区分信用记录和信用评价？

（4）征信市场及其划分。

（5）广义的征信行业包含哪些分支？

(6) 对企业类客户进行征信的目的是什么？

(7) 企业征信的时机有哪些？

(8) 列出标准的个人征信报告栏目。

(9) 征信工作的特点是什么？

(10) 怎样界定某项数据是征信数据？

第八章 资信评级

第一节 资信评级概述

资信评级可以为资金供需双方的信息缺口开辟通道，从而使得资金需求者能获得资金从事投资，使得资金供给者的投资拥有适合其风险偏好的组合，也使得金融机构减少许多繁琐的审核程序，提高资本市场的整体效率。

一、资信评级的对象与分类

1. 资信评级的定义、内容及作用

（1）资信评级的定义

资信是指债务人的履约能力，或者是债务人的可信任程度。

资信评级（Credit Rating ）又称为信用评级或资信评估，是以统计方法确定科学的指标体系和量化标准，对各类经济组织和金融工具的履约可信程度进行客观公正的分析和判断，并运用明确的文字符号来标明等级的一种经济活动。

具体地说，资信评级是由专门从事信用评估的独立的社会中介机构，运用科学的指标体系、定量分析和定性分析相结合的方法，通过对企业、债券发行者、金融机构等市场参与主体的信用记录、企业素质、经营水平、外部环境、财务状况、发展前景以及可能出现的各种风险等进行客观、科学、公正的分析研究之后，就其信用能力（主要是偿还债务的能力及其可偿债程度）所做的综合评价，并用特定的等级符号标定其信用等级的一种制度。

（2）资信评级的内容

资信评级包括对债务偿还能力的评价和债务偿还意愿的评价两个方面。

债务偿还能力是指企业或有关方面经营中产生现金流的能力、资产变现产生现金流的能力，与需要偿还债务的压力、正常经营所需支出的压力的对比。债务偿还意愿主要是指债务人偿还债务的主观想法，是否愿意及时偿还债务，过去的偿债记录中是否有赖账的历史。能力是客观的，意愿是主观的。

（3）资信评级的作用

资信评级有三方面特性：首先，资信评级的根本目的在于揭示受评对象违约风险的大小，而不是其他类型的投资风险，如利率风险、通货膨胀风险、再投资风险及外汇风险等；其次，资信评级所评价的目标是经济主体按合同约定如期履行债务或其他义务的能力和意愿，而不是企业本身的价值或业绩；第三，资信评级是独立的第三方利用其自身的技术优势和专业经验，就各经济主体和金融工具的信用风险大小所发表的一种专家意见，它不能代替资本市场的投资者本身做出投资选择。

资信评级不同于股票推荐。前者是基于资本市场中债务人违约风险而做出的，评价债务人能否及时偿付利息和本金，但不对股价本身做出评论；后者是根据每股盈利（EPS）及市盈率（PE）做出的，往往对股价本身的走向做出判断。

2. 资信评级的主体和客体

资信评级的主体即评级者或评级机构，一般为独立、中立并具有审计和评价能力的法人评级单位。其中，信用分析师就是从事信用分析和评级的专业人士。

资信评级的客体即被评级者或评级对象。资信评级的对象概括地讲，包括三个方面：

（1）实施债务融资的任何主体

所有符合法律规定的自然人、企业法人、政府机构等可以承担债务责任的借款人，都是资信评级的目标群体。

（2）为特定债务融资提供担保的实体

作为特定债务融资偿付风险评级的重要组成部分，对债务偿付做出的特定担保约定，也需要给以相应的非独立评级，即对债务偿付措施或资信担保实体的评级。

（3）经营活动中承担资信责任的主体

金融机构在正常经营过程中，承担着资金的偿付责任，时刻面临资信风险，如银行、保险公司等。对金融机构的评级是资信评级的一个主要业务内容。

3. 资信评级的服务对象

资信评级的服务对象主要为以下三大类：

（1）投资者

投资者，尤其是社会公众投资者利用资信评估可以减少因信息不对称而产生的投资风险。一个经济主体有没有经济能力偿还到期债务，或者是即使有偿还能力但经济主体是否有偿还债务的意愿，这是投资者在决定投资时必须考虑的问题。根据实践经验，对这个问题的回答既不能听信于企业管理者自身，也不能依赖于证券承销机构，因为它们都与债券的发行有着相关的经济利益关系。专业性评估机构由于处于中立的地位，能够通过对该经济组织的资信状况，包括对它以前债务履约情况的深入调查，做科学的测算和详尽的比较分析，从而较客观、公正地将其资信度标示于公众。这有利于广大公众投资者了解和识别资本市场中各类证券投资的风险度，减少和避免由于信息不对称所引起的投资损失。

（2）融资者

融资者，尤其是急需资金的中小企业可以利用资信评估拓宽融资渠道，降低融资费用。如果资信评估深入到资本市场的运作之中，并在制度上得到规范，这对缓解中小企业融资难的矛盾具有积极的作用。在国际资本市场，资信等同于经济身份证，一个经济实体获得优质资信等级无异于得到进入资本市场融资的通行证。而且，资本市场投融资的惯例是，资信级别的高低与该投资风险成反比，而投资风险的高低又与融资成本（利率）成正比。

（3）行政当局

行政当局，尤其是资本市场管理部门可以利用资信评估作为监管机制中的一种有效手段。资本市场是一个高风险市场，许多国家的政府都设立专门机构对资本市场的经营活动进行严格监管，以维持市场的稳定运作。其中一个重要的监管手段就是利用资信评估结果和资信评估信息，限定养老基金等机构投资者的投资范围，禁止一些质量低劣、风险很大的证券进入资本市场，以保护投资者的利益。

4. 资信评级的要求

（1）简洁性

资信评级以简洁的字母数字组合符号揭示企业的资信状况，是一种对企业进行价值判断的简明的工具。

（2）可比性

各资信评级机构的评级体系使同行业受评企业处于同样的标准之下，从而昭示受评企业在同行业中的资信地位。

（3）广泛性

资信评级主要服务对象包括：投资者，商业银行、证券承销机构，社会公众与大众媒体，与受评对象有经济往来的商业客户，金融监管机构。

（4）全面性

资信评级就受评企业的经营管理素质、财务结构、偿债能力、经营能力、经营效益、发展前景等方面全面揭示企业的发展状况，综合反映企业的整体状况。

（5）公正性

资信评级由独立的专业资信评级机构做出，评级机构秉持客观、独立的原则，较少受外来因素的干扰，能向社会提供客观、公正的资信信息。

（6）监督性

主要体现在三个方面，一是投资者对其投资对象的选择与监督，二是大众媒体的舆论监督，三是金融监管部门的监管。

（7）形象性

资信评级是企业在资本市场的通行证，一个企业资信级别的高低，不但影响到其融资渠道、规模和成本，更反映了企业在社会上的形象和生存与发展的机会，是企业综合经济实力的反映，是企业在经济活动中的身份证。

（8）基础性

资信评估有助于社会重视微观经济主体的信用状况，从而带动个人、企业和政府的信用价值观的确立，构筑社会信用的基础，进而建立起有效的社会信用体制。

二、主要评级机构

资信评级业起源于美国。商业信用评级机构是信用评级机构的前身，其发展背景缘于金融环境的动荡。1931 年，美国金融相关法规将民间信用评级作为法律规范的依据，奠定了信用评级普及的基础。但是，真正蓬勃发展是在 20 世纪 30 年代经济大萧条时期，大众投资风险意识的提高，为信用评估事业的发展提供了一个很好的发展契机。

1. 国际主要评级机构

目前国际公认的专业资信评级机构只有三家，分别是穆迪、标准普尔和惠誉国际，其分支机构已经遍布全球重要城市。在起步比较晚的日本，国内 8 家被政府认可的评级机构中只有 3 家是日本本土机构。穆迪擅长主权国家评级，标准普尔擅长企业评级，惠誉国际擅长金融机构与资产证券化评级，三大评级机构比较见表 8—1。

自 1975 年美国证券交易委员会（SEC）认可上述三家机构为“全国认定的评级组织（Nationally Recognized Statistical Rating Organization，简称 NRSRO）”后，三家机构就垄断了国际评级行业。据国际清算银行（BIS）的报告，在世界上所有参加资信评级的银行和机构中，穆迪涵盖了 80%的银行和 78%的机构，标准普尔涵盖了 37%的银行和 66%的机构，惠誉机构涵盖了 27%的银行和 8%的机构。

三大评级机构聚集了大量的证券、会计、统计、企业财务分析等方面的专家，积累了丰富的评级技术经验。它们的信用评级服务主要集中于以下几点：①将以往和未来可能具有的现金流量作为债务偿还能力评价的重要指标；②被评对象的债务余额及其构成；③在相当长一段时间里，被评对象现金流量的稳定性；④在信息发布方面，除了通过出版物发布外，还充分利用了电子信息服务系统，同时也在一些主要世界金融中心设立信息中心；⑤复数评级制度的实施，即被评级对象对某一评级结构的评级结果感到不满意，可以另行选择其他评级机构，而信用情报购买者也可以自由选择；⑥有偿评级制度的实施，从 1909 年开始，三大评级机构一直实行免费评级，只是到了 20 世纪 70 年代才开始实行有偿

表 8—1 三大评级机构比较

评级机构	总部	业务擅长	在中国状况	业务特点	备注
标准普尔（Standard & Poor's）	纽约	企业评级	2004 年在北京成立代表处	擅长企业评级，麾下的 Micropal 机构则对基金和基金管理机构均进行评级。在对基金的评价中，力图将对基金管理机构本身的评价融入对基金表现的综合评价中	三大国际顶级评级机构都已进入中国市场，并一直在关注中国的主权和债券以及在海外证交所上市的中国机构。评级范围开始向中国本土资本市场拓展，中国本土基金、上市机构以及商业银行都已成为它们的考察对象
穆迪（Moody's）	纽约	主权国家评级	2003 年在北京成立子机构	擅长主权国家评级，侧重于机构融资方面。目前穆迪发布的评级报告主要涉及国家主权评级、美国公共金融信用评级、银行业信用评级、机构金融信用评级、保险业信用评级、管理基金以及结构金融信用评级等几大方面	
惠誉国际（Fitch Rating）	纽约/伦敦	金融机构与结构融资即资产证券化评级	1998 年，惠誉国际以合资的方式率先进入中国，成为三大国际评级机构中最早进入中国的先行者，2003 年，惠誉国际在北京成立代表处，目前已经注册成立了一家独资机构，建立中国国内的分析师队伍	擅长金融机构与结构融资即资产证券化评级，更侧重于金融机构评级，其金融机构评级业务量在全球首屈一指。在结构融资方面，惠誉国际连续两年在亚太地区占有第二大市场份额。迄今已完成 800 多家保险机构及其他金融机构评级，1 000 多家企业评级及 1 400 个地方政府评级，以及全球 78%的结构融资和 70 个国家的主权评级，其评级结果得到各国监管机构和债券投资者的认可	

评级。评级收入包括向投资者出售评级信息和向被评对象收取评级手续费，同时办理与信用评级有关的业务。

（1）标准普尔机构（S&P's）

1）背景介绍。普尔出版机构的历史可追溯到 1860 年，当时其创始人普尔先生(Henry V. Poor)是金融信息业的奠基人。他坚信这一行业应以维护投资者的知情权为基础，率先开始金融信息服务和债券评级。

标准普尔由普尔出版机构（Poor's Publishing Co.）和标准投资机构（Standard Stastistics Co.）两家债券评级机构于1941年合并组成。在合并之前，两家先后于1916年和1922年公布各自的第一份信用评级报告，至1966年被麦格罗·希尔机构（Mc Graw-Hill）收购。但是，有关信用评级的业务都是独立运作，不受母机构的干预。

2）资信评级业务。以下评级领域是最先由标准普尔机构推出的：资产证券化、债券保险交易、信用证、非美国保险机构财务实力、银行控股机构、金融担保机构。标准普尔机构的评级范围包括：主权评级、企业财务评级、金融机构评级、公共财政评级、基建融资评级、保险评级、管理基金评级等。

目前，标准普尔机构已经成为世界上最主要的独立信用评级、指数、风险评估、证券研究、金融数据和估值服务供应商。机构主要对外提供关于股票、债券、共同基金和其他投资工具的独立分析报告，为世界各地的证券及基金进行资信评级。

（2）穆迪机构（Moody's）

1）背景介绍。穆迪是邓白氏（D&B）的一个子机构。早在1933年邓白氏合并之前，1909年穆迪就开始对美国铁路债券进行评级。

穆迪机构的创始人是约翰·穆迪。他在1909年出版的《铁路投资分析》一书中发表了债券资信评级的观点，使资信评级首次进入证券市场，他开创了利用简单的资信评级符号来分辨250家机构发行的90种债券的做法，正是这种做法才将资信评级机构与普通的统计机构区分开来，因此后人普遍认为资信评级最早始于穆迪的铁路债券资信评级。1913年，穆迪将资信评级扩展到公用事业和工业债券上，并创立了利用公共资料进行第三方独立资信评级或未经授权的资信评级方式。

2）资信评级业务。根据业务范围和评级对象的不同，穆迪内部设有综合、市政、公用事业、金融机构、结构性融资等机构专职部门。穆迪评级和研究的对象以往主要是机构和政府债务、机构融资证券和商业票据。从1986年开始，对主权国家和地区所发行的债券予以主动评级，而不论发行人是否提出过评级的申请。最近几年开始对证券发行主体、保险机构债务、银行贷款、金融衍生产品、银行存款和其他银行债务以及管理基金等进行评级。

穆迪长期债务评级是有关固定收益债务相对信用风险的意见，而这些债务的原始到期日须为一年或以上。这些评级是关于某种金融债务无法按承诺履行的可能性，同时反映违约几率及违约时蒙受的任何财务损失。

对信用评级结果，穆迪投资者服务有限机构通过发行各种资料迅速向外发布，包括《机构信用报告》《国际债券述评》《市政信用报告》《短期市场报告》及《信用评级概述》等。

（3）惠誉国际（Fitch Ratings）

1）背景介绍。惠誉国际是全球三大国际评级机构之一，是唯一的欧资国际评级机构，总部设在纽约和伦敦。该机构于 1923 年由约翰·惠誉（John K. Fitch）创办，起初是一家出版机构。他于 1924 年就开始使用 AAA 到 D 级的评级系统对工业债券进行评级。

2）资信评级业务。近年来，惠誉国际进行了多次重组和并购，业务范围和规模不断扩大。惠誉国际的评级业务范围很广，包括主权评级、金融机构评级、企业评级、结构融资评级、公用事业融资评级等，其评级结果被广泛采用。

1997 年，机构并购了英国的一家评级机构 IBCA，成为 Fitch IBCA。IBCA 成立于 1978 年，是唯一的欧资国际评级机构。IBCA 是第一个被美国证券与交易委员会认可的外国评级机构，被称为“全美认可的证券评级机构（NRSRO）”。IBCA 也被主要的发达国家和大量的发展中国家的监管部门所认可。借助于机构在结构融资评级中的领导地位以及在美国企业和公用事业融资市场上不断增强的竞争力，加上 IBCA 所拥有的原主权评级、银行和非银行金融机构以及其他机构评级方面的国际声誉，惠誉以快速、有效的服务提供高质量的评级产品而成为国际评级市场上一支举足轻重的力量，扩大了其在全球范围，特别是银行、金融机构和主权评级业务的市场份额。

2000 年惠誉国际并购了 DUFF & PHELPS，随后又买下了 Thomson Bank Watch，这两次收购加强了惠誉在企业、金融机构、保险机构和结构融资等方面的评级业务。

2. 我国当前主要评级机构

在新中国建立之后的较长时期，我国并不存在资信评级机构和业务。因为，在高度集权的计划经济体制下，一切经济活动都是在层层的指令性计划之下进行的，资信评级这一与市场经济作用机制密切相关的业务根本没有存在的必要。我国的资信评级行业产生于1987年，是随着改革开放和市场化进程的推进，客观上产生了资信评级的业务要求。

（1）发展阶段

我国信用评级行业的发展大致可以分为五个阶段。

信用评级行业的初创时期是从1987年至1989年，人民银行系统组建了20多家评估机构，各地专业银行的咨询机构、调查信息部等咨询机构也开展了信用评级工作。

第二阶段是从1989年到1990年，人民银行和专业银行设立的评估机构一律撤销，信用评级业务交由信誉评级委员会办理。

第三阶段从1990年至1992年，信用评级事业进入了一个以组建信誉评级委员会为基本模式开展业务的新阶段。

第四阶段从1992年到1996年，资信评级业进入探索和调整阶段。1993年国务院发文提出，企业债券的发行与上市必须进行信用评级，并要求1亿元以上的企业债券要经过全国性的评级机构评估。在此阶段，我国建立起了自己的评级指标体系和方法，各地、各大中型城市几乎都有资信评级部门。

第五阶段从1997年到现在，是评估机构酝酿并迅速发展的阶段。1997年中国人民银行发布的547号文件，确定中国诚信证券评估有限机构等9家机构具备企业债券资信评级资格，并明确规定企业债券发行主体在发债前，必须经人民银行总行认可的企业债券信用评级机构进行信用评级。

目前各商业银行的信贷部门都兼有资信评级的职能。商业银行的贷款证评级正在成为资信评级机构的重要业务。目前已有一些规模较大的评级机构着手对银行、证券机构等进行自主评级。

（2）评级业务

我国评级业务主要包括以下两类：

第一类是市场类业务，主要包括对企业债券、可转换债券、少量金融机构（拟发行或已发行债券、信托基金等）的信用评级，主要评级机构为中诚信国际信用评级机构、大公国际资信评级有限机构、联合资信评级有限机构等。

第二类是区域垄断性业务，主要是对信贷登记企业评级。开展这类业务的地区主要是上海、福州、深圳、厦门、宁波、江苏、武汉、海南、天津等。目前进行该类业务评级的机构主要包括中诚信国际信用评级机构（分支机构）、大公国际资信评级有限机构、上海远东资信评级有限机构、上海新世纪资信评估投资服务有限公司、联合资信评级有限机构（分支机构）等。在信用体系建设中，开展高科技企业、中小企业评级的地区主要有北京、山西等地，目前这些地区开展该类业务评级的机构主要是联合资信评级有限机构、大公国际资信评级有限机构等。

在评级业务种类上，目前开展的评级业务主要包括企业债券评级、银行金融机构评级、工商企业评级、基金评级等。

到目前为止，我国的资信评级机构大约在50家左右，其业务范围主要包括金融机构资信评级、贷款项目评级、企业资信评级、企业债券及短期融资债券资信等级评级、保险及证券机构等级评级等。经过10多年的艰苦探索和经验积累，目前已开始进入一个新的发展阶段。不过在这些机构中，规模大、具备在全国范围内开展业务能力的机构只有5家，它们是：中诚信、联合资信、上海远东资信、大公和上海新世纪。

中诚信国际信用评级有限责任机构是经中国人民银行总行和对外贸易经济合作部批准，于1999年8月24日在国家工商行政管理局注册成立的国内第一家国际化、专业化的中外合资信用评级机构，注册资本为2 000万元人民币。其主要评级业务包括：长/短期债券评级、工商企业评级、贷款企业评级、基金评级、结构融资评级、银行评级、保险机构评级、证券机构评级、信托投资机构评级、财务机构评级。其评级衍生业务包括：信用信息服务、信用管理咨询及资产证券化业务。

大公国际资信评级有限机构成立于1994年，是我国唯一获得中国人民银行总行和原国家经贸委共同批准成立的全国性信用评级机构，是中国最具影响力的信用评级机构之一。其业务范围：信用评级业务主要包括企业债券与可转换债券信用评级，企业信誉评级，企业信用评级，地方政府、公用事业企业信用评估，保险机构信用评级，资产证券化；此外还包括企业投（融）资顾问服务、投资银行及管理咨询业务、信用风险管理咨询。

中国的各评级机构所有表示评级结果的级别设置、符号及表示方法多借鉴国际评级机构的做法，在此基础上存在一些个体差异。评级方法和程序一般也与国际接轨。

第二节　资信评级的主要内容

资信评级的对象虽然是个别组织或个别债券，但是整个评级的内容却不能只针对个别组织或债券来评估，需要扩及整个产业，甚至整个国家。资信评级的过程需要分析人员具备深厚的专业知识背景与经验技术的积累。

一、主要评级业务

1. 主权评级

国家主权资信评级，又称主权国家风险分析，是指评级国家的中央政府和中央银行获取足够硬通货偿还外债的能力评定。

主权资信等级一般被视为该主权范围内所有经济实体的无担保债务的最高资信等级，即存在“主权上限原则”。该原则的依据是：一国政府拥有广泛的权利与资金来源，所发行的债券以政府税收为偿付资金来源，其信用等级无疑高于该国任何发行体；同时在紧急情况下，中央政府有权收回所有企业和公共机构的外汇收入，中央银行也有权对本国资金流动进行直接金融管制。

主权评级是对一个国家的整体经济实力及所有的债务负担进行分析，分析影响一个国家经济状况的因素，分析一个国家的经济体制与政治体制对经济的影响，分析一个国家的财政收支情况，以及今后可能的变动趋势，同时会考虑一个国家原有的以及潜在的债务压力。

主要分析指标包括：国家经济实力，国家财政收支，国际收支，主权政府债务负担。

2. 企业评级

企业评级广义上包括企业发行的债券评级，如长期债券、短期债券、商业票据、优先股、可转让债券等，也包括对企业信用质量的评级，即通常所说的企业评级或贷款企业评级。企业评级主要是对受评者所在的行业经济环境、政策与监管环境、市场竞争环境、管理层素质、经营实力、财务分析等方面因素的分析。

其中，行业风险评估是企业评级中的一项重要业务。行业风险是指，企业所属行业在国内经济上的相对重要性及其特有的风险及机会。根据历史资料，当所处经济环境衰退时，企业的破产率往往大幅上升，因此，要掌握受评企业信用品质的变化，必须先了解行业所处生命周期阶段、景气程度，以及行业的竞争结构等。在了解了国家与行业风险后，一般才进入企业微观层面的信用风险评估，具体包括：企业的发展历史；经营策略与管理哲学、管理团队素质；生产规模、营销系统、销售渠道、市场占有率、经营绩效、业界地位；会计制度设计、会计政策、融资政策，等等。

3. 金融机构评级

金融机构资信评级包括对金融机构所发行各种债券的评估、对金融机构长短期存款的评估，以及财务实力评估。金融机构评级涉及商业银行评级、保险机构评级和基金评级等。

银行评级，可以针对银行机构本身进行评估，也可以针对其所发行的长短期债券进行评估。前者是以银行整体性为基础，后者则是就银行发行债券的信用风险加以评估。

保险机构评级是在对保险机构的经营业绩和财务状况进行全面分析和客观评价的基础上，给出对保险机构未来履行偿付义务能力和提供服务能力的评估意见。分析一般侧重于保险机构满足优先保单持有者索赔的总体能力，而不是建立在对某个别保险合同的分析基础上。

保险机构的财务实力资信等级分为长期财务实力资信等级和短期财务实力资信等级，与企业长期和短期债务资信等级定义和符号基本相同。长期财务实力资信等级代表保险机构及时偿付高级保单债务责任的能力。短期财务实力资信等级定义表示保险机构对其拥有的不足一年到期需支付的高级保单债务责任的能力。

有时候，评级机构还对保险机构有担保的投资合同进行评级，通常情况下，对保险机构进行清理时，保险机构有担保的投资合同都被看做是对保单持有者的债务。此外，对保险机构财务实力进行评级的方法也被应用于对保单的评级，这些保单能用来偿还一些负债，如抵押和偿还债券等。

基金评级主要是对货币市场基金、债券投资基金的评级。

4. 结构融资评级

结构融资是以对投资者提供一定的偿还担保为基础而发行证券的一种融资方式，就是将资产与其所有者完全分离开来，用资产或其产生的现金流作为抵押来发行证券。结构融资方式下偿债资金来源是提供担保的特定金融资产组合所产生的现金收入，或由第三方提供信用支持来清偿特定债务。

狭义的结构融资是指资产证券化，是将非流动性资产转化为具有更高流动性的证券，然后向投资者出售。资产所产生的现金流用于偿付证券本息和交易费用。资产证券化的基本运作原理是集合有共同特性的资产，或是将其他流动性较差的资产组合到一起，对其现金流进行重组并转递给投资者。

资产证券化产品是属于信用敏感的固定收益产品，产品的信用评级是产品的重要特征之一。而且，信用评级机构对产品的信用评级报告是资产证券化产品信息披露的重要组成部分。资产证券化评级首先要对基础资产进行考察，其次要对相关的参与人和交易结构进行考察，然后要将分析的结果输入相关模型，检验比较之后，根据结果得出信用评级等级。

总之，作为一种独特的金融创新，结构融资存在很多风险，需要信用增级和信用评级，以吸引投资者，降低发行成本。

二、主要评级方法

资信评级按照规范化的评级程序，有计划有步骤地开展评级，主要采用定性与定量相结合、静态分析与动态分析相结合、对过去分析与对未来预测相结合的科学方法和现代化的工具，对资信进行综合评价。

1. 定性研究与定量分析相结合

资信评级以定量方法为基础，但不仅局限于定量方法，还需要定性分析的配合。定量分析主要考察企业的内部因素，如财务结构、偿债能力、经营能力、经营效益等就是以定量分析为主，依靠企业财务数据，根据其所属的行业类型，用一套较有针对性的指标来计算；定性研究主要考察企业的外部因素，由于不同企业之间在所有者性质、组织形式、规模、外部支持力度等存在诸多差异，简单用定量指标很难做出公正、科学的评价，特别是有些非财务因素无法量化计算，必须进行定性判断，如企业基本素质和发展前景等。定性与定量相结合，即客观评价方法与主观评价方法要相互照应。

资信评级是对被评对象未来偿债风险的评价，作为资信评级机构，必须注重分析评级对象未来的偿债能力，揭示其违约风险。从本质上讲，资信评级是一种建立在客观基础上的定性判断，应注重其长期性，侧重于定性分析以及现金流分析是必须遵循的原则。

在评级业的发展中，各评级机构不断总结自身经验，评级指标不断细化，评级程序也日益严谨。以穆迪机构对银行业的评级为例，对信用风险的分析评价不仅包括对5类共37个指标进行定量分析，而且对受评银行的经营环境、所有权与机构治理结构、业务价值、盈利能力、风险状况与风险管理、资本充足率和管理策略与管理质量7个方面进行定性分析，并经过严格的评级程序，最终确定受评银行的资信等级。

2. 动态性与静态性相配合

评级的准确性依赖于评级体系的完整性、评级资料的真实性和全面性，并需考察众多的政治经济因素，而这些因素是不断变化的，需要将其及时地反映在企业的资信状况中。对受评企业的历史指标和定量数据进行考察和分析，能较为准确地判断企业一段时期内的信用状况，因此静态分析是完全必要的，但是不全面的。

资信评级的动态性与静态分析方法的结合，就决定了评级本身还应具有未来预测的性质。对企业发展前景、筹资项目效益、企业应变能力、市场竞争能力等很多可变、难以确定的因素，应注意多采用动态分析。回顾历史、立足现实、展望未来和跟踪监测要环环相扣。

三、资信评级的等级与公告

信用等级是由一套符号来表示的，各符号代表了不同程度的违约风险。发展至今，各个主要评级机构之间，其符号系统已大致相互对应。

1. 信用等级符号（Credit Rating Symbol）

信用等级符号是表示信用等级高低的具有特定信用水平含义的数字、字母的组合。由于等级数目有限，仅以基本符号作为违约概率的分级指标，其所提供的信息似乎过于粗糙，因此，20世纪70年代，开始出现基于基本等级基础上的更加细分的系统，即在基本等级之后另加记号细分，比如“+”或“-”，“1”“2”和“3”。

（1）世界三大评级机构的信用等级符号

标准普尔、穆迪、惠誉国际三家国际评级机构的信用等级符号参见表8—2。标准普尔和穆迪评级基本符号及其所代表的意义见表8—3～表8—7[①]。

表8—2　　三家国际评级机构的信用等级符号

标准普尔		穆迪		惠誉国际	
中长期债券	短期债券	中长期债券	短期债券	中长期债券	短期债券
AAA	A—1＋	Aaa	P—1	AAA	F1＋
AA＋	A—1＋	Aa1	P—1	AA＋	F1＋
AA	A—1＋	Aa2	P—1	AA	F1＋
AA—	A—1＋	Aa3	P—1	AA—	F1＋
A＋	A—1	A1	P—1	A＋	F1＋
A	A—1	A2	P—1	A	F1
A—	A—2	A3	P—2	A—	F1
BBB＋	A—2	Baa1	P—2	BBB＋	F2
BBB	A—2/A—3	Baa2	P—2/P—3	BBB	F2
BBB—	A—3	Baa3	P—3	BBB—	F2/F3
BB＋	B	Ba1		BB＋	F3
BB	B	Ba2		BB	B
BB—	B	Ba3		BB—	B
B＋	B	B1		B＋	B
B	B	B2		B	C
B—	B	B3		B—	C
CCC＋	C	Caa1		CCC＋	C
CCC	C	Caa2		CCC	C
CCC—	C	Caa3		CCC—	C
CC	C	Ca		CC	C
C	C	C		C	C

表8—3　　标准普尔的中长期债券等级符号系统

AAA	最高的评级，表示受评者具有极佳的偿债能力，而且此能力不太可能因可预见的不利事件而受损
AA	与AAA等级债券只有小部分差异，表示受评者具有良好的偿债能力，可预见的不利事件不致产生重大的不利影响
A	受评者可能因经济状况及经营环境变迁而有负面影响，惟其偿债能力仍佳
BBB	受评者的偿债能力尚佳，惟受经济状况及经营环境变迁影响，可能削弱偿债能力，是投资级债券中信用强度最低者
BB	自本级以下列属投机级。如遇重大而持续的不确定状况，可能危及公司的偿债能力，但可能获得必要的财务支援
B	目前尚具偿债能力，然而一旦财务、业务或是经济状况逆转，都可能损及其偿债能力或意愿

① 郭敏华，《信用评级》，中国人民大学出版社，2004年版，p. 20，p. 22

续表

CCC	目前已快到偿债违约边缘，尚能按时履约，主要是靠市场需求在支撑
CC	已极度逼近偿债违约边缘
C	指未能支付利息收益债券，或是虽然尚未正式宣布违约，但已有若干债务或是其他类似纠纷发生了
D	已有偿债违约情况发生

资料来源：标准普尔公司

表 8—4　　穆迪的中长期债券等级符号系统

Aaa	此等级债券为品质最佳的债券，投资风险很低，一般被视为优良债券。其债券利息受发行企业特别稳定的营业盈余保障，债券本金也受保障
Aa	此等级债券为高品质债券，与 Aaa 等级同被视为最高级债券。因为营业盈余不如 Aaa 等级债券，或保障因素变动可能性较大，或其他因素显示长期风险偏高，致 Aa 级债券评级略逊于 Aaa 级债券
A	此等级债券偿付债券本金及利息的保障因素尚属适当，但是未来可能发生变化，属于中上等级
Baa	此等级债券为中级债券，偿付债券及利息的保障因素尚属适当，但就长期而言，较确定的保障因素并不可靠，本质上具有投机性
Ba	此等级债券具有投机性，偿付债券本金及利息的保障因素尚属适当，但未来不论时机好坏与否，均未具备完全的保障性
B	此等级债券为缺乏适合投资特性的债券，本息偿付与其他契约条款能够依约履行的保障很小
Caa	此等级债券属评级差的债券，可能有债券契约无法履行或债券本息无法偿还的危险性
Ca	此等级债券为具高度投机性的债券，常有债券契约条款未获履行或是其他显著缺点
C	此等级债券为最低等级的债券，其投资地位展望极差

资料来源：穆迪公司

表 8—5　　标准普尔的短期债券等级符号系统

A－1	短期清偿能力强
A－2	短期清偿能力佳
A－3	短期清偿能力尚适当
B	具备投机性。受评者目前仍有偿债能力，但存有不确定因素，可能损及其清偿能力
C	受评者无法保证债务的清偿，其偿债能力需视业务、财务、经济状况是否有利而定
D	已有违约情况发生

资料来源：标准普尔公司

表 8—6　　穆迪公司的短期债券等级符号系统

P—1	短期清偿能力强
P—2	短期清债能力佳
P—3	短期清债能力尚可接受
Nor Prime	其他

资料来源：穆迪公司

表 8—7　　中长期债券评级等级粗分表

评级机构	高级品质债券	投资级债券	次标准级债券	投机级债券
标准普尔	AAA、AA	A、BBB	BB、B	CCC～D
穆迪	Aaa、Aa	A、Baa	Ba、B	Caa～C

（2）中国的信用评级符号

借鉴国际惯例，中国目前使用的长期信用评级标识系统一般分为三等九级制，见表 8—8。投资级包括 AAA、AA、A 和 BBB；投机级包括 BB、B、CCC、CC、C 五个等级。最高等级为 AAA 级。每个资信等级可用“十、一”号进行微调。

表 8—8　　我国长期债券信用等级符号系统

AAA	表示长期偿债能力极强，信用风险损失可能性最小，受外部环境影响最小
AA	表示长期偿债能力很强，受外部环境影响较小
A	表示长期偿债能力较强，但在外部环境恶化时偿债能力会有所波动
BBB	表示目前有足够的偿债能力，但在外部环境恶化时可能没有足够的偿债能力
BB	表示债务违约率较低，但在外部环境恶化时偿债能力较为脆弱
B	表示目前仍有部分偿债能力，但在外部环境恶化时偿债能力将进一步削弱，未来的债务违约率较高
CCC	表示目前存在债务违约的可能，在外部环境恶化时偿债能力难以维持
CC	表示目前债务违约率极高，对外部环境恶化的抵御能力极弱
C	表示濒临破产倒闭或已申请破产

表 8—9、表 8—10 是某些国内评级机构使用的等级标准。

表 8—9　　贷款企业资信等级标准

等级		内　容
A	AAA	信誉极好，几乎无风险
	AA	信誉优良，基本无风险
	A	信誉较好，具备支付能力，风险较小

续表

等级		内容
B	BBB	信誉一般，基本具备支付能力，稍有风险
	BB	信誉欠佳，支付能力不稳定，有一定风险
	B	信誉较差，近期内支付能力不稳定，有很大风险
C	CCC	信誉很差，偿债能力不可靠，可能违约
	CC	信誉太差，偿债能力差
	C	信誉极差，完全丧失支付能力

表 8—10　　企业债券资信等级标准

等级		内容
A	AAA	还本付息能力极强，具有可靠的保证，承担风险极小
	AA	还本付息能力很强，承担风险很小
	A	还本付息能力一般，但有可靠的担保，承担风险小
B	BBB	还本付息能力短期内可靠，承担风险逐渐增大
	BB	还本付息能力暂时可靠，承担风险很大
	B	还本付息能力不可靠，承担风险很大
C	CCC	还本付息能力很不可靠，随时能发生违约
	CC	还本付息能力极不可靠，有极大的风险性
	C	完全的投机性

我国短期债券资信评级符号主要借鉴标准普尔的短期债券资信评级等级划分形式，见表 8—11。

表 8—11　　短期债券等级符号系统

等级		内容
A	A—1	信用程度绝对可靠，获利水平极高，产品销售前景相当光明，偿债能力强
	A—2	信用程度可靠，获利水平高，产品销售前景光明，偿债能力较强
	A—3	信用程度较可靠，获利水平尚可，产品销售前景一般，有偿债能力
B		信用程度尚可靠，种种原因亏损，产品销售尚可，偿债能力较差
C		信用程度一般，经营性亏损，产品滞销，无偿债能力

2. 等级公告

等级公告就是资信评级公司把评级报告及资信等级在公开渠道上向

社会公示。可以是在评级公司自己的公开网站上登载，以新闻的方式在公开媒体上摘要刊登，或收录于公司有偿的服务信息刊物，或上报相关的政府监督部门及有偿出售给各类社会机构。

四、资信评级业务流程

1. 业务流程

不同的评级机构各有其独特的评级架构和评级方法，但是评级流程大体上差不多。综合起来包括：准备、会谈、评定与事后管理等几个阶段的评级程序①。

（1）准备阶段

1）提出申请。受评组织向评级机构提出申请，申明接受评级的意愿，并填写各种评级所需的表格，同时附上相关资料，并提交一份正式声明。发行公司如果未申请信用评级，有的评级机构也会主动进行评级，不论发行公司是否同意，有无付费。

2）初步会谈。评级机构安排与受评组织经营主管进行初步会谈，建立双方对未来进行方式与程序的共识。分析师会向申请评级的企业或组织解释后续的流程，并说明除了报表资料外，还有哪些信息有助于评级。

3）成立小组。评级机构根据受评单位的产业特性，由具有产业及相关专业的分析师组成分析小组，对受评组织进行调查、分析和评估。

（2）会谈阶段

1）问题列示。评级机构的分析人员分析受评组织提交的相关资料后，列出需要进一步澄清的问题，需要受评组织详细说明或提供更详细的资料。

2）回答问题。受评组织安排会议，由高层主管答复评级机构提出的尚待澄清的问题，并对评级所需要的信息做更详细的说明，比如，战略目标、经营策略、市场竞争地位、销售渠道情况、财务及融资管理，甚至个别部门的相关信息等。评级机构对会谈内容绝对保密。

该阶段的沟通对接下来的评级至关重要。一方面，受评组织的管理层要充分准备并给予详细回答；另一方面，分析师不会完全听信管理层的片面之词，但是对管理层提出来的未来预测相当重视，因为它可能代

① 郭敏华，《信用评级》，中国人民大学出版社，2004 年版，p. 27～30

表了受评组织管理团队对组织未来发展的看法，也可能包括了管理层准备如何迎接未来市场的计划。

3）调查分析。分析小组对受评组织的各种公开资料和非公开资料进行分析。资料来源除了受评组织提供外，还包括向相关债权人、承销商、供应商等所搜集来的资料，以及产业分析与高层经理的背景等资料。综合以上因素，进行全面的深度评估。

期间会召开多次研讨会，最后达成小组共识，并拟出完整的分析报告。

（3）评定阶段

1）提交并审核报告。分析小组将分析报告提交评级委员会审核，对分析结果进行研讨，并正式决定评定的信用等级。评级委员会没有固定的规模或委员，因个案调整。

2）通知受评者。评级机构将评级结果及其理由通知受评组织。受评组织若不满意，可另行提供新的资料给评级机构，请求复评。

3）公布。评级机构公布评级结果，但是所有机密性资料不在公布之列，包括受评者认为机密的部分，以及评级委员会的成员名单与决策过程。

（4）事后管理阶段

1）追踪。评级结果公布后，评级机构仍须继续搜集受评组织的各项资料，包括与所属国家的政治经济形势、所属产业的发展趋势有关的资料，也包括受评者本身的财务报表、公开说明书、契约条款、其他相关资料等。通常固定每年会有一次复检，有时也不定期拜访公司主管，以了解公司内部的变化及产业的走势。

2）修正。随时搜集受评者的相关资料，输入评级机构的档案监督系统，修正评估内容，务求所评定的信用等级能够经常适当地反映该受评组织或债券的评级。如果受评者的信用可能在近期或远期发生重大变化，评级机构即可能将其列入观察名单，向大众公布其正向或负向调整的可能性，并与受评者的管理层会晤详谈，仔细讨论，了解情况。经详细评估后，如果认为有必要予以变更评级，即通知该受评者并公布。

在这一过程中，负责的分析师必须具备一定的产业知识。若受评者为国外机构，尚需了解当地的社会、经济、文化特性，方能掌握受评者信用品质的实质变化，因此所牵涉的分析师往往是一组人员，而非完全由一位分析师负责。

由以上信用评级的流程可知，在评级过程中牵涉到大量的信息和对未来的评估预测，完全数量化的评估有困难，基于专业知识的主观判断不可避免。

2. 我国贷款企业资信评估程序（如图 8—1 所示）

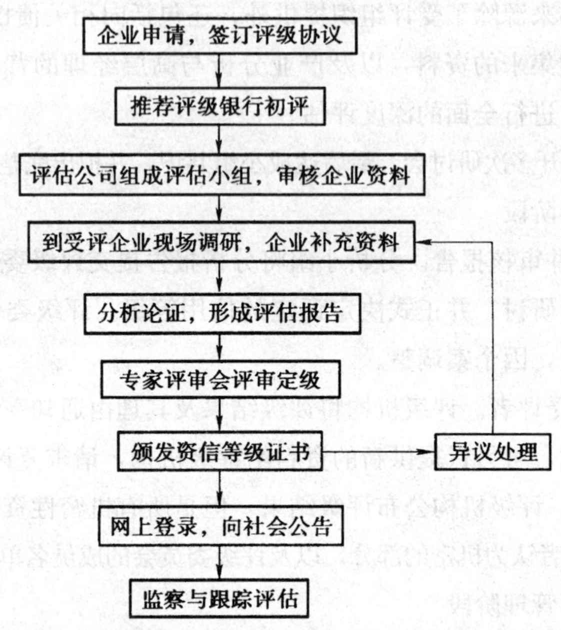

图 8—1　我国贷款企业资信评估流程图示

（1）企业提出评估申请

首先由企业提出申请，评估公司接受委托，并有责任向企业解释资信评估工作的程序、采用的资信等级标准的含义及其他事项。

评估公司与申请评估企业签订资信评估协议书或评估合同，协议书（合同）规定甲乙双方的权利和义务关系。申请企业负责提供资信评估工作所需的全部材料，并按规定向评估公司支付一定金额的资信评估费。

（2）推荐评级银行初评

（3）评估公司组成评估小组，审核企业资料

评估公司组成评估小组，对企业提供的材料进行分析、研究，并进行实地调查，对一些重要的经济、财务资料及同比差异较大的数据进行现场调查和查账，向企业主要负责人和财务主管了解经营和财务情况，并整体了解企业的经营思路、营销策略、财务状况以及发展规划等。评估机构对收集的企业资料负有保密责任，受评企业有义务接受评估小组的质询。

(4) 分析论证，形成评估报告

评估小组将分析、调查、研究的结果，在客观公正、实事求是的基础上，完成评估报告的撰写，提出评级观点、评级级别和建议。

(5) 专家评审会评审定级

评估公司采用定量分析与定性分析相结合的评估标准，评定企业的资信等级，并将评估报告提交评估公司资信评审专家委员会审议。评估公司资信评审专家委员会对评估报告进行审议，并做出最终定级决定。

(6) 颁发资信等级证书

评估公司在决定企业资信等级之后，将等级结论通知企业，颁发资信等级证书。公司要根据申请企业的意愿，决定是否将其资信等级向社会公布。

(7) 异议处理

申请企业在收到评估公司资信等级证书后10日内，如果对评估结论有异议，可以提出理由，要求复评。企业申请复评，必须提供必要的补充材料，由评估公司根据企业提供的最近资料，重新考虑企业的资信等级，并将复评结论通知企业。

(8) 网上登录，向社会公告

企业的信用评级结果会被录入到中国人民银行的征信系统，社会各界可以通过合法登录，查询有关结果。

(9) 监测与跟踪

评级机构密切关注受评企业的发展动向及企业重大事项和发展趋势对资信状况的影响，必要时调整资信级别。这里有一个概念——信用追踪（Credit Watch），即由信用机构对一个组织的信用情况进行的跟踪监控，以便随时了解其信用状况变化情况。

第三节 资信评级的应用与影响

信用评级制度已被市场广泛认可，不但一般投资人在信息不对称的情况下依赖评级结果的信息参考，而且政府金融监管单位也越来越需要信用评级。

一、在资本市场

资本市场是信用市场，资信评级对资本市场的发展具有关键的作用。随着资本市场的迅速发展，各类债券、资产证券化、金融衍生产品等得到空前的发展，各种信用工具铺天盖地而来。投资者可选择投资的机会扩大的同时，也面临着日益增加的金融风险。

1. 为资本市场的广大投资者服务

就绝大多数投资者而言，由于时间和专业知识等诸多因素的限制，难以依靠自身力量掌握资本市场上各种信用工具的风险情况。投资者的投资决策越来越依赖专业咨询和分析机构所提供的研究分析结果，从而可以在可承受的信用风险范围内使自己的收益最大化。

（1）降低信息搜寻成本

在资本市场上需要融资的企业很多，投资人很难对每一个企业都拥有完整的信息，更无法对各个企业进行详尽的分析与了解。而信用评级等级代表一个企业的信用等级，是由公正、客观而专业的评级机构，经过调查、访谈、分析各种资料，并参照经济环境等复杂程序评定出来的。对于投资人而言，评级结果往往具有相当可靠的信息价值，可以大大减少投资人必须投入的信息搜集成本。

（2）揭示信用风险

资信评级的基本作用是揭示信用风险。评级中揭示的信用风险，主要是对交易对手或交易工具是否能按时还本付息风险的度量。主要的衡量指标由违约率（PD，即发行方违约的可能性）和违约损失（LGD，即发行方一旦违约投资者将损失的金额）组成。国际市场上的评级经验表明，经过专业评级人员评定的级别与债券的违约率之间存在一个明显的对应关系。

资信评级的结果一般以新闻媒体、资信评级机构的刊物、网站等方式公开披露，投资者免费或花很少的费用就可以查阅到。投资者借助评级结果，很容易了解各种工具的风险情况，比较各类机构及投资工具的信用级别及其变化情况，判断其是否是合适的投资对象或及时调整自己持有的投资品种，使投资组合及风险与收益结构合理化，尽可能避免或减少所持工具的信用风险，减少损失。通过资信评级机构来充分揭示资本市场的各种信用风险，有利于提高投资者对风险的认识，有利于投资者更好地对投资工具进行定价，从而有利于释放和分散整个资本市场的风险，促进资本市场的健康发展。近年来，资信评级在国际上还被引入贷款风险管理与定价、资产证券化定价、银行资本充足率管理等领域，目前相当多的信用分析模型就是以资信等级的统计分析为基础的。

总之，资本市场上对各种交易品种的信用评级符合广大投资者的利益，有助于资金的合理流动，有利于资本市场的稳定和有效运作，促进了资本市场的健康发展。资本市场的投资者为了减少投资风险，追求投资利润最大化的目标，必然会提出对资本市场资信评级的要求，信用评级也是使资本市场良好运转的必然要求。信用评级行业的兴衰与国家的资本市场发展有着密切关系，存在互动作用。

2. 为企业在资本市场融资服务

（1）资信评级是企业进入资本市场的通行证

资信市场发展与完善企业债券市场具有密切的互动关系。企业债券市场发展不起来，资信评级业难以得到大的发展，资信评级市场的发展也是促进企业债券市场的完善的重要条件。因此，资信市场的发展有助于促进企业债券市场的发展。

资信评级对于融资企业来说，犹如经过品质认证所得到的标签。随着企业债券市场的发展，企业特别是上市机构通过资本市场进行债券融资的规模会快速增加，资信评级通过为信用良好的企业提供客观、公正的信用证明，可以提高企业的社会知名度，扩大企业的融资范围，扩大投资者基础，促进融资的成功。

（2）降低企业融资成本

对一个没有信用等级可参考的企业，外界人士必然存在相对较高的信息不对称，致使该企业筹资相对困难，即使企业能获得所需资金，但是也必须付出很高的风险溢价，以补偿投资人因信息不对称所产生的额外风险。当信息不对称使得融资企业的融资成本上升时，就可能造成逆向选择问题或是道德风险问题，即太高的成本要求，对于信用品质量好的机构来说很不公平，可能迫使其选择退出市场，出现“劣币驱逐良币”的现象。即使企业不选择退出，过高的融资成本也会危及债券投资人的权益，也就是所谓的道德风险问题。这些情况对急需资金的企业非常不利。

通过独立评级机构的评估结果，企业作为发行方或借款方可以降低资本的成本。由于中立的资信评级机构掌握大量、翔实的信用资料，且具有专业优势，在很大程度上协助投资者进行投资决策、降低交易成本。因此，评级结果被发债人和债券市场投资者所认同。

在有资信评级的资本市场上，级别高的融资者与级别低的融资者之间的利差会比较明显，使得级别高的融资者能降低融资成本，而级别低的则融资不畅或需付出较多代价。以债券为例，通常情况下，债券的利率由无风险利率加上一个投资者认可的违约风险利率组成，而违约风险利率通常与评级机构的评级结果相挂钩。随着债券评级质量下降，违约风险溢价上升。从发行方而言，如果从评级机构处得到的信用级别越高，则资金成本越低。

3. 为资本市场监管服务

（1）资信评级是一种重要而有效的市场监督机制

从国际经验看，资信评级是对外公开披露企业信息的重要方式，是社会风险管理体系中的有机组成部分。资信评级机构从根本上讲是一种公众服务机构，其发布的信息具有较大的影响力，其职能的发挥直接影响着市场的运行，影响着金融秩序和证券市场秩序，具有较强的社会性。资信评级得到比较普遍的应用时，资信评级机构会随时跟踪资本市场上各个主体的经营状况和信用状况，资信评级就会成为市场上信用风险信息的重要来源，成为资本市场定价、交易、套利的主要参考，从而也就对企业形成一定的监督力量，建立起重要和有效的市场监督机制。

（2）资信评级是监管部门监管的重要参考依据

通过资信评级机构的评级观点，监管部门可以过滤掉一些资信较差、实力较弱的发行者，从而减少各种偿付风险，保证证券市场和金融市场的繁荣稳定。企业信用风险处在变化过程中，一旦低于某个等级，监管当局就应引起足够的重视。虽然资信评级机构并不隶属于任何一个监管组织，但多数西方国家都将评估机构的评级结果视为重要的监管参考依据。

4. 提高资本市场的资源配置效率

信用评级一方面可以减少投资人的信息搜集成本，降低投资组合的风险；另一方面，又可以降低融资企业的融资成本，可以有效扩大及活跃市场交易。同时，信用评级制度为发行企业建立一个常态性的监督机制，强化企业向投资人负责的心态，对企业生产经营产生良性压力，有助于督促企业积极改善财务结构及健全的财务会计制度。

从资本市场各参与者的角度看，信用评级对于活跃市场、提高资金配置效率、保护债权人和债务人的利益，都有重要的意义。

二、银行体系

银行业为经济体系的重要枢纽，其中，银行体系通过信用的供给与创造，在交易和投资资金的供给与流通上，扮演了相当重要的角色。授信是商业银行最重要的业务之一，银行资产业务的定价依据、定价标准、定价策略是商业银行经营管理的一个重要方面。

1. 为借贷市场服务

(1) 控制授信风险

随着现代银行信用的发展和金融创新的不断深化，银行业面临的风险日益复杂和多元化，但信贷风险仍然是导致银行资产质量下降、出现流动性危机的主要根源，也是导致区域性及全球性金融危机的根本原因之一。

当受信企业发生违约时，其结果往往造成资金的损失。商业银行本身是盈利机构，但由于业务性质的特殊性，其经营是否稳健影响到经济发展和社会秩序。因此，商业银行在受理授信业务时，除获利因素的考虑外，必须同时考虑安全性、流动性和成长性。防范贷款风险对商业银行来说，是十分紧要的。

资信评级有助于银行防范贷款风险。资信评级是对企业综合素质的全面评估，可以使得银行有效利用企业信用等级，来判别贷款的可行性并给予相应的信用政策；对于已经发放的贷款，资信等级的变化也可以作为一种早期警告系统发出报警信号，告诫金融部门，企业信用风险是否在加大，是否应采取措施防止贷款的损失。

通过信用评级，可以揭示借款人和贷款工具的风险度，为贷款审查管理提供参考。因而，资信评级在一定程度上起到防范贷款风险的作用。

(2) 发挥信用评级在资产定价中的作用

银行信用风险管理的根本目的，首先要使各种金融工具的价格充分体现其信用风险的大小。许多国际大银行将信用评级结果运用于金融工具的定价过程，包括计算资金成本和信用风险溢价，从而为贷款利率和其他金融工具的价格决定提供了重要依据。

因此，必须发挥信用评级在定价中的作用，对信用等级高的客户和风险度低的金融工具，给予优惠价格，对信用等级低的企业和风险度高的金融工具在价格上给予限制。另外信用评级还为贷款审查提供依据。

2. 为银行以及其他金融机构服务

银行等金融机构对于资信评级也存在自身的需求。金融机构信用评级对象主要有：银行、证券机构、信托投资机构、保险机构、企业集团财务机构、租赁机构、期货经纪机构等。

金融机构的信用评级，是指对其承担的债务按期偿还的意愿及其还本付息能力（或指保险机构对投保人赔付能力）所进行的综合分析与评价，并通过特定形式反映其信用风险的大小。金融机构的信用评级包括：对金融机构短期债务信用评级、长期债务信用评级、财务实力评级以及综合信用评级（保险机构为理赔能力评级）。

对金融机构信用评级，一方面是为了维护投资者的合法权益，降低投资者的风险；另一方面也是支持金融机构拓展融资渠道，增强自身融资能力、管理能力的方法与手段；同时，也会有助于监管部门更好地了解金融业发展状况，更有效地监管金融业务。

3. 满足《新巴塞尔资本协议》的要求

（1）新协议重新界定风险

巴塞尔委员会于 1999 年 6 月，在《巴塞尔资本协议》基础上提出更具风险敏感性的《新巴塞尔资本协议》，明确规定，为了全面反映银行风险，风险衡量除信用风险与市场风险外，还包括操作风险。

关于信用风险的衡量和计算，新协议提出了新方法，即标准法、初级和高级的内部评级法（即 IRB 法），鼓励银行根据自身能力采用对风险更为敏感的方法。

标准法是指采用外部信用评级机构对于借款人的评级，来评估其违约几率并计算信用风险。它对 1988 年协议下确定信用资产风险加权的方法进行修改，取消了对非 OECD 国家的歧视，提出不同交易对象的风险暴露，如主权国家、银行和企业，要根据外部信用评级的评定结果来确定风险权重，并进一步细划了风险权重等级。

内部评级法（IRB）是指在金融监管机构同意下，银行使用他们自己的更具有风险敏感度的风险控管系统，估计违约几率，并计算所需资本。新协议提出了一整套完善的内部评级框架具体方案，其内容是：银行对信用风险的内部测量是根据交易对手过去交易记录的分析，对其违约情况进行评定，并给予相应的评级。该法依靠四方面的数据，一是违约概率（Probability of Default，PD），即特定时间段内借款人违约的可能性；二是违约损失率（Loss Given Default，LGD），即违约发生时风险暴露的损失程度；三是违约风险暴露（Exposure at Default，EAD），即对某项贷款承诺而言，发生违约时可能被提取的贷款额；四是期限（Maturity，M），即某一风险暴露的剩余经济到期日。一般来说，风险权重和违约率、违约损失率成正比。信用风险加权资产根据信用风险权重违约概率 PD、违约损失率 LGD、违约风险暴露 EAD 计算而得。

内部评级法分为初级法和高级法，其主要区别是在初级法中，银行只估计 PD 值、LGD 值与 EAD 值由监管机构确定。高级的内部评级法允许银行采用银行内部评级系统的结果进行计算，自行估计 PD 值、LGD 值与 EAD 值。

此外，新协议所考虑的资本要求不仅取决于某一种资产单一风险的特性，还考虑各种资产风险的相互关系。在充分肯定了信用风险缓解技术（Credit Risk Mitigation Techniques）的同时，把重点放在缓解技术的经济本质及风险特性上，规定了操作上的最低资本标准。针对资产证券化风险，新协议提供更具风险敏感性的方法，即制定出了处理传统证券化下具体风险的标准法和 IRB 法。

（2）信用风险管理离不开资信评级

从以上内容可以看出，《新巴塞尔资本协议》规范中，对信用风险的管理提出了新的挑战。而资信评级作为信用风险管理的工具，已经与银行信用风险管理体制密不可分。

新协议认可银行对不同信用等级客户可以采用不同信贷资产风险计量标准，以贷款人的信用评级作为计算资产风险权重以及确定资本金充足率的依据，从而把资本金充足率原则和风险联系得更紧密。新协议鼓励各金融机构在从事授信业务时可自行建立对客户的资信评级机制，而该机制应采用何种信用风险评估模型具有很大的弹性。

4. 为政府加强监管提供便利

对金融机构的评级，包括对商业银行、证券机构、信托机构、保险机构等的信用评级，其等级的变化反映了其信用风险的变化。金融机构由于其经营资产的特殊性，影响的传导性和广泛性，监管当局应当重视金融机构信用等级的异常变动。

一些西方的监管机构还对特殊的机构投资者如商业银行、保险基金、养老基金等持有的资产等级加以规定，若达不到一定的等级，则必须提供更多的准备金。这不仅降低了金融机构的风险，同时也降低了金融市场的风险。

三、在国际商务与投资领域

1. 工商企业对资信评级的需求

资本市场和金融领域对资信评级存在需求，而资信评级对工商企业来说，也尤为重要。资信为企业走向市场、赢得客户和投资者信任所发挥的作用已越来越凸现出来，并被越来越多的企业所认识和接受。许多企业在进入国内国际市场、争取投资合作、进行股份制改造等方面都已逐步利用了资信评级的作用。工商企业的信用评级的需求来源于以下几个方面：

（1）为债权人服务

企业要不断扩张达到规模经济所要求的经营水平，不可避免地要运用财务杠杆，对外举债。举债的方式包括借款、发行债券等手段，无论企业采取哪一种方式，债权人都关心同一问题，即企业是否能如期偿还债务本金并支付利息。信用评级的核心就是对偿债能力的评价，客观权威的信用评级机构对企业信用状况的独立评价，能为债权人，如企业债券投资者和信贷银行等，提供企业的资信状况信息，可以作为其贷款的重要参考，尽量减少因为债务人违约所带来的风险。

（2）为企业对外融资服务

从某种意义上说，企业的信用是企业的一种无形资产。在市场经济中，信用是企业的“通行证”，是从事各种业务的基本条件，企业必须建立自己独立的信用。企业信用评级可以为企业申请发债、申请贷款、申请发行股票，以及企业的商业往来提供资信证明，有助于企业降低筹资成本，提高知名度，创造良好的社会形象。

（3）为主管部门服务

企业信用评级有助于国家有关主管部门了解企业的财务资信状况，掌握企业的资金流向和发展趋势，为国家主管部门宏观调控提供必要的信息输入。

2. 资信评级对国际投资与贸易的作用

不仅在国内市场如此，在国际商务与投资领域，资信评级作为市场经济的“通行证”，为企业提供交易对手的资信评级信息，有利于其在企业之间的交往中，避免欺诈行为。

良好的资信等级是企业形象的重要组成部分，有助于企业筹集资金，扩大业务，争取更多的商业机会，引导贸易与投资的流向。评级可以作为企业日常经营中签订合同、开展业务的依据。由于信息不对称的存在，资信评级的结果日益被企业所重视，并将其作为企业对外交往中的一个重要的信誉保证。特别是企业在与外界发生经济交往、签订相关合同的时候，资信评级的结果可以作为一个必要的因素，从而为企业争取优惠的信用条款服务。随着经济生活中不确定性的增加，企业在选择合作对象时面临的风险也在加大，因此企业更乐意与资信等级高的企业发生交往，从而达到降低风险的目的。

本章关键术语与主要问题

1. 关键术语

资信评级	资信评级方法	主动评级
被动评级	国家主权信用评级	信用/资信等级
信用等级符号	信用评级机构	信用评级报告
信用分析师	信用跟踪	

2. 要点

(1) 资信评级的对象与分类。

(2) 资信评级的业务流程。

(3) 资信评级的主要内容。

(4) 资信评级的应用与影响。

3. 思考题

(1) 资信评级的适用范围是什么?

(2) 简述资信评级的业务流程。

(3) 列举世界著名的资信评级机构。

(4) 简述资信评级机构的主要评级业务。

(5) 试述资信评级的应用与影响。

第九章

专业信用风险管理服务

在本书第六章的基础上，本章将详细介绍保理、保险、担保等专业机构提供的专业信用风险管理服务，以及服务方式和特点等内容。

第一节　保　　理

一、保理服务的内涵与作用

1. 保理服务的内涵

保理服务是针对客户的应收账款管理，保理商提供的信用风险转移服务。

保理业务的主要内容包括：向供应商提供赊购企业的资信调查和资信评估；用立即付款方式购买债权人的应收账款/赊购合同；接受赊销合同作为抵押物，给客户融资；代理客户的债权，帮助客户追收账款；承担因债务人无力支付而造成的损失等。

早期的保理公司通过购买他人的债权而获利。因此，不同于保险服务，有时保理服务是一种债权转让交易。信用保险的投保企业为一项交易的合同购买保险后，企业仍然拥有合同或项目的所有权。但是，在企业取得保理服务时，有时债权就卖给或抵押给保理商。经过长期发展，现代的保理服务也很像信用保险服务，而且保理商提供更高的承保比例，可以对信用销售合同额度进行全额担保，费率甚至低于信用保险的费率。

2. 保理服务的作用

保理业务，特别是国际保理，在从其产生至今这短短几十年里经历了迅速发展的过程，交易量已经十分可观，交易范围也正在迅速扩大。这项业务的蓬勃发展是同它自身具有的不可替代的优势分不开的。

（1）保理服务对出口商的益处

1）扩大出口营业额。在保理服务的保证下，由于出口商向进口商提供了承兑交单或赊销等优惠条件，出口商的竞争能力得以增强，有利于促成双方的交易，从而可以扩大出口商的出口营业额。

2）规避收汇风险。由于保理银行承担了由它核定的信用销售额度内100%的进口商的信用风险，因而对于出口商来说，在此额度内发货的收汇风险已被有效控制了，这无疑将有助于减少出口商的坏账损失，提高了出口商应收账款的质量。

3）节省营业费用。由于保理银行负责向出口商提供销售账户管理、债款追收以及对进口商的资信进行调查等业务，出口商可以大大减少营业开支、降低其营业成本。

4）手续简便。由于保理业务采用非信用证结算方式，这就免去了烦琐的催证、审证、改证的手续及相关费用，特别是使出口商不会再遇到由于“单证不符”而遭到银行拒付所带来的麻烦。

5）增加利润。可以说，保理服务为出口商带来了综合的经济效益。出口商的出口额上升，业务成本降低，坏账损失得到控制，同时还可以从保理银行那里获得无追索权的贸易融资。这些有利因素使得出口商可以继续扩大再生产，增加出口，以此获得更多的利润。

（2）保理服务对进口商的益处

1）有利于资金周转，扩大营业额。保理业务有利于进口商以先收货后付款甚至待货物售出一定期限后再付款的方式与出口商达成交易，这种优惠的承兑交单或赊销的结算方式使进口商可以在一定期限内不需动用自有资金从事经营活动，并利用其有限的资金来尽可能地扩大营业额。

2）降低了进口成本。由于保理业务采用非信用证结算方式，进口商可以免交开证押金和有关的银行费用，避免资金占压，降低了运营成本，从而降低了进口成本。

3）避免了货物风险。保理银行对出口商承担进口商的信用风险的前提条件是出口商必须严格履行贸易合同的各项条款。出口商为了顺利收回货款，通常会按照合同的规定发货并提交单据，这样就确保了进口商可以收到与贸易合同规定相符的货物，从而免受出口商的欺诈。只要收到单据即可提货，并履行到期付款的责任。

4）简化购货手续。由于采用了非信用证方式结算，进口商免去了开证、改证等手续，大大简化了购货手续。

5）提供风险保障。进口商在国际保理业务中可以仅靠公司的信誉和良好的财务表现而获得信用额度，无须寻求外界担保。

（3）保理服务对保理银行的益处

国际保理是一项综合性金融业务，它需要充分利用保理银行在信息、账务管理、债款回收、信用控制、信用担保和贸易融资等多方面的优势，为贸易双方提供高质量、高效率的金融服务。因此，保理银行可以通过向出口商收取较高的佣金和利息，取得可观的收益。

二、保理服务的种类

根据形式和效果不同，可对保理服务进行多种分类，在不同类别之间还可以做适当的组合。企业使用保理服务时，可以根据自身的不同需求进行选择。常见的保理服务见表 9—1①。

表 9—1　常见的保理服务

种类	融通资金	收款风险担保	通知债务人	销售财务管理	收取应收账款
综合保理	提供	提供	提供	提供	提供
有追索权保理	提供	不提供	提供	提供	提供
批量保理	提供	不提供	提供	不提供	不提供
定期保理	不提供	提供	提供	提供	提供
代理保理	提供	很少提供	有时提供	很少提供	不提供
发票贴现	提供	很少提供	不提供	不提供	不提供
隐蔽保理	提供	很少提供	不提供	不提供	不提供

根据服务的贸易领域不同，保理业务还可以分为国际保理和国内保理两大类。国际保理服务于国际贸易，而国内保理则服务于国内贸易。由于国际保理是保理业务的主要构成部分，而国内保理的各种形式从理

① 林钧跃，《企业与消费者信用管理》，上海财经大学出版社，2005 年版，p. 227

论上讲都可以用于国际保理，因此，这里主要从国际保理的角度对保理业务进行分类。

1. 单保理（Single-factor System）和双保理（Two-factor System）

根据涉及的保理商数量的不同，国际保理可以分为单保理和双保理。在国际保理业务中，位于进口商所在地的保理商为进口保理商，位于出口商所在地的保理商为出口保理商。仅涉及一方保理商的保理业务称为单保理业务，涉及双方保理商的保理业务则称为双保理业务。

双保理商保理模式被广泛运用于国际贸易保理业务，其优点是：第一，出口商只需要面对本地的保理商，从而避免可能存在的法律环境、商业习惯和语言等问题；第二，进口保理商完成对购买商的风险评估和追收欠款等工作，出口保理商负责与出口商的联系工作，从而摆脱了在进口企业资信评估和追收债务时遇到的一些问题；第三，对进口商来讲，只需要通过当地付款的方式把货款交给进口保理商，在特殊情况下，进口商也会通过进口保理商协调解决一些贸易纠纷。

单保理商保理模式一般只在国内保理业务中使用。在每一笔叙作保理的业务中，只有一家保理商参与其中，承担从评估、融资、寄单到追收货款、偿付货款的全部工作。由于国内保理业务没有像国家贸易地域差异造成的障碍，减少了工作量和资金周转环节，交换单据简便快捷，最终能以较低的保理费用成交。

单保理业务的一般运作机制如图 9—1 所示，具体业务流程如下：

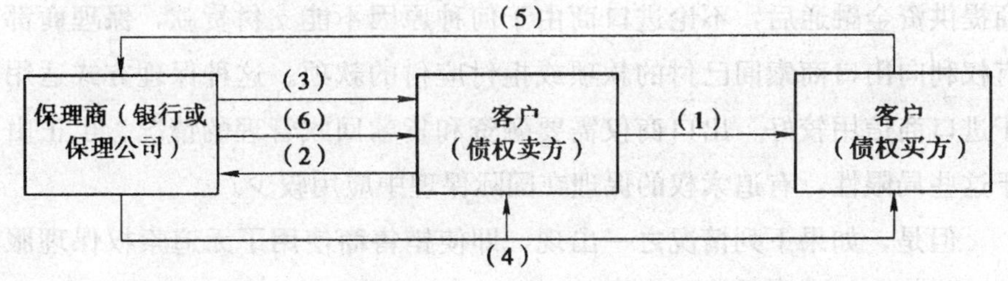

图 9—1 单保理业务流程图

(1) 债权卖方交货或提供了有关服务后，按以往的方式向债权买方开出发票，但这些发票应附带一份转让通知，说明发票所代表的债权已经转让给保理商，债权买方必须直接向保理商付款。

(2) 债权卖方在开出发票的同时将发票副本交送保理商。

(3) 保理商根据发票金额按事先商定的比例（最高可达 80%）向债

权卖方支付预付款，即按销售额的一定比例为卖方提供融资，并从中扣除保理商所收取的费用。

（4）此后保理商将负责向债权买方催收账款，并向债权卖方提供合同中规定的账务管理。

（5）债权买方向保理商支付款项。

（6）待债权买方付款以后，保理商向债权卖方支付余下的款额。

2. 无追索权保理（Non-recourse Factoring）和有追索权保理（Recourse Factoring）

根据保理商对保理业务项下融通的资金是否有追索权，保理业务可以分为无追索权保理和有追索权保理。

在无追索权的保理业务中，保理商一旦根据出口商提供的进口商的名单进行资信调查，并逐一核定了信用限额后，就要在信用限额内购买出口商对进口商的应收账款，并放弃向出口商追索货款的权利。如果进口商由于某些原因无力或拒绝支付货款，保理商不能再向出口商追回款项，只能自己承担进口商无力支付货款的信用风险。这种方式解决了以信用方式销售商品或提供服务的出口商的后顾之忧，但是保理商承担了较高的风险。

在有追索权的保理业务中，销售商仅能拿到享受融资的服务，失去了企业要求规避风险的真实目的。保理商不负责核定进口商的信用限额，也不提供担保，仅提供包括融资服务在内的其他服务。当保理商向出口商提供资金融通后，不论进口商由于何种原因不能支付货款，保理商都有权利向出口商索回已付的款项或拒付应付的款项。这种保理方式适用于进口商信用较好、出口商仅需要融资和货款回收管理的情况。也正由于这些局限性，有追索权的保理在国际保理中应用较少。

但是，如果下列情况之一出现，即使销售商使用了无追索权保理服务，保理商仍然有权追索融资款和不承担担保义务，这些情况包括：销售商有明显欺诈行为、不可抗力的意外发生、赊购方对货物的质量提出异议。

3. 融资保理（Financed Factoring）和非融资保理（Non-financed Factoring）

根据保理商是否向出口商提供融资款项，保理业务可以分为融资保理和非融资保理。

融资保理，又称预付保理（Advanced Factoring）。保理商在收到出口商提交的证明债权转让的发票副本和有关文件后，即对出口商提供不超过发票金额 80%的垫付货款。货款到期后，保理商扣除掉垫付款项和有关的费用和贴息之后，再将余款支付给出口商。

非融资保理，又称到期保理（Maturity Factoring）。当出口商向保理商提交了证明债权转让的发票副本和有关文件后，保理商不立即付款，而是在付款到期日向出口商支付发票金额。付款到期日通常是保理商根据出口商给予进口商的付款期限计算出的平均到期日，即平均预计收款日。

如果销售的流动资金有限，急需销售后的回笼资金投入再生产，销售商可以选择融资保理服务；如果销售商的流动资金相当充裕，根本无需保理商预付货款，或者销售商可以拿到比保理商融资利息更低的融资时，销售商可以选择非融资保理服务。非融资保理服务提供的主要服务是担保，更类似于保险服务。由于资金的稀缺性，目前在国际贸易中非融资保理正逐步被融资保理所取代。

4. 公开保理（Disclosed Factoring）和隐蔽保理（Undisclosed Factoring）

根据出口商与保理商签订协议后，是否应将债权转让给保理商的事实通知债务人，保理业务可以分为公开保理和隐蔽保理。

公开保理业务是债权转让一经发生，保理商就通知债务人，请其到期直接向保理商付款的保理方式。在使用公开保理时，赊购方明确知道卖方使用保理服务。隐蔽保理的情况则正相反，赊购方不知道卖方使用保理。国际保理大多采用公开保理方式。出口商选择隐蔽保理服务方式，主要出于希望保持买卖双方良好合作关系的目的。

5. 完全（批量）保理和不完全保理

根据保理业务提供的是否全面，保理业务又可以分为完全（批量）保理和不完全保理。

完全保理，又称为批量保理，是指根据销售商与保理商签订的保理合同，保理商向进口商提供关于全部销售或某一系列销售活动的保理服务，包括资金融通、应收账款相关账目的管理、向债务人催收应收账款以及承担债务人无力付款时的风险等。最常见的作业方式是循环保理（Cover Line），即保理商批准给销售商一个最高信用额度，在这个信用额度范围内，出口商可以循环使用额度不必每次申请，直到保理商通知撤销批准。

不完全保理则是保理商根据客户的需求和实际情况，为客户提供上述服务中的两项或者三项服务。

三、国际保理与国际贸易融资

国际贸易融资是指银行为外贸企业办理国际贸易业务而提供的资金融通便利，是一种促进进出口贸易的金融支持手段。单从融资的角度看，国际保理只是国际贸易融资中的一种融资类型。

1. 国际保理

在国际上，大多数的保理商只向出口商提供保理服务，这种保理服务被称为国际保理（International Factoring）。国际保理服务是保理商为国际贸易赊销方式提供的成套服务，内容主要包括：出口贸易融资、外贸逾期应收账款处理、赊销方信用担保等。它集结算、管理、担保和融资为一体，既是可供选择的新型的国际贸易结算方式，又是一种短期的贸易融资方式。

对于国际保理业务，由于保理商所在国家的贸易交易习惯、法律规则、语言等的不同，决定了不同类型或者是不同国家的保理业务在程序上存在着差异性。但从总体上看，保理业务在主要的环节上都是相同的，下面以目前广泛采用的国际双保理业务为例，介绍其具体的运作程序。

国际双保理业务主要涉及四方当事人，即出口商、进口商、出口保理商和进口保理商。其业务流程如图 9—2 所示。

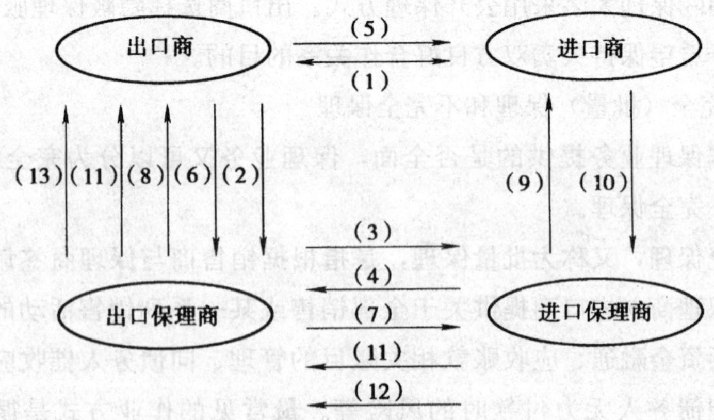

图 9—2　国际双保理业务流程图

(1) 出口商寻找有合作前途的进口商。

(2) 出口商根据赊销贸易的需要，向出口保理商提出承做保理业务的申请，并要求为进口商核准信用额度，这是保理业务的开始。

(3) 出口保理商选择进口保理商，并要求进口保理商对进口商进行信用评估。

(4) 进口保理商对相应的进口商进行资信调查并逐一确定信用额度，并将其对进口商核准的信用额度或拒绝核准信用额度的通知书交给出口保理商。

(5) 出口商与进口商签订货物销售合同或服务合同并开始供货。

(6) 出口商将证明债权转让的发票副本及有关文件交出口保理商。在公开型保理业务中，出口商应在发票上载明由此产生的应收账款已转让，债务人应将款项支付给进口保理商。

(7) 出口保理商通知进口保理商有关发票详情。

(8) 如果出口商有融资需求，出口保理商将向出口商提供不超过发票金额的80%的资金融通。

(9) 进口保理商凭受让的应收账款于发票到期日前若干天开始向进口商催收。

(10) 进口商于发票到期日向进口保理商付款。

(11) 进口保理商将收到的货款全部转付给出口保理商，出口保理商再把货款付给出口商。

(12) 如果进口商在发票到期日90天后仍未付款，进口保理商做担保付款。

(13) 出口保理商扣除预付货款、贴息和其他费用后，将货款余额支付给出口商，并向出口商及时提供对账单。

2. 国际贸易融资

国际贸易融资的种类随着国际贸易和金融业的发展不断推陈出新，主要可以划分为以下几个类型[①]：

(1) 按照融资的期限划分

1) 短期国际贸易融资，即1年以内（含1年）的进出口贸易融资，主要适用于企业对资金流动和周转的需求，包括打包贷款、进出口押汇、

---

① 张宏伟：《国际贸易融资研究》，中国社会科学出版社，2002年版，p. 11

票据贴现、信用证开证额度、提货担保等融资方式。通常情况下，这种融资主要适用于商品周转较快、成交金额不大的贸易资金需要，以解决外贸企业的资金周转问题。

对出口商的短期国际贸易融资包括打包放款、出口押汇、贴现、无抵押品贷款、抵押贷款等；对进口商的短期国际贸易融资包括开证授信额度、进口押汇等，其中，根据所使用的结算工具的不同，进口押汇可以分为进口信用证押汇和进口托收押汇；对中间商的短期国际贸易融资包括可转让信用证融资、背对背信用证等。

2）中长期国际贸易融资，即期限在1～5年或5年以上的进出口贸易融资，它可以分为一般商业贷款和特殊贸易融资。前者是指由商业银行向外贸企业提供的本币或外币贷款，旨在帮助企业解决资金短缺问题。而后者是指为了促进资本货物，如大型机电产品、成套设备、高新技术产品的出口，由本国银行向其出口商、外贸企业或进口国的银行、政府机构或企业发放的贷款。它不仅是一种贸易融资手段，还是帮助本国企业争夺产品销售市场的一种竞争手段。

中长期贸易融资手段主要有福费廷、出口信贷、国际银团贷款、出口信用保险等。

（2）按照融资的资金来源划分

1）一般性贸易融资，指资金来自于商业银行的贸易融资。通常情况下，这种融资多与国际贸易结算紧密结合。融资期限有短期、中期、长期三种，而利率则采用市场上的固定或浮动利率。

2）政策性贸易融资，指由各国官方或半官方出口信贷机构利用政府财政预算资金向另一国银行、进口商、政府提供的贷款，或由各国官方或半官方出口信贷机构提供出口信贷担保，由商业银行利用其自有资金向另一国银行、进口商、政府提供的贷款。该贷款通常被限定用于购买贷款国的资本货物，以促进贷款国的出口。

（3）按照融资有无抵押品划分

1）无抵押品贷款，也成为信用贷款，指银行无需企业提供任何抵押品，而是凭借企业自身信用作为担保向其发放的贷款。一般情况下，该贷款只适用于资信好、与该银行业务往来时间长、无不良记录的大中型外贸企业。

2）抵押贷款，指需要企业提供相应抵押品而发放的贷款。该贷款通常适用于风险大、期限长的项目，或信用级别低的中小型外贸企业的融资。

四、常见问题

1. 适合做保理的情况

出口商以信用方式向进口商销售货物或提供服务所产生的应收账款，均适合做保理业务。但是，以信用证（不包括备用信用证）、凭单付现或任何现金交易为基础的销售除外。赊销、承兑交单等支付结算方式适合续做保理业务。在买方市场的情况下，越来越多的买方不愿意以信用证方式购货，不愿意为卖方的销售提供融资，也不愿意承担额外的工作和费用。如果卖方要扩大市场销售，就必须提供有利于买方（进口商）的条件，那就意味着赊销或至少是 D/A 方式。这时候就需要保理来提供风险保障及融资。

2. 保理融资是否需要担保

出口保理不需要提供有形担保，诸如不动产或存款抵押。被保理的应收账款即是一种保障。

3. 保理业务的风险问题

保理业务主要面临两方面的风险：进口商信用风险和出口商信用风险。前者主要是指来自进口国的进口商的原因，或者保理商监督不力而可能会导致保理商遭受巨额损失且难以得到补偿，后者主要是指出口商要承担货物的质量风险。如果由于货物方面的纠纷而导致进口商不付款，保理商不承担付款的风险，故出口商应严格遵守合同。另外，进口商可能会联合保理商对出口商进行欺诈。

4. 保理业务风险防范问题

尽管保理商无法完全避免风险的发生，但保理商可以采取一些措施管理保理业务中的风险。当然，采取的措施会受到相关费用的约束，所以，需要在一定成本控制下使风险降至最小。对保理商而言，控制风险，需要做好对进出口商的资信调查，选择合适的保理类型，签订好保理协议；对出口商而言，保障货物质量不发生争议的措施就是降低风险的措施。除了要选择信誉良好的进口商和保理商之外，出口商还要制定严密的合同质量条款，防止买方欺诈，并且全面切实地履行合同，从而使保理业务带来的效益达到最优。

第二节 信用保险

信用保险是以商品赊销和货币借贷中债务人的信用作为保险标的，以债务人到期不能履行其契约中债务清偿业务为保险事故，由保险人承担被保险人（即债权人）因此遭受的经济损失进行赔偿的一种保险。

一、信用保险的作用

从信用保险的历史渊源来看，信用保险对国内贸易和世界贸易的发展意义和作用重大。

1. 有利于保障债权人利益

信用保险是在商品经济中，由于债务人信用危机的出现导致债权人的经济损失不断增加的情况下，债权人为了保障自己的债权权利而采取的一种保险手段。债权人通过信用保险制度的保障，有效地转移了信用风险，维护了自己的合法、合理利益，是一种行之有效的保障措施。

2. 有利于企业经营的正常运行

信用风险是不确定的，它是否发生以及发生的时间、地点和后果都是不确定的，而保险赔偿具有科学、合理、及时和有效的特点。投保企业一旦遭遇灾害事故损失，就能按照合同约定向保险公司求偿，及时获得资金，重新购置资产，迅速恢复生产经营，从而可减少受灾企业的损失。企业就能够把不确定的重大灾害损失化为固定的、少量的保险费支出，从而把风险的不确定性转移给保险公司，使企业能够正确地核算成本，保证财务收支平衡，有利于企业经营活动按计划正常进行。

3. 有利于促进信用体系的建立和完善

完善的信用管理体系应该包括国家信用管理体系、企业信用管理体系和个人信用管理体系等。信用保险业的发展必然会促进对企业和个人信用风险评估和管理水平的提高。同时，信用保险业的发展必然要求社会的企业信用信息收集和管理体系的发展，以及社会个人信用管理体系的建立。目前，我国已经实行存款实名制，但是仅仅建立存款实名制并不能有效化解整个金融市场的信用风险。而信用保险业的发展可以促进我国社会信用体系的建立和完善，从而降低整个金融市场的信用风险。

在金融市场上，银行机构的风险具有“传染效应”（Contagion Effect）：个别金融机构的风险导致的存款人恐慌心理在社会上将会以极快的速度传播，进而殃及其他金融机构产生连锁反应，导致信用基础的动摇和金融体系的瓦解，形成系统性的风险，造成经济波动和社会动荡。建立存款保险制度，有助于建立一张安全网，通过存款保险公司的事前预防和事后补救措施，起到增强银行机构的稳定性，抑制金融风险的“传染效应”，提高体系整体抵抗风险能力的作用。

4. 有利于促进国民经济的发展

资源的优化发展，保险人是否承保、按照什么价格承保，以及履行投资者和贷款人的职能时，会收集大量的信息，以便对企业、项目和经理人员进行评估。保险人可以通过这种方式显示出市场对有潜力、管理完善的公司的肯定，并推动一国有效配置稀缺的金融资本和增强风险承担能力[①]。

5. 有利于国际贸易和投资的发展

在国际贸易中，买卖双方相距遥远，货物在运输途中常因灾害事故的发生而遭受巨额损失，所以进出口货物都必须办理保险。保险是在贸易中，尤其是在对外经济贸易和国际经济交往中必不可少的环节。首先，它是国际公认的贸易促销手段；其次，它是出口商获得银行贷款的前提条件；第三，它是出口商灵活支付方式、开拓新市场、扩大出口的安全保证。保险也通过增强顾客的资信来支撑商务活动。

二、信用保险的种类

从信用保险的业务内容来看，它一般分为国内信用保险、出口信用保险和投资保险三类。

1. 国内信用保险

国内信用保险又称商业信用保险，这种风险产生在商业活动中，一方当事人为了避免另一方当事人的信用风险，而作为权利人要求保险人将另一方当事人作为被保证人，由保险人承担被保证人的信用风险以及这种风险给权利人带来的利益损失，如果被保证人发生保险事故，保险

① 朱毅峰、吴晶妹，《信用管理学》，中国人民大学出版社，2005 年版，p. 231

人首先向权利人履行赔偿责任，同时自动取得向被保证人进行代位求偿的权利。根据商业活动的类型，国内商业信用主要发展有以下几种类型的险种。

（1）赊销信用保险

赊销信用保险又称卖方保险，它主要适用于一些以分期付款方式销售的耐用商品。在这种业务中，投保人是卖方，保险人承保买方的信用风险，即在延期或者分期付款过程中买方可能由于各种原因拖延或逃避应该承担的付款义务而对卖方所造成的经济损失。

（2）贷款信用保险

贷款信用保险是保险人对贷款人（银行或其他金融机构）与借款人之间的借贷合同进行担保并承担其信用风险的保险。在市场经济条件下，商业银行的贷款风险是客观存在的，究其原因，既有借款人经营管理不善或决策失误的原因，又有自然灾害和意外事故的原因。贷款信用保险的保险责任一般应包括决策失误、政府部门干预、市场竞争等风险，只要不是投保人或被保险人的故意行为和违法犯罪行为所致的贷款无法收回，其他行为均可承保。

在贷款信用保险业务中，投保人是贷款人（即债权人）。当借款人无法归还贷款时，贷款人可从保险人那里获得补偿，然后将债权转让给保险人追偿。

（3）个人信用保险

个人信用保险是以金融机构对自然人进行贷款时，由于债务人不履行贷款合同致使金融机构遭受经济损失为保险对象的信用保险。由于个人的情况千差万别，且居住分散，风险不一，保险人要开办这种服务，必须对贷款人贷款的用途、经营情况、日常信誉、私有财产物资等作全面的调查了解，必要时还要求贷款人提供反担保，否则，不能轻率承保。

同时，还包括各类企事业单位和社会团体在与具有权利能力和行为能力的自然人发生民事行为中，可能发生的因自然人侵犯而产生的利益损失为保险标的的保险。其中，各类企事业单位和社会团体，即雇主为投保人，作为雇员的具有权利能力和行为能力的自然人为被保证人；保险责任为雇员可能产生的不诚实的行为。

2. 出口信用保险

出口信用保险是指以出口贸易中国外买方按期支付货款的信用作为

保险标的，或以海外投资中借款人按期还贷的信用作为保险标的的保险，由债权人（出口商或贷款银行）为了保证自己的债权利益向保险公司投保，保险人对被保险人（债权人）因国外买方或借款人到起不能履行清偿债务而造成的相关损失负经济赔偿责任。

出口信用保险一般是由国家财政提供保险准备金的非赢利性的政策性保险业务，其目的主要是为了推动本国的出口贸易、保障出口企业的收汇安全。出口信用保险是出口信用保险人与作为被保险人的出口商之间订立的一种特殊保险协议。按照保险协议，保险公司将赔偿出口商因债务人不能按合同规定支付到期的部分或全部债务所遭受的经济损失。出口信用保险具有政策性比较强、风险大、盈利可能性比较小的特点。

各国出口信用保险的经营机构根据实际需要对出口信用保险设计了不同险种，常见的有以下几种：

（1）根据买方提供信用期限长短的不同，分为短期出口信用保险和中长期出口信用保险。

1）短期出口信用保险。它是指承保期不超过 180 天，出口货物一般是大批量、重复性的初级产品和消费性工业产品出口收汇风险的一种保险。短期出口信用保险是目前各国出口信用保险机构使用最广泛、承保量最大，而且比较规范的出口信用保险种类。

2）中长期出口信用保险。中长期出口信用保险适用于使用银行买方信贷、卖方信贷或其他方式签订的收汇期在 1 年以上但一般不超过 10 年，金额在 100 万美元以上但通常在 1 美元以下的出口合同。中长期出口信用保险具有政策性强、保险合同无统一格式、保险机构早期介入、需要提供担保及一次性支付保险费的特点。

（2）根据贸易活动使用银行融资方式的不同，出口信用保险又可以分为买方出口信贷保险和卖方出口信贷保险。

（3）根据保险风险的不同，出口信用保险可分为只保商业风险的出口信用保险，或只保政治风险的出口信用保险，以及既保商业风险又保政治风险的出口信用保险。

3. 投资保险

投资保险是承保被保险人因投资引进国政治局势动荡或政治法令变动所引起的投资损失为保险标的的保险，又称政治风险保险。其承保对象一般是海外投资者。所谓政治风险，是指东道国政府没收或征用外国投资者的财产、实行外汇管制、撤销进出口许可证、内战、绑架等风险而使投资者遭受损失的风险。

通常，外国的投资保险保障的是本国投资人在外国投资的风险。而我国的投资保险保障的是外国投资人在我国投资的风险，这说明我国的投资保险是为了配合引进外资的政策，满足投资人的需要而办理的。保险责任范围为战争险、征用险、汇兑险。

三、保单的主要条款

1. 适保范围

该保单条款要对从事进出口贸易的企业、销售路径、销售合同、支付方式等方面做出规定。

2. 保险责任

该条款主要在保单有效期内，按照销售合同规定的条件，明确哪些风险引起的直接损失由保险人承担保险责任。比如，商业风险涵盖哪些内容，政治风险包括什么内容。

3. 除外责任

该条款规定，无论保单其他条款如何规定，保险人不承担赔偿责任的范围。

4. 责任限额

该条款规定保险人在保单有效期内向特定买方可能承担赔偿责任的最高信用限额，以及限额的计算方法和生效时间。

5. 保险费和其他收费

该条款规定被保险人就适保范围内，按照费率向保险人缴纳保险费和保单费，以及缴纳的期限。

6. 被保险人义务

除向保险人缴纳保险费外，该条款还规定被保险人的其他义务。

7. 可能损失、索赔和定损核赔

该条款对可能损失、索赔和定损核赔进行界定，并规定相应的原则。

8. 追偿

在被保险人委托保险人追偿情况下，该条款规定保险人与被保险人之间的责任和权益划分。

9. 其他规定

一般就保单费的计量货币单位、保单的有效期、保单项下权益的转让、适用法律和争议解决做出规定，以及就保单内的定义和名词做出解释。

四、信用保险与保理的差异

从免除债权卖方坏账风险的功能上看，信用保险与典型的完全保理较为类似，但从两者的法律特征比较中仍可以看出无追索权保理与信用保险还存在着不同的特点。

1. 合同性质的差异

信用保险项下的坏账风险承担是基于保险合同的效力，而保理项下的坏账风险是基于保理协议的效力。保理协议本质上是买卖合同，合同标的是债权让与；而保险合同其实质是一种约定补偿契约而不是买卖合同，保险人是否实际履行补偿赔付是不确定的。因为就某一保险合同项下的保险事故发生是偶然性的，保险合同故亦称为射幸合同。所以，信用保险合同的标的是可能出现损失补偿，如果也从买卖角度来看，实在是一种债权实现的确定性的买卖，即投保人支付合同价款（保费），保险人给予债权实现的确定性。

2. 对买方权利的差异

债权卖方与保理商签定保理合同后，保理商支付了债权让与对价，卖方对买方的债权就让与给保理商，保理商则成为买方新的债权人，保理商有权直接向买方提出债务清偿的请求权。而保险人与被保险人签订了信用风险担保合同以后，保险人直至向被保险人支付了赔偿金后，才取得代位求偿权，同时其债权请求额又以保险人向被保险人实际赔偿额为限。

3. 对价支付基点的差异

保理商在完全保理中，对每个买方都各有一个批准的信用额度。无论何时发生债权，只要是在这一额度之内的，如果一旦买方无力偿还，保理商将不能行使追索权。保理商确定买方信用额度，资料主要来源于自己的卷宗、档案或有关报告、公司登记处的有关资料，同时再辅以卖方提供的该买方以往的付款情况。这一资信调查往往需要几个星期的时间，通常保理商采取比较谨慎的做法，即初始只接受对方有全额追索权的应收账款承购，过一段时间后，再提供无追索权的保理服务。因此，保理商确定买方信用额度是基于买方个案调查。保险人也对被保险人的买方采取信用限额控制的方法，担保险人确定买方信用限额主要依赖于被保险人提供的资料以及风险分摊原则。因此，信用保险中买方信用限额不是基于对买方的资信调查，而主要基于卖方的交易量。卖方交易量越高，按其比例缴纳的保险费也越高，保险人承担的保额，即买方信用限额也越高。

所以，在出口贸易信用保险业务中，被保险人一旦决定投保信用险，保险人通常要求其在 D/P，D/A，O/A[①]（赊销）等非信用证方式在 180 天内结汇的出口业务全部投保，而不允许选择部分投保。甚至保险人要求被保险人向其海外的联号公司、子公司的交易也划归保险合同适用范围。更有甚者，保险人还鼓励被保险人投保信用证项下的贸易合同的出口信用险，并在费率上给予统保单一费率的优惠待遇。

五、理赔方式

理赔是保险人对被保险人损失的定损赔偿过程。理赔作为信用保险的后续环节，直接关系到被保险人的经济利益，是保险人主要的服务窗口之一。

保险理赔方式主要有自行核实理赔为主和委托相关调查机构进行理赔。

1. 自行核实理赔

（1）当被保险人获悉保险条款列明的保险责任事故发生时，致使出口损失可能或已经发生，被保险人应在规定的时间内向保险人填报可能损失通知书。损失通知书的内容必须填写完整，而且必须真实、准确。被保险人如果填写不完整，将影响保险人的分析判断和处理时效。

（2）在接到被保险人逾期未付款通知或可能损失通知书后，保险人应该马上与被保险人取得联系，督促被保险人及时采取避免或减少损失的措施并提醒被保险人注意搜集有关书面材料、单证，包括：详细陈述案件发生经过和处理情况的书面报告函件；证明保险标的的材料；证明索赔涉及的出口已有承保的材料；证明损失原因及金额的材料；证明被

① D/P、D/A、O/A（赊销）都属于商业信用，能否收到货款，完全基于买家的信誉。前两种付款方式多用于信誉比较好的客商，O/A（赊销）多用于多年合作客户或者大宗的、特殊的商品

保险人已及时履行损失通知义务和采取了一切可以采取的措施减少或避免损失的材料等其他材料和单证。

(3) 保险人在接到可能损失通知书和相关资料后，了解事件详情。同时，在审核出运申报、有效信用限额和保费缴纳情况后进行积极处理，针对不同的风险采取相应措施，控制风险，尽力减损。一旦损失确定或赔偿等待期届满时，即正式提赔。

2. 委托相关调查机构进行理赔

面对保险欺诈方式和手段越发多样的变化，面对保险人连年增长的理赔额，运用调查手段是可行的办法之一。从社会分工的角度看，随着经济和保险业的发展，保险理赔调查被专业的调查行业取代，这是符合社会发展理论的，也是被国外市场运作所证明的。而且，从公平的原则而言，保险人身兼保险人和理赔人的双重身份，对于保险人是否应该获得赔偿容易造成偏倚，而调查机构处于第三方的特殊地位，可以提供更为真实客观的调查结果。这些调查机构除了在业务经营上具备专业性外，有些专业调查机构甚至具备强大的境外调查优势。

在保险行业市场化程度很高的国家，理赔调查交由专业调查机构已是一种规范。在我国则是刚刚起步。在美国、英国等市场较为规范的国家，保险人在理赔案件发生时，均交给调查公司进行调查，在依据结果决定是否赔付或是否存在诈保，构成刑事犯罪则移交国家职能部门。

所以，在今后的理赔发展中，保险人会不断地与专业调查公司进行合作。

第三节　信用担保

信用担保在世界各国都有悠久的历史。信用担保，是指由专门机构面向社会提供的制度化的保证。信用担保的概念包含三个要点：①它是由专门机构提供的担保，而不是由一般法人、自然人等提供的担保；②它是一种制度化的担保，即它是在一定的政策、法律、制度、规则框架安排体系之中的担保，是一种标准化、规范化的业务；③它是一种面向社会提供的担保，而不是对内部关联机构或雇员提供的担保。

信用担保介入银行与企业、企业与企业之间的交易活动，是由担保方向第三方担保债务方履行债务合同或其他资金契约的责任和义务，其担保效力来自于担保方的信用。

在业务性质上，信用担保属于一种特殊的信用中介服务，具有金融性和中介性的双重属性。一方面，按照《中国经济大百科全书》的解释，金融既包括货币资金与信用的融通，也包括货币资金与信用的授受。另一方面，信用担保又具有会计师事务所、律师事务所那种传递信息、提供咨询、促成双方交易成交，并通过提供此项服务而收取佣金的中介服务性质。

一、信用担保的功能

信用担保实际上是一种专业担保，它除具有担保的一般功能之外还具有其特殊功能。

专业担保具有经济杠杆的属性。非专业担保是分散的、没有统一的目标，往往是为满足与担保人有特定关系的债务人的个案需要。而专业担保可以提供集中、系统地担保，从而引导资金和其他经济资源的配置。当专业担保为政府所利用时，就成为贯彻特定经济政策的工具。经济杠杆的属性是信用担保最重要的属性。正是由于有了这一属性，信用担保才能够引导社会资源、生产要素的流向，并为社会资源、生产要素的动态过程，即资金融通和商品流通提供保障。

信用担保的经济杠杆属性直接由它的放大功能体现。放大倍数是担保机构所提供的担保额与其承担担保风险的担保资金或资产的比例。一般而言，担保放大比例越高，它对社会所作的贡献就越大。同时，担保放大比例越大，担保机构所要承担的风险也就越大，需要担保机构具备更高的风险控制和风险管理能力。担保机构的担保能力不是一个简单的常数，而是随着担保机构各方面因素的变化而变化的。因此，担保放大倍数并不是越大越好。我们需要在担保机构社会贡献率、担保机构风险承受能力、债权人、债务人认可度之间寻找一个适当的平衡点。过高或过低地确定担保放大比例，都会对担保机构的经营和发展带来不利的影响。

合理的担保放大比例应该是与担保机构的担保能力相对应的，担保能力越大，担保放大比率也就越大。担保在法律和经济责任上具有或然性，担保人实际承担担保责任有一个不确定的概率。正是这个概率的存在为担保的放大倍数提供了存在的依据。放大倍数应根据各个担保机构的资金实力、责任比例、操作能力、以往实际业绩记录来确立和调整。但从管理上，难以做到对各个机构的放大倍数分别确定，一般以各机构的平均的综合倍数为参照确定一个可以放大的最高倍数。但这个倍数不是很准确的标准，它是一个最高极限数。归根结底，担保机构的放大倍数取决于债权人的认可。

二、信用担保服务的种类

担保是伴随商品交换及商业信用的发展而产生的，随着社会对信用需求的不断增加，随着经济工具的日益专业化和衍生工具的交叉综合，各国的信用担保领域越来越广泛，担保品种也不断增加，其中许多担保品种的设计理念和运作方式对我国担保业的发展具有重要的借鉴意义。

结合近年来国外和我国信用担保业务的开展情况，图 9—3 列举了部分信用担保服务的品种，并根据它们的不同特点进行了分类。

三、信用担保服务的流程

担保业务流程是担保业务开展的基础，担保业务流程的设计关系到项目运作效率和项目风险控制水平的高低。由于各担保机构的担保业务品种不同、业务环境不同、控制手段不同，担保业务流程也必然有所不同。

1. 担保项目的受理

担保项目的受理是担保机构开展担保业务的第一步，这个过程涉及项目受理的原则、申请人应具备的条件、担保机构业务受理部门的设置、借款人提供申报资料审查等环节。

担保项目选择的基本原则，主要由担保机构经营宗旨、选择项目的市场定位和业务风险控制要求等条件决定。不同担保机构的市场定位和风险控制的标准不同，受理担保业务的原则也不尽相同。设定担保项目选择的基本条件，界定能够提供担保和不能提供担保的业务范围，一方面可排除高风险担保品种和高风险项目，控制担保业务的系统风险；另一方面也可以作为项目的初选条件，不符合基本条件者，不再进行正式评估，以提高工作效率，降低业务成本。

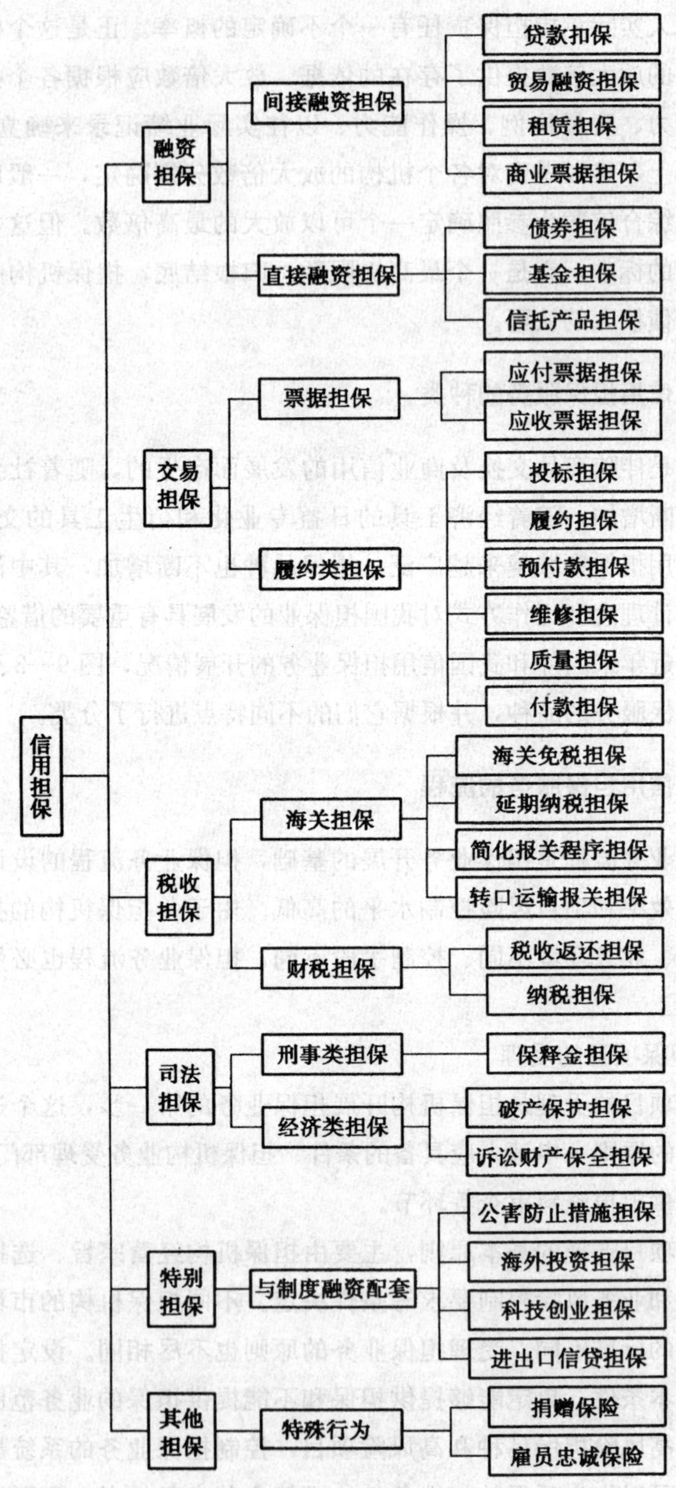

图 9—3　信用担保业务种类

担保机构的经营宗旨和市场定位是选择担保项目时需要考虑的最重要因素之一。根据经营宗旨和市场定位设定的项目选择原则主要有：担保业务开展的特定地区、担保项目所处行业、借款企业类型或特定客户人群以及担保项目的贷款类型。从控制风险的角度考虑，担保项目选择的基本原则主要体现在设定单个企业最大担保额、设定单笔最大担保额以及设定对某一地区的最大担保额度等方面，这些都是分散担保业务风险的有效措施。此外，担保机构还需设定申请担保企业应具备的条件以及不能提供担保的条件。

受各担保机构业务范围和组织机构设置的影响，担保项目的受理人可能是不同的职能部门。有的是由办公室统一受理，有的是由专门的担保业务部门受理，有的则是由评审部门或法律部门受理。不同的项目受理人具有不同的优势，每个担保机构可以根据自己的具体情况来决定采用哪种形式。

以上介绍了担保项目受理的一般条件和标准，但并不是说只要符合以上条件和标准的项目就一定受理。担保机构在受理项目时，必须落实一个重要事项，即担保机构承担项目全部风险的比例，也就是项目的实际担保责任有多大。除非是一些特别有把握的项目，一般不提倡担保机构为项目提供100%的担保责任。这是因为，在一个担保项目中，借款人、贷款人和担保人三方都会获得各自的利益：借款人获得了企业经营资金，贷款人获得了利息收入并有担保机构保证资金的回收，担保机构获得了担保费收入。因此，担保业务涉及的三方理所应当分担项目可能带来的风险，这就是担保业务风险的分担原则。

在一笔担保业务中，担保项目的各方都需要承担风险，这样才能促使借款人、贷款人和担保机构共同努力把项目风险降到最低。

2. 担保项目的审查与评估

担保机构在正式受理项目后，进入项目的审查和评价阶段。这个阶段的工作主要包括以下几个方面：一是现场考察；二是审核企业所提供的资料的完整性、真实性和合法性；三是评价项目的可行性、找出主要风险点、设计切实可行的风险控制措施；四是撰写评审报告和出具法律意见书。

现场考察是担保项目审查不可缺少的环节。现场考察的人员一般是担保机构的业务经办人员、评审人员和法律人员。对企业现场考察的主要内容包括：了解企业是否正常生产经营，企业的机器设备是否在正常运转，有无闲置资产，生产的经营管理是否有章可循，有无生产安全隐患，生产人员是否经过培训、整体素质如何，企业的原材料和产成品、半成品的库存数量是否正常等。

在担保业务中，审查和评价项目的基础是企业所报送的资料，它们关系到整个评审的质量，关系到项目的成功与失败。担保业务评审工作面临的最基本问题是信息不对称，不掌握企业全方位的信息就很难做出客观公正的评价。因此，必须要求企业报送所有评审所需资料，一般包括：担保申请书、企业的主体资料、企业的财务资料、企业的业务资料以及反担保措施的相关材料等。

通过对申请担保企业提供资料的审核和社会调查，担保机构可以确认企业是依法合规经营的。之后，对担保项目进行全面评估，综合分析申请担保企业的行业情况、市场情况、企业素质、财务状况及反担保措施，重点分析企业按期还款的能力、担保期限内的各类风险，最后撰写出有明确评价理由和意见的评估报告和法律意见书。评估报告和法律意见书提交担保业务部门和担保机构决策者参考。

3. 担保项目的决策与实施

由于各担保机构的运营管理模式和担保业务品种不同，它们的项目决策也会采取不同的操作方式。但不管采用何种决策方式，为了回避担保机构内部的道德风险，建立内部横向制衡机制，一般都要求按照“担保评审与担保决策相分离”的原则来执行。与此同时，项目决策机制还要与项目经理责任制有效地结合起来，以提高决策的科学性和准确性。担保项目的决策一般有以下两种方式：

（1）项目评审委员会制度

即由担保机构中负责项目评审、风险管理、法律事务、计划财务等有关人员组成项目评审委员会，并担任委员。评审委员会既要对担保机构的有权审批起到智力支持作用，同时还对有权审批人起到制约作用。

（2）分级授权决策制度

对于一些风险控制制度比较完善、业务经验较丰富的担保机构，在一些比较成熟业务领域，可实行分级授权管理决策模式。在分级授权决策中，担保机构的最高决策机构是项目的最终决策者，总经理、部门经理、分支机构负责人可分别在不同的授权范围内开展担保业务。分级授权决策制度一般以担保责任金额大小为授权划分的依据，并规定超过授权额度的项目必须报上一级决策机构审批。

担保机构应根据自身的情况以及针对不同的担保业务品种制定简洁、明确的担保业务审批流程，使项目的决策做到有章可循，以提高工作效率和决策水平。

4. 担保项目的后期监督与管理

担保机构签订《保证合同》后，意味着承担保证责任的开始。在担保责任解除以前，担保机构必须指定专人负责每个项目的跟踪和管理。担保机构对在保项目的监督和管理包括以下几方面内容：第一，担保贷款发放后，及时到被保险人的经营现场进行调查，检查资金是否及时足额到位，是否按合同约定使用资金；第二，在担保期内，定期对抵（质）押物进行检查；第三，定期对项目进行跟踪调查，与企业的领导层定期进行沟通，了解其重大经营策略调整、管理结构及组织结构变化等。

担保责任的解除有以下两种情况：

一是无代偿接触担保责任。委托担保人在担保贷款到期日足额清偿《借款合同》和《保证合同》项下的全部款项，担保机构的保证责任即告解除；二是代偿解除担保责任。如果委托担保人在担保贷款到期日未能按时足额归还银行贷款，按照《保证合同》的约定，担保机构须代替委托担保人归还银企所欠银行的债务，即发生代偿。

四、反担保措施

1. 反担保的概念

反担保是债务人或第三人向担保人承诺或设定物的担保，在担保人因代为清偿债务人的债务而受到损失时，向担保人进行清偿的民事行为。《中华人民共和国担保法》第四条规定：第三人为债务人向债权人提供担保时，可以要求债务人进行反担保。反担保实质上也是一种担保，是对担保的担保措施。在我国，反担保同样适用于《中华人民共和国担保法》中有关担保的规定。反担保方式可以是债务人提供的抵押或者质押，也可以是其他人提供的保证、抵押或者质押。反担保措施既包括物的反担保、权利反担保，也包括信用反担保。

在此需要注意的是，债务人自己向担保人提供的反担保只能是物的担保，而不能是保证，只有第三人为债务人提供的反担保才可以是保证或者是物的担保，因为债务人为自己提供的信用担保等于没保证，不利于保障担保债权的实现。《担保法》关于反担保的规定在《担保法》司法解释第二条中有所体现，司法解释第二条第二款规定："反担保方式可以是债务人提供的抵押或者质押，也可以是其他人提供的保证、抵押或者质押。"这一规定的立法宗旨仍然是为了保障债权人债权的实现。

2. 反担保措施的作用及其评估

设定反担保措施能够在一定程度上保护担保人的利益，是担保机构分散担保业务风险的一个重要方法。通常，担保机构为了保护自身利益，分散和控制担保风险，会要求债务人为其提供反担保措施。反担保措施保护担保人的利益的程度，取决于反担保措施的合法性、变现价值、变现费用、变现税负、变现的难易程度等因素。为确定反担保措施的保障程度，在反担保设立前，要对其进行客观、科学、稳健的评估。

反担保措施评估，即是对反担保措施的合法性、权属、价值及可变现性进行的全面评估。价值评估需根据不同的反担保措施，采用不同的评估方法。由于反担保措施评估的专业性很强，涉及的面很广，有些种类的反担保物的评估需要相关资质。这样，担保机构经常需要和专业评估机构合作或聘请专业机构进行评估。在这种情况下，担保机构应着重判断中介机构的评估方法选择是否适当，是否与评估目的相符，以及评估结果是否可靠等因素。

3. 反担保措施的审核

对反担保措施的评估，除需确定反担保措施的价值外，还要评估将来如果发生代偿时，能够顺利向反担保人追偿或取得反担保标的，并及时变现。因此，进行价值评估前，要审核反担保人、反担保措施的合法性和担保标的的权属，为未来工作奠定法律基础。

(1) 合法性审核

合法性审核的主要依据是担保法及其司法解释，担保法及司法解释主要进行了以下几方面的界定：关于保证人的规定；关于可以抵押的财产和不能抵押的财产的规定；关于可以质押的票据及权利的规定等。

(2) 反担保物和权利的权属审核

担保机构要对反担保标的的权属进行审核。其中包括：审查有关权属凭证，判断反担保标的是否为反担保措施提供者所有；如属于几方共有，核实是否经过标的共有人同意，是否有权进行有关处置；是否存在权力瑕疵。

4. 反担保措施的生效

不同的反担保措施具有不同的生效条件。

(1) 保证反担保措施的生效

保证人与债权人应当以署名形式订立保证合同。依法成立的合同自合同成立时生效。

(2) 抵押反担保措施的生效

以无地上定着物的土地使用权、城市房地产或者乡（镇）、村企业的厂房等建筑物、林木、航空器、船舶、车辆、企业的设备和其他动产抵押的，应当办理抵押物手续、抵押合同自登记之日起生效。

(3) 质押反担保措施的生效

质押反担保措施包括动产质押反担保措施和权利质押反担保措施。

1) 动产质押反担保措施的生效。出质人和质权人应当以书面形式订立质押合同。质押合同自质物移交于质权人占有时生效。

2) 权利质押反担保措施的生效。根据不同种类，权利质押合同的生效条件分别为：自权利凭证交付之日起，自办理登记或履行一定手续之日起生效等。

(4) 其他反担保措施的生效

其他反担保措施如收益权、个人连带责任等，应当通过公证机构进行公证。

5. 再担保

(1) 再担保的概念

所谓再担保，是指对担保人所承担的风险的担保，是对担保机构进行的担保。担保机构在承担担保责任的同时，按照国家法律的规定，将其已承保的担保风险按照一定的比例再次担保，以分散和转移以担保的风险，同时将已收取的担保费按照再担保的比例支付给再担保机构，由再担保机构来承担这部分的风险。发生赔付时，由再担保机构按照其与担保机构约定的方式和应承担的比例进行赔付。

再担保是担保机构分散和转移已担保风险的重要方式。再担保机构还可以将其已担保的项目通过再担保的方式向全国乃至世界范围内的再担保机构再次转保出去，通过这种多层次的转保将担保机构最初承担的风险在最大限度内予以规避、分散和转移，将担保机构的风险系数降到最低。

(2) 担保与再担保的关系

再担保是由担保派生出来的，是担保业务的一种，因而具有担保的一般特征。再担保同样是在信用的基础上把风险作为其经营对象。但是担保与再担保也存在一定的差别，主要表现在：

1) 合同涉及的当事人不同。担保合同的当事人是被担保人（投保人）、担保人和受保人；而再担保合同的当事人是担保人和再担保人。

2) 担保的标的不同。担保合同的担保标的是被担保人的财产、信用及其利益和责任；而再担保合同的担保标的是担保人分担出去的担保责任和风险。

3) 赔偿的性质不同。担保人对受保人有直接赔偿的责任；而再担保只是对担保人的赔偿进行分担，是对担保责任的第二次分摊。

4) 合同涉及的范围不同。担保合同通常是担保人与被担保人、受保人之间订立的合同，大多是属地担保；而再担保往往涉及的是较大的担保额或较大的风险责任，一旦涉及赔付，就会涉及再担保机构的财务基础，因而再担保机构往往将多个业务安排为一个担保合同，自留适当部分后，再分给几个或几十个再保险机构。

总之，担保是再担保的基础和前提，没有担保再担保就无从做起；而再担保是担保的后盾和保障，没有再担保，担保的发展就会受到限制。二者相辅相成，相互促进。

(3) 再担保业务

1) 再担保业务的条件。担保机构承担的担保业务均可以向再担保机构申请再担保，而进行再担保业务须满足的条件有：依法登记注册，具有独立法人资格；已成为再担保机构的会员；在再担保机构指定的协议银行开立账户；信用担保资金运作良好，有较好的信誉；担保机构有严格的担保管理制度；担保的项目有较好的市场前景和较高的社会经济效益。

2) 再担保业务的程序。再担保业务的主要程序是：担保机构提出再担保申请或达到强制再担保标准；根据担保机构的资信进行再担保审核；担保机构和再担保机构签订再担保合同，并按约定支付再担保费；当主合同不能履约时，担保机构代偿后，由再担保机构按照约定比例承担相应的责任。

3）再担保业务的种类。固定比例再担保和溢额再担保。固定比例再担保，是指担保人与再担保人约定，在一定的担保责任限额以内，担保人将全部同类担保业务都按照约定的同一比例向再担保人进行再担保，每一项业务所涉及的担保费和发生的损失，也按照双方事先约定的比例进行分配和分摊；溢额再担保，是指担保人将超过其预定限额的担保责任向再担保人进行再担保，或由担保人和再担保人共同对被担保人担保，由再担保人承担超过担保人预定限额部分的担保责任，对每一项业务所涉及的担保费和发生的损失，也按照双方承担责任的比例进行分配和分摊。

4）再担保业务的追偿。担保人与再担保人共同担保的项目发生违约时，担保机构与再担保机构要共同对债务人进行追偿，追偿收入在担保机构与再担保机构之间按照约定的比例进行分摊。违约发生后，担保机构应与协议银行共同催收贷款，或由协议银行进行展期处理。对逾期3个月无法收回的贷款，由协议银行提出报告书，经担保人调查核实后，按合同约定的责任承担代偿义务。担保人履行代偿义务后，将依法对债务人行使追偿权。再担保人要积极协助担保人对代偿资金进行追偿，对无法追偿而造成的损失，双方要按合同约定的比例进行分摊。同时，再担保人对担保人也享有追偿权。

5）再担保机构的风险控制。再担保机构需要对风险进行更加严格的控制，并以其净资产总额为限承担有限责任。被担保人必须以合法有效的资产进行抵押担保，并提供不小于合同额的反担保。此外，再担保机构还应于协议银行密切合作，积极采取各项风险防范措施。在再担保机构履行赔偿义务后，协议银行须积极协助再担保机构追偿债务。

（4）再担保的意义

再担保业务的主要作用在于转移和分散担保人的风险，提升担保人的信用。再担保的重要意义在于：

1）再担保有助于担保机构分担风险。担保机构是经营风险的企业，在其经营过程中面临着各种各样的风险。担保人通过再担保的方式可以使这些风险得以分散。他虽然不能减少损失，但是可以使担保机构的经营更加稳健。

2）再担保可以控制担保机构的担保责任。再担保可以根据担保人自己的技术、资金能力等确定自留额度，从而控制其承担的担保责任的额度，保证担保机构经营的稳健性和安全性。

3）再担保可以扩大担保机构的经营能力。担保机构的担保能力是受到其自身资本金和准备金等财务状况的限制的。由于担保机构的自由资金额是有限的，因而其自身的担保能力也就是一定的，从而使担保机构的业务发展受到限制。然而，再担保业务的开展，不仅可以扩大担保机构的业务发展，还为担保机构的稳健经营提供了合法的保证。

4）再担保可以形成巨额联保基金。在当今社会中，经济的快速发展不可避免地带来了更多的风险。这些风险，如果仅靠一家或几家担保机构独自积累的担保基金是难以应对的。而通过再担保的形式，各担保机构就可以形成一个更大的风险分散网络，在更大的范围内将担保基金聚集起来，使担保基金由分散走向联合，形成同业性或国际性的联合担保基金，增强担保机构的整体经营能力和抵御巨大风险的能力。

第四节 商 账 追 收

商账追收是征信行业的一个分支，是信用管理“事后处理”过程中需要使用的重要手段。

一、商账追收原理

商账追收（Debt Collection）原意是指企业的坏账追收，但随后这个词的含义发生了变化，大多数企业习惯于将内部账款管理和催收叫做应收账款管理，而将委托外部专业机构收账称为商账追收，这时，商账追收的含义逐步演变为委托专业机构收账。在本书里所论述的商账追收即指收账机构的收账行为。

商账追收的逻辑非常简单，其实质就是向违约的客户企业施加压力。但并不是任何一种可能的方式都是合法可行的。

根据信用管理理论，商账追收机构主要利用社会信用体系建立起来的失信惩戒机制的力量，依法对债务人进行破坏信用记录的威胁、道德/心理压力、法律诉讼的威胁等，追账程序设计技巧和电话催收技巧是商账追收业务的重要技术。追账机构主要靠威慑不良客户信用的方法进行追账，采用的方法是，在失信客户企业所在地，用法律方法催账，而且管理措施严密。追账机构的商账追收服务部门的专业人员依靠账龄分析、完整的证据、没有漏洞的法律语言、合适的频率、适当的登门拜访、诉诸法律的威胁、法律背景等，在案发当地进行追账。如果委托追账机构进行追账作为企业收账的终极手段，可以报复性地破坏违约客户的信用记录。

二、第三方追账的优势

账款的追收有两种方法，一种是由机构自身进行追收，一种是机构委托专业收账机构追收。通常的做法是，出现逾期账款初期，由机构自身进行催收，如果不成功，机构再委托专业收账机构进行催收。在解决逾期账款问题时，充分利用外部专业服务机构的支持是一种被证明行之有效的方法。委托专业机构代理追账正在成为国际通行的做法。

在追账服务上，利用第三方追账的优势有：

1. 增加追收力度

第三方专业追账机构大都是采用自己的专业收账员或代理机构在债务人当地进行追讨，这无论在追收形式上，实际追收效果上，还是对债务人的心理压力上，都远远高于自己的追讨力度。

2. 对案件的专业化处理

第三方专业追账机构一般多具有相当丰富的经验和知识，对每一类拖欠案件都会制定一套包含多种手段的措施，包括对案件的分析评估，调查追踪债务人，与债务人直接接触、协商，施加各种压力，律师参与协作追讨，代理法律诉讼。

3. 成本与费用的节约

企业在产生账款拖欠后，已造成相当大损失，收回可能性不大的话，更不愿过多地支付追讨费用。第三方专业追账机构一般采用“不追回账款，不收取佣金”的政策，它对客户来说，是一种减少损失的方法而不必冒额外损失的风险。当然，第三方专业追账机构一般也会考虑自己的经营风险。对于超过一定时间的账款要事先收取一部分手续费，以作为案件处理的部分费用。除此之外，客户不必承担非诉讼追讨中的任何其他费用。

4. 节省追讨时间

企业由于不熟悉债务人当地的法律和相关商业惯例，在收账过程中会遇到种种意想不到的阻碍和困难。而第三方专业追账机构通常采用在案发当地或委托债务人当地的代理机构进行操作，这样便避免了语言和习惯等的障碍，大大缩短了追讨的时间。

三、商账追收服务

世界各国的商账追收服务都经历了一个历史演进过程。在征信国家，商账追收服务的业务操作是在法律规范下进行的，例如，美国的商账追收业务受到《公平债务催收操作法》《债务收账法》和《破产法》的严格规范。

1. 商账追收服务的演进

商账追收业务与赊销活动是相伴而生的，因此历史也与赊销活动一样久远。几个世纪以前，欧洲国家的商账追收是一种通过采用骚扰、恐吓等手段达到为他人收款目的的不正当行业。这种追账组织在港澳台地区和东南亚国家以行业帮会形式出现，收账手段主要依靠宗法势力、地方帮会势力进行。随着社会的发展和法律日趋规范，这类不被法律承认、类似黑社会性质的机构已经逐步走向消亡。世界各国通过制定法律和规章制度，规范代理收账机构的收账行为，允许追账机构代理他人通过合法手段向债务人收回欠款，但禁止收账机构在收账过程中的各种非法行为。之后，收账机构逐步发展成为一项合法的、在商业活动中发挥着极其重要作用的行业。

现代的追账机构是以专业信息咨询人员、收账员、律师等为主体组成的机构，这类追账机构是国际商界中活跃的主流，其作用得到了世界各国的认可，在世界绝大多数国家和地区都是一项非常正当和规范和行业，各国对追账代理机构的追账服务都有明确而详细的规定。

2. 商账追收服务的市场分类

对提供商账追收服务的机构来说，商账追收市场分商业和消费者两个市场，分别对企业和对消费者催账。

在企业市场上，从事商账追收服务的专业机构的客户一般都是企业，追账的对象也是企业。在这个市场上，追账服务包括替客户在国内追账和在海外追账。通常，提供国内追账服务的机构一般能够在全国多个主要城市设立分支机构和业务代理，组织一个律师网络，在债务人企业所在的当地进行债务催收。对于海外追账，从事商账追收服务的专业机构一般依靠专业国际组织的会员，与各国会员建立互为代理的关系，在债务人所在的国家追讨账款。也有从事商账追收服务的大型机构，自己在海外设立分支机构的。

对消费者催账，债务人都是自然人性质的消费者个人，专业追账机构的客户多数是向当地居民公用事业机构、通讯机构、信用卡机构和发行购物卡的金融机构或商业企业。在消费者市场上从事催账服务，一般都有严格的法律法规对追账机构的作业进行限制，例如美国就有一部《公平债务催收操作法》，它规范了追账机构向消费者个人催账的工作方法。

3. 商账追收业务的盈利模式

从事商账追收服务的专业机构的营业收入，主要来自对被追回账款的提成，而且不追回欠款一般不收费。通常被追回的账款会先放到追账机构的账户上。追账机构会在账款转给委托人之前扣下合同规定比例的分成作为账款追收的收入所得。有的商账追收机构实行会员制，这样在收取代理服务费时，对会员和非会员实行不同的收费标准。在某些特殊情况下，商账追收机构还会相应上调佣金比率，例如当债务人进入破产程序或被依法关闭时。对于国内和国际商账追收的委托，专业收账机构的收费又有所不同。

对于国内收账，商账追收机构一般在接受委托时不收取任何费用，追账成功后按照合同规定收费。一般按照逾期账款的账龄收取不同的比例费用，通常账龄越大的费用比例也会越大。

对于海外收账，商账追收机构在接受委托时会要求委托方预先支付一部分委托费，目的是由委托人替它们垫付国际通讯、证据邮寄和应收账款诊断费用。如果追账成功，委托费将从追账机构的收费中扣除；否则，委托费用不予退回。

4. 商账追收服务的运作流程

从委托收款到追账关案，一般商账追收服务的流程包括三个主要部分：第一，出具授权委托书，提供案情资料；第二，签订追账服务协议开展追账；主要通过电子邮件/信件、电话/传真、互联网、上访面谈等途径，定期提供进程报告；第三，完成追账关案。

这只是一个大概的工作流程，具体到每个商账追收机构，会增加很多具体的细节。从接受客户委托到关案的流程基本如下：

（1）接受债权人委托进行应收账款管理。

（2）提醒债权人的客户付款到期，并在账款逾期的一定天数内（例如60天内）继续催收工作。

（3）接受委托进行逾期欠款追收。

（4）研究案情。

（5）调查债务人的财务状况与现状。

（6）交给联络小组进行联络，安排与债务人见面与谈判，进行追收工作。如果一个联络小组没有成功，一般启用另一个联络小组进行交叉追讨。

（7）如果上述途径仍未成功，建议客户通过追账机构的专业律师进行追收。

（8）如果客户统一将案件转交律师，律师将与债务人进行沟通，强调诉讼的后果，争取诉讼前解决问题。

（9）如果债务人没有协商解决的意图，经过调查，债务人有偿付能力，则向客户建议进行诉讼。

（10）如果客户统一进行法律诉讼，则着手进行诉讼和财产保全事宜。

（11）协助进行财产调查和法庭执行。

5. ICE 8000™国际信用监督体系信用商账催收暂行规则

第五条：信用商账催收按以下步骤进行：

第一步：了解和审核欠款情况，要求委托方提供如下资料与相关证据：欠款形成的原因，企业为催款已经做出的努力，欠款人对欠款提出的理由。认为证据合法有效的，接受委托，签订委托合同。

第二步：正确制作信用催款函，依法正确确定告诫条款。信用催款函，应当采用协会规定的格式，应当包括规定的项目。告诫内容不得与所在国法律和ICE 8000™国际信用监督体系规则相抵触。

第三步：将《信用催款函》向协会备案。

第四步：送达信用催款函。

第五步：对方按信用催款函规定还款的，将还款日期在原备案的信用催款函上加注付款日期与金额，并向还款单位回函。对方未按信用催款函规定还款的，按信用催款函上告诫条款实施信用惩罚。

6. 我国商账追收服务概况

20世纪90年代初，国内曾存在过为数不少的追账机构，这些机构很多与政府的某些执法部门存在某种联系，它们变相利用政府强制力开展工作。也有一些机构，甚至采取非法的暴力手段从事账款催收活动。比如说对欠债企业或个人在安全、精神等方面造成威胁，甚至采取某种直接或间接的蒙骗手段，骗取对方的款项。这些机构的行为极大地扰乱了经济秩序，损害了债权人和债务人的利益。所以在 1995 年 12 月，国家工商局在政府有关部门的配合下，几乎取缔了全部国内讨债类机构。

但是，从市场需求和实践来看，目前中国急需建立一批商账追收机构。根据发达的征信国家的信用管理体系运转的实践，商账追收机构一般通过采取某种合法措施，对欠款企业造成不便或者不能生存的威胁，或造成重大潜在经济损失的威胁，对违约付款的消费者个人造成生活不便，以此达到收回账款的目的。

在发达国家，威胁客户信用是仅次于法律诉讼的追账武器。其一般做法是，将有违约付款记录的企业和消费者个人登录到全世界都可以方便查询的“黑名单”上，让全球所有有一定管理素质的企业和有信用管理常识的个人都不与“黑名单”列出的企业和个人发生经济往来，最大限度地压缩了有不良付款记录的企业的发展空间，造成有不良付款记录的企业和消费者个人生活的极大不方便。

本章关键术语与主要问题

1. 关键术语

信用服务	保理	信用保险	信用担保
反担保	商账追收	信用管理咨询	账龄分析
国际保理	信用保险		

2. 要点

（1）保理服务的种类与作用。

（2）信用保险的种类与作用。

（3）信用担保的种类与功能。

（4）商账追收原理。

3. 思考题

（1）分析信用保险与信用担保的主要区别。

（2）分析保理与资产证券化的主要区别。

（3）简述商账追收的原理。

第十章

法律法规知识与信用监管

第一节　信用相关的法律法规

信用管理相关的各项主要法律的建立，是判断一个国家是否为征信国家的最主要标志。世界上大多数发达国家都是所谓的征信国家。一国是否建立信用相关法律，已经成为能否跨入征信国家门槛的一项硬性指标。信用相关法律一般包括信用投放方面的法律和信用管理方面的法律。

一、立法精神与原则

信用管理相关法律比较健全的国家多是发达国家。因为只有在市场上的信用经济成分相当大时，各类征信服务才出现。需要信用管理专业法律健全的国家，才能上升成为征信国家，才具备与其他征信国家平等交换个人征信数据和产品的条件。

1. 立法精神

研究发达国家的信用管理相关法律可以发现，其法律最主要的是要体现出保护人权和维护市场公平竞争两项基本原则。在相关法律系统不完善的情况下，控制信用对市场的投放也十分重要。

（1）保护个人隐私权

在发达国家，个人隐私权问题作为人权问题的一部分，一直受到各国政府的高度重视，大众对于个人隐私权问题也是非常敏感的。

市场上信用交易的扩大，必然会改变原有的市场规则，直至改变个人的生活方式。市场上信用交易规模扩大的关键，在于提升商业社会的信任程度，在于提高信用交易的成功率，这一切都建筑在包括企业资信调查和消费者信用调查在内的信用管理行业发展的基础上。使用征信方法必将大量涉及对消费者个人的信用记录进行评价，以及对评价结果公开和广泛的传播，从而涉嫌触及个人隐私权问题。

在技术层面，必须有法律将涉及个人隐私权的数据和合乎国际惯例的征信数据加以区分，并规定合法使用消费者个人信用调查报告的用户类型和传播目的，做到既保护消费者的隐私权不受侵犯，又使与消费者个人进行信用交易的授信金融机构或者赊销商取得授信的依据。

对于征信机构，其业务操作必须有法可依，提供企业和个人信用信息采集、查证调查、数据处理、数据存储和调查结果的传播等服务。纵观各征信国家的信用管理相关法律，必然设有限制消费者个人数据的使用范围和限制数据自由传播的条款。另一方面，在各发达国家，个人隐私权问题受到高度重视，甚至上升到了保卫人权的高度。这样的社会伦理，自然是制定法律要考虑的因素。

(2) 体现市场公平竞争

征信国家的信用管理相关法律还有一个重要特点，即仅保护消费者个人，而不保护企业的信息。除奥地利、丹麦和卢森堡以外，在绝大多数建立有信用管理专业法律的发达国家，都没有信用管理专业法律涉及保护企业法人。这为的是体现市场公平竞争的精神。

政府和社会公众都认为企业是一个小社会，成熟的机构管理是由各种专业人士形成的团队执行的，机构在专业知识、产品信息、财务手段方面都较之消费大众有强大优势。机构的自我保护能力强，它们有能力聘请法律顾问和财务顾问，可以为自己的商业秘密申请专利保护和其他形式的保护。在包括征信产品在内的各类产品销售过程中，消费者是信息不对称的弱势方。因此，法律没有必要在这个问题上保护这样的利益集团。反而，企业对其设计和生产的产品或服务具备非常高水平的专业知识，企业是掌握其产品信息的强势方，包括发放信用工具的企业，完全有欺骗或者欺负消费者的能力，应该由法律强迫企业主动公开有关信息，消除企业和金融授信机构对消费者个人的信息不对称现象，监督各类企业的经营行为。

由于信用管理专业法律没有对企业进行保护，也就没有其他具体的规定。在一些具体的授信和征信业务中，需要回避一些法律缺陷，取得一些法律的保护或者支持。中小企业的信用担保服务可谓比较典型的例子。众所周知，大型企业的管理主要靠制度，也有监督机制。而中小企业的情况则不然，且不论个体工商户，即使是责任有限公司的中小企业，其企业主或企业主要经营者个人的信用决定了企业在经营活动中是否守信。因此，对于向中小企业进行放贷的金融机构和赊销的供应商，与其取得中小企业的资信调查报告，不如审查中小企业法人代表或主要经营者个人的信用。贷款给中小企业，不如贷款给企业法人或主要经营者个人。如果取得小企业主个人的担保，其所承担的是无限责任，在出现问题时，可以援引《个人破产法》等其他法律处理，而不是机构法。因此，一些担保机构在给中小企业担保时，要求企业法人代表个人或主要经营者个人对机构的贷款进行反担保，目的是转移机构债务的责任人，以援引不同的法律，要求经营者个人对机构的债务负无限责任。

在不违反上述精神的基础上，一些信用管理相关的法律也可以为国家在某一特殊时期的建设任务服务，使法律有一定的政策倾向性和时效性，以达成一些相对长期且特殊的社会目标。例如为开发和建设西部地区，可以在该地区的市场上增加投放信用工具。在需要建立失信惩戒机制时，可以分别以信用手段对红名单或黑名单上的企业和个人进行惩罚。可以看出，法律的实质不外乎是向利益团体及其成员增加投放信用或者降低信用标准。

然而，不论要达成什么特定的社会目标，维护市场公平竞争都是建立信用管理相关法律所需要坚定不移坚持的另一项方针。保护市场公平竞争，包括对各类金融机构公平的开放信用工具发放业务的许可，使金融机构的业务特色由市场选择，而不由政府进行规划。使消费者个人公平获取授信机会，也是在维护个人在经济生活中的具有平等的成功机会。在合理保护个人隐私的情况下，在市场上全面开放企业和个人经济活动方面的征信信息，使交易双方取得信息对称，也是维护市场的公平交易。它的另一作用在于保证失信惩戒机制的运转。

2. 立法原则

在考虑建立信用管理专业法律时，有若干项原则应该体现出来。一旦立法的原则被确定下来，法律就比较容易分类，执行条款也比较容易制定，政府执法部门也比较容易确定。因此，在信用相关法律法规的总体设计中，应该考虑建立如下原则：

（1）保护消费者权益原则

定义消费者在交易中的地位，说明在任何信用交易性质的市场交易关系中，消费者的权益必须得到保护。在商品经济中，消费者是重要的交易主体，对商品的消费和供给起着重要的推动作用。为了充分发挥消费者在市场中的积极作用，发掘消费潜力，配合政府的财政政策，拉动内需市场，必须充分保护消费者的权益。法律保护消费者在市场中不受到欺诈、误导和蒙蔽，消费者还有充分了解商品、信贷、自己的信用记录等的各项权利。一旦发生消费者权益被侵害，由指定的政府部门或者机构接受消费者的投诉，规定授信方和信用调查中介机构如何处理消费者的投诉。同时，通过保护消费者权益，体现出保护人权的原则。例如，在美国著名的《公平法》系列都在《消费者保护法》的大类之下。

（2）维护市场公平竞争的原则

理想的市场状态是公平竞争的状态，这是政府在努力创造和维持的，从信用管理专业法律的立法角度看，在这个大原则下，还可以细分若干个方面的原则，主要包括：

1）消除信用交易中的信息不对称影响的原则。要求任何授信机构及其代理人或从事赊销的商业企业，必须明白无误的披露不同贷款的成本和信用条款，以便作为受信者的消费者能够比较使用不同信用支付工具的条件，从而做出最优的消费选择。美国的《诚实信贷法》把授信方的信息披露原则作为消费信用法律制度的首要原则。另一方面，授信机构和雇主有权了解作为受信交易对方的信用记录，以提高赊销和放贷的成功率。

2）平等信用机会原则。也称无歧视原则，是指在取得和应用信用支付工具方面，人人都享有平等取得授信的权利，而且取得授信的条件都应该一样。任何授信机构都不得因消费者的民族、性别、婚姻状况、年龄、宗教信仰等方面的原因，而拒绝消费者的信用申请。

3）金融机构平等和正当营业的原则。保证任何合格的金融机构都能够同等取得开办消费信贷业务的权利，以及经营任何信用支付工具的权利，而不论金融机构是何所有制、规模大小、是否商业银行等等。金融机构在经营消费信贷业务的活动中，应当公平竞争，不得从事不正当的恶性竞争，防止金融机构和赊销商违反规定，擅自提高或降低贷款利率或变相提高或降低贷款利率，或以低于成本的价格大规模和长期的促销信用支付工具。

(3) 调控信用工具发行的原则

该原则的目的是降低通货膨胀率失控的威胁。

(4) 强制开放征信数据原则

为保证交易双方信息对称，促进信用管理行业的平衡发展。在公众信息查询的权利与国家信息保密制度在法律上相互冲突的问题上，政府在新形势下调整政策，在两种利益之间取得平衡。新建的信用管理相关法律将体现由政府最大限度地向公众公开由政府生产和掌握的征信信息，更多的考虑经济发展和国计民生。中国已经加入 WTO，要考虑企业和个人征信数据开放的国际对等原则，争取使我国进入征信国家的行列。

(5) 促进信用管理行业发展的原则

法律不是在限制信用管理行业的发展，而是根据市场的要求和社会信用体系的规划设计，促进信用管理行业健康、平衡的发展。

(6) 指导征信机构的工作方式，并使其提供真实信息原则

基于事实，仅基于事实。征信机构所提供的信用调查报告必须公正且真实。授信机构往往凭信用调查报告来决定是否向申请者提供信贷，或者将信用调查报告作为主要的授信参考决策，而不真实或不准确的消费者信用调查报告则会使消费者不能取得信用支付工具和消费信贷，为了防止消费者因不真实的信用调查报告而遭受损害，必须让消费者有机会申诉和处罚提供假信息的授信机构。

(7) 法律相容原则

该原则要使新制定的法律与现行法律在内容上不冲突。

二、国内外的信用相关法律法规

1. 国外信用的相关法律法规

在发达国家，不论是公众还是政府，都不能容忍对任何经济失信记录的保护，一致认为保护企业和个人的经济失信记录是对公众利益的侵犯，是一种对社会的犯罪行为。

研究征信国家的信用相关法律，可以从法律文本的内容上看出，法律主要的作用有两个：一是要宏观控制或指导授信机构在市场上投放信

用工具；二是要保护消费者权益，减少信用交易中的信息不对称程度。在美国，成套的信用管理相关法律——著名的公平法系列就被国会分类到《消费者保护法》类别之下。从市场信用交易的微观机制考察，信用管理相关法律又可以分为两大类，即金融相关的信用管理专业法律和信用消费相关的信用管理专业法律。

信用管理专业法律是建立在一些更为基础的法律之上的，例如《信息自由法》《电子信息保护法》《个人隐私权法》《个人破产法》等法律。这些法律虽不属于信用管理直接相关的专业法律，但影响到信用管理专业法律的立法工作。对于从事信用管理服务的专业人士而言，上述与建立信用管理专业法律相关的更为基础的法律被称为边缘法，属于应该被信用管理专业立法工作"扫清"的"障碍"。

美国信用管理的相关法律法规是随着信用市场的发展而逐步颁布并完善起来的。信用管理行业在美国最初产生于19世纪40年代，到20世纪30年代有了长足的发展，50年代现代信用管理蓬勃发展，与现代信用管理的发展相适应，60年代末到80年代初，美国在原有的信用管理法律法规的基础上，进一步制定与信用管理相关的法律，经过不断完善，形成了一个比较完整的法律法规框架体系。

美国基本信用管理的相关法律共有17项，具体见表10—1。

表10—1　　美国基本信用管理相关法律一览表

序号	中文译名	英文名称	主要内容
1	公平信用报告法	Fair Credit Report Act	规范信用报告行业的基本法
2	平等信用机会法	Equal Credit Opportunity Act	所有申请人都仅仅被考虑与实际申请资格有关的因素，不得以某些个人特征而被拒绝授信
3	公平债务催收作业法	Fair Debt Collection Practice Act	规范专业商账追收机构的法律
4	公平信用结账法	Fair Debt Collection Practice Act	保护消费者，反对信用卡机构和其他任何开放终端信用交易的授信方在事前提供给消费者以不精确的收费解释和不公平的信用条款
5	诚实租借法	Truth in Lending Act	旨在消除受信机构的信息不对称，维护金融机构公平竞争
6	信用卡发行法	Credit Card Issuance Act	信用卡发卡机构不得向没有提出书面申请的人发卡，不包括到期更新卡的情况

续表

序号	中文译名	英文名称	主要内容
7	公平信用和贷记卡公开法	Fair Credit and Charge Card Disclosure Act	规范对信用卡或赊购卡的机构的行为，要求他们在发给客户的申请书和有关的广告传单上必须注明信用卡的信用条款
8	电子资金转账法	Electronic Fund Transfer Act	规范金融机构的电子转账活动，规定参与活动的金融机构的权利、义务和其他责任
9	储蓄机构接触管制和货币控制法	Depository Institutions Deregulation and Monetary Control Act	该法将个人存款的保险额度从 4 万美元提升至 10 万美元，关于信贷的利息等也有些新的规定
10	甘恩—圣哲曼储蓄机构法	Garn-st German Depository Institution Act	对非银行金融机构开放许多种类的金融业务，扩展储蓄来源，取消对储贷会的放贷利息上限
11	银行平等竞争法	Competitive Equality Banking Act	特许商业银行合法从事承销有价证券业务
12	房屋抵押公开法	Home Mortgage Disclosure Act	规定存款机构必须对所服务的社区详细说明有关抵押的具体手续和要求
13	房屋贷款人保护法	Home Equity Loan Consumer Protection Act	规定在申请人个人住房贷款的初期，金融机构必须向消费者揭示更广泛的信息
14	金融机构改革—恢复—执行法	Financial Institutions Reform, Recovery and Enforcement Act	该法主要在于防范不良贷款的发生，靠公债支持的紧急援助措施，清算无清偿能力的储贷机构
15	社区再投资法	Community Reinvestment Act	该法规定参加保险的联邦银行和存款机构有义务帮助支持其吸存业务所在社区的信贷和服务便利，要求金融机构开发新的信用手段，向消费者提供低利息的信贷服务
16	信用修复机构法	Credit Repair Organization Act	规范信用修复机构的业务操作
17	格雷姆—里奇—比利雷法	Cramm-leach-bliey Act	扩大信息共享的范围

2. 我国信用法律法规建设

随着我国的社会主义市场经济建设取得巨大的成功，市场上信用交易的成分逐渐增大，我国的经济开始徘徊在信用经济时代的台阶之下。

自 1996 年下半年以来，伴随着我国人均收入水平的提高和买方市场的全面形成，全社会对信用、信用工具和诚信服务的需求显得越来越强烈。尽管在 2000 年我国的 GDP 仅处在 849 美元的水平上，距离进入信用经济时代所要求的 2 000 美元的 GDP 水平有相当大的差距，但东南沿海和内地的一些省份和大中城市的人均购买力已经超过信用经济临界值的 2 000美元，个别城市的人均年收入甚至超过 4 000 美元。

在社会信用体系建设的初期阶段，由于没有最基本的信用管理相关法律法规，已经严重影响到各地企业和个人信用制度的建设和试点工作。如果没有法律法规的保证和规范，信用管理行业就不可能得到健康发展。因此，市场经济的发展需要建立一套信用管理相关的法律法规。

尽管建立信用管理相关法律势在必行，但是，我国建立信用管理专业法律的道路还比较漫长。根据我国的具体情况，我国的立法工作还要走过几个必要的过程，才能够立专业法。另外，一国的法律必须相容，不允许有冲突。所以，还需要适当修改《商业银行法》《档案法》《保密法》《统计法》等现行法律，包括重新解释上述现行法律中的若干条款，以求与将要建立的信用管理专业法律相容。另外，如果在《民法通则》《公司法》《反不正当竞争法》等法律中，增加一些有关内容，可能更有利于信用管理专业法律的建立。

为了促进信用管理行业的发展和建立失信惩戒机制，先期出台的信用管理相关法律应该有助于使各类征信数据得以商业化的开放，使各类征信机构在采集、技术处理、电子化存储、核实和传播经过加工的企业和个人信用信息没有障碍，推动信用管理行业的发展，确定了具体政府部门的解释法律和执法的作用，对个人隐私进行保护。

在信用管理相关法律没有建立以前，相关法规的建设就显得十分重要。上海是我国最先建立信用管理相关法规的城市，上海市已经出台的法规是一个局级法规，是上海市信息化办公室制定的，是为了配合在上海市建立个人信用制度的试点工作。自 2000 年起，北京、深圳、汕头、温州等城市分别根据当地信用管理体系的需要，出台了信用管理相关的地方法规。

第二节 政府的信用监管

政府的监管系统是社会信用体系的配套，是独立于社会信用体系中服务体系的，政府要在社会信用体系建设工作进入到一定阶段后，适时建立起社会信用体系中的监管体系。

一、政府信用监管概述

社会信用体系是一项复杂的社会系统工程，建立适合信用交易发展软环境的基础设施，需要政府发挥很大的作用。但是，政府财政也不能无限制地投入或负担社会信用体系的运转。因此，政府需要指定或建立一个专门负责社会信用体系相关事务的监管部门，制定政府的政策，并且由信用相关法律对政府的监管职责和权限进行定义，确立政府在社会信用体系中的法定地位。

1. 政府在社会信用体系建设中的定位

鉴于社会信用体系对社会经济和文化的影响，政府必然要在社会信用体系的建设、运转和维护中发挥重要作用。在信用经济发展中，政府具有双重身份：一是作为经济行为主体直接参与信用投放，如发行国债和政府采购等。二是作为执法者，在所有信用风险控制领域的经济活动中以“裁判员”的角色出现。无论以何种身份出现，政府的定位必须明确且正确，政府行为错位会严重影响信用经济的健康发展。

对于需要建立社会信用体系的国家，尽管政府介入建设的时机、方式和力度可以不同，但政府的作用是不可替代的。政府的作用可能会贯穿包括启动、建设、运转和维护阶段的全过程，也可能从建设后期的某一个阶段介入。对于社会信用体系建设的后进国家，有可能要求政府发挥更多的作用。

总之，在各国的社会信用体系建设过程中，政府的定位一般包括：

(1) 社会信用体系建设的倡导者

对于征信国家，政府要对社会信用体系的建设和运营者施加影响，健全各个子系统的功能。根据社会经济发展的需要，调整社会信用体系的工作模式，达成一些特定的社会或经济目标。对于社会信用体系建设后进的大多数发展中国家，政府在建立社会信用体系问题上是“先知先觉”的。在经济发展到相应的阶段，政府需要适时启动社会信用体系建设工程，依次推动社会信用体系中各个子系统的建设。在一些子系统建设的初期，给予政策和有限的财政支持。

在社会信用体系的建设过程中，有些工作需要政府监管部门直接参与和组织实施，例如，失信惩戒机制的运作系统；组织对失信者进行的社会联防；实施信用教育工程等。政府倡导的形式还包括宣传、调研、理论和政策研究、培训、培育征信市场、培育信用管理人力资源市场等。

（2）社会信用体系的规划与设计者

不论是否征信国家，政府要根据本国的国情，对采用广义还是狭义的社会信用体系定义做出决定，还要确定本国社会信用体系的工作模式，特别体现在各个了系统的工作模式，解决个人征信子系统采取公共还是私有模式问题，以及是否允许外资直接介入问题。对从中央到地方的社会信用体系建设做出规划，或者确定一些指导性的原则。

（3）社会信用体系建设工程的启动者

对于社会信用体系的后进国家，如果不允许外资直接介入社会信用体系建设工作，在本国的投资人还没有对征信行业有所认识时，政府的财政要根据实际需要，扶持和推动服务体系中某些急需建设的征信业务的建设。例如，为了培育征信市场和支持企业信用制度的建立，政府财政可以支持社会信用体系中信用管理咨询服务导航系统的建设。政府财政还可以通过支持信用担保行业的发展，间接支持个人征信机构的发展。

（4）法律法规的制定者

在本质上，一国发展信用经济的市场规则是由政府制定的，以法律、法规、条例、政令、惯例、判例等形式出现的，社会信用体系的建设和运行是在信用相关法律框架下进行的，政府的监管部门往往是法律法规的起草者。

（5）维护市场规则的执法和法律的权威解释者

法律必须是可执行的，政府应该是信用相关法律的执法者，有的国家的法律直接赋予某些政府部门执法任务。虽然议会享有法律的最高解释权力，但是政府是法律的起草者，并在监督管理和执法过程中不断总结经验，对一些法律条款的理解深刻，可以在议会的委托或指定下，对法律条款进行技术性解释。

（6）征信数据的整合/中转站

有信息开放传统或信息市场化环境好的国家，通常存在面向社会服务的各类国家数据库，政府需要维护专业数据“呈缴”制度和数据仓库的运行。对于非征信国家，存在将相关政府部门掌握的信用信息开放问题，也存在建立整合民间数据源的有效机制问题。政府监管部门要把握政策导向，改善征信市场的信息环境，培育数据供应商群体，并在国家安全的框架下全面开放征信数据，并最终达到征信国家的平均水平。

对于像我国这样的长期处于信息管制的国家，为了建设社会信用体系，政府主管部门需要协调相关政府部门掌握的征信数据，并通过合法途径向征信市场开放。当政府的信息开放与保密制度有冲突时，为了保障公民获取信息来发展市场经济的权利，政府要调节政府所掌握的信用信息公开和保密制度之间的松紧度，在最大限度内保障国家的根本利益不受到侵害，又能够促进国家信息化建设和市场经济的发展。

（7）对失信个人和企业进行社会联防的组织和协调者

失信惩戒机制重要组成部分是对失信企业和个人的社会联防机制，对于一些社会信用体系初建的国家，新的市场规则带来了一些新问题，要求政府出面协调，例如，公众不信任征信机构、被惩戒者要求向政府部门申诉、供应商在证据上作弊、各类打击报复现象等。

2. 政府的信用监管工作

通常，在社会信用体系中，政府要维护市场公平竞争、保护消费者利益、维护国家经济安全、促进信用管理行业的发展。在社会信用体系中，政府的权利由行管部门行使，政府行管部门又称为政府对信用管理行业的监管管理部门，其法定地位和功能由法律法规明确规定，包括管辖范围。政府对信用管理行业进行监督管理的部门可以是一个，也可有多个，要视该国的政府机构设置和促进信用管理行业发展对该国经济发展的重要性。如果一个政府部门能够对全部信用管理行业的分支进行监督管理的，基本排除其他政府部门的插手管理，这个政府监督管理部门就被称为统一的行业管理部门。

至于多少个政府部门会涉及社会信用体系的建设和运转，各国的情况是完全不同的，这往往是取决于国家大小、社会制度、法律法规健全程度、政府机构规模、有无设立统一的专职信用管理行业监督管理部门、有无开放征信数据的文化传统等诸多因素。一般的，如果一国没有在法律框架下设立统一的政府行业监督管理部门，必然会涉及到多个政府部门参与社会体系建设，造成多个政府部门同时插手行业管理。

作为政府的专职行业监督管理部门，所要发挥的作用在两个方面，一是宏观调控金融机构和零售信用授信单位对市场的信用/信用支付工具的投放总量，根据国家的经济状况，促进或短期抑制信用支付工具的投放；二是促进或者规范包括征信行业在内的信用管理行业的发展，对征信机构的业务操作行为建立起监督管理机制。

3. 政府信用监管的准则

为了推动信用管理行业的健康发展，政府会设立一个相对统一的行业监督管理部门。政府的信用监管需要遵守的准则是：政府财政有限推动或者基本不投入；形成大的服务体系、小的监管体系，两者比例协调；服务体系建设先行，逐渐形成科学设计监管体系的基础；明确政府的信用监管工作内容，它主要的信用监管工作对象是金融授信机构和征信机构，而一般不直接针对普通企业和消费者个人；服务体系可以对监管体系提供一些技术支持，降低监管体系的建设投入和运行成本。

(1) 宏观调控信用投放

不论一国建立的是广义还是狭义的社会信用体系，政府都需要对信用投放进行宏观调控，适当加大或减少信用投放的总量，平衡市场对信用的供求关系。信用包括零售信用、现金信用和服务信用，信用总量是银行信用量、合作信用量、国家信用量、企业间商业信用量、银行间同业拆借信用量、民间信用量的总和。社会信用总量是衡量经济信用化程度的重要指标，信用总量的大小必须服从经济发展的需要，并根据经济发展的状况不断进行调整。滥发信用会给社会带来一些负面影响，信用具有让消费者“提前消费”的特征，是一种“寅吃卯粮”的行为，会引诱理财知识水平比较低的人无节制地进行消费，从而产生其他社会问题。

(2) 规范信用交易市场操作规则

政府行管部门要促进信用管理行业各行业分支得以平衡发展，使得政策或法律支持的授信活动得到信用管理行业的技术支持，也要规范信用管理行业的业务操作，使得包括个人隐私权在内的人权得到保障，在合理的程度上帮助企业建立商业秘密保护的意识，避免引起其他社会问题，诸如信息安全、避免触犯社会敏感问题等。

（3）规划行业发展

如果一国政府从社会信用体系建设的启动阶段介入，政府要根据本国的社会制度和经济发展状况，选择适合本国国情的社会信用体系模式，确立涉及社会信用体系建设工作的一些原则，指导制定合理的规划和建设工程的框架方案，扫清建立社会信用体系建设工作的外围障碍。政府要指导社会信用体系中各个服务子系统建立市场化的运作机制，保证各子系统以商业化形式长期运行下去。

在建立社会信用体系的初期，政府行管部门首先要确定信用管理行业的发展模式，包括规划和布局问题。例如确定以欧洲公共模式、美国的私营模式和公私补充的世界银行建议的模式发展个人征信行业，以及应该建立的个人征信机构的家数和行业准入条件。还要解决诸如“如何布局?”和“是否要建立地方性的个人征信机构?”等问题。在前一个问题解决之后，政府行管部门才可能明确整合多个政府部门掌握征信数据的做法和工作量，以及如何对征信机构和其他中介机构开放征信数据，使政府掌握的企业征信数据和个人征信数据逐渐市场化，并将成套征信数据库的成本降低到国际征信市场平均水平。后一项工作主要是建立成套的法律法规，以规范授信、调查、商账追收、失信惩戒机制等许多具体业务操作。一旦信用管理相关的法律法规建立起来，政府行管部门就负有明确的监督管理和执法功能了。

（4）负责执法

制定市场上信用交易的新规则是政府的重要任务，并将由社会信用体系建立起来的市场新规则纳入法制轨道。因此，政府要推动信用相关的法律法规建设，逐渐建立和完善相应的法律体系，并且负责执法。

二、国内外信用监管的工作内容与机构

政府涉足社会信用体系建设、运转和维护等工作，目的是维护市场的公平竞争、保护消费者利益、维护国家经济安全、促进征信行业发展。虽然各国政府都涉足各自国家的社会信用体系建设工作，并在运转和长期维护方面发挥作用，但各国政府发挥作用的方式、时机和力度并不相同，而且发达国家和发展中国家的政府在发挥作用的方式上差异相当大。

1. 不同国家信用监管工作

（1）公共模式和私营模式

公共模式是指，征信机构直接隶属于中央银行，信用信息主要来自金融机构，服务对象限于金融机构的非营利运作方式；私营模式是指，征信机构独立于政府机构与大型的金融机构，信息来源和服务对象相对广泛，由民间投资组成的市场化运作方式。

对于社会信用体系的建设，一些欧洲国家政府对社会信用体系建设涉足相对较深，例如，在建立支持个人信用制度的个人征信子系统时，以法国为代表的欧洲七国采用了公共模式，政府财政也一直支持个人征信系统的运转和服务。

发展中国家的情况则不同。由于社会信用体系建设的后进国家都存在追赶发达国家的愿望，希望加速建设，缩短建设时间，一些国家的政府就大力推动社会信用体系的建设。因此，从社会信用体系建设的启动阶段，政府发挥很大作用，例如印度的中央银行就全面介入社会信用体系建设的各个方面。还有一些发展中国家，将社会信用体系的设计和建设工作承包给外国的征信机构，或者允许外国人投资或参股建立中央征信数据库和主流征信机构，例如，墨西哥、尼泊尔和一些东欧国家。

大多数发展中国家的政府被要求在降低信用交易的信息不对称风险方面发挥作用，主要体现在开放政府掌握的信用信息上，促进征信行业的全面发展。如果不设法降低信用交易的信息不对称性，由信用风险产生的不良后果不仅给授信人带来损失，更扰乱了正常的市场交易秩序，破坏了信用交易链，毒化了市场参与者的道德意识，会对经济发展带来灾难性的后果。为了防止这种风险的广泛发生和经济生活的混乱，政府需要扶持征信行业的发展，在市场上建立防范和转移信用交易风险机制，培育征信市场，使任何类型的授信机构都有能力和工具进行科学的授信，达到总体降低市场信用风险的目的。如果一国政府采取促进征信行业发展的政策，就需要解决征信行业信用信息来源问题。当信息开放的环境变得良好时，政府则需要加强对征信行业的监管。

在国际上，各国的法律对企业征信业务都没有什么限制，企业征信机构基本都是私营性质的，企业征信制度不太需要公共模式。由于个人征信业务的敏感性，信用管理专业法律也都是规范个人征信活动的。目前，国际上主要存在着“公共模式”和“私营模式”两种模式的个人征信制度，也就是通常所说的“欧洲模式”和“美国模式”。

采用公共模式的优点主要有两个：保护金融系统的安全和更有力地

保护个人隐私。采用公共模式的缺点也十分明显，信用信息登记系统不向零售信用和服务信用授信人提供服务，不利于将信用工具渗透到社会的各个角落，信用交易对扩大市场份额的贡献不足。另外，公共模式下的个人征信机构不以营利为目标，政府有财政负担，征信数据库的容量相对较小。而私营模式的服务在准确性、及时性、竞争力、可查阅性等指标优于公共模式。所以，对许多国家而言，公共和私营模式的个人征信机构应该并存。

（2）公共模式下的政府监管

采用公共模式经营的个人征信机构往往采用金融机构会员制度，即金融联合征信方式，服务对象只有会员金融机构。西欧各国建立公共模式的个人征信制度的历史相当悠久。

信用信息登记系统的工作方式比较简单，它的基本做法是设定一个个人信贷的门槛，例如有 10 万元以上额度贷款记录的消费者便被系统记录，而贷款额度不足 10 万元的消费者不会进入信用信息登记系统。信用信息登记系统的个人信用档案记录人数就相当有限，而不是像美国那样，凡是该国的国民，包括死亡 10 年以上的个人都在信用局有一个信用档案。关于对个人失信记录的保存，欧洲各国要求的资料保存期各不相同。在英国和德国，个人违约记录会被保存 5 年，个人破产记录会被保存 30 年。

向信用信息登记系统提供动态数据的机构主要包括：商业银行、外资银行、基金会、保险机构、金融中介等，但信息来源主要是银行信息，包括消费者借贷、偿贷、信用卡、拖欠、金融诈骗等。系统通常以季度为周期更新数据。法国的个人信用信息登记系统的工作方式受到《消费者保护法》有关条款的规范，政府的具体监管部门是银行和金融管理委员会。

即使是发达国家，有些国家的信用相关法律系统也并不十分完善，立法工作颇费时日，还需要政府制定一些法规、规章补充法律的实施规则。政府有责任在执法过程中总结出法律的漏洞和执法存在的问题。对于依据判例为准则的国家，执法需要随时调整工作尺度。

至于政府监管工作使用的手段，常见的有：对经济失信实施经济惩罚；对失信者进行道德谴责；对失信记录进行公示；千方百计提高失信成本；对失信行为进行震慑；让失信事件的责任人长期不得进入市场经济活动的主流；鼓励各种市场经济参与者提供客户的失信记录，参加征信机构的供应商网络；奖励守信者，包括物质和精神两个方面的奖励；降低守信者经济活动的成本。

2. 美国的信用监管内容和机构

（1）美国的私营模式

美国是世界最发达的征信国家之一。美国政府对征信行业采取完全开放的私营政策。经过百年多的发展，形成了现在的私营模式。

美国的社会信用体系是根据市场经济发展的需要自然而然地形成的，它经过100多年的建设，“水到渠成”式地建立起来的。在社会信用体系的启动阶段，美国政府几乎没有做任何事情。直到20世纪60年代，为了解决因信用交易而引发的社会问题，美国政府才被动地“扯进”社会信用体系的建设，其作用主要体现在建立和完善信用相关的法律体系，对各类授信人（包括金融机构的和商业信用的授信人）的信用投放行为和征信机构的业务操作进行规范，以达到降低信用交易的信息不对称性、保护消费者和公平竞争等市场目标。也就是说，对美国的社会信用体系建设，美国政府没有推动，财政基本没有进行任何的投入，社会信用体系的基本建设完全靠市场力量完成。

在企业征信领域，邓白氏公司、益百利和全国信用管理协会等企业征信机构占有美国市场的大份额。在美国完全开放的个人征信市场上，形成由纯粹私营个人征信机构提供服务模式，政府完全不介入个人征信服务。美国有征信数据库覆盖全国的三大个人信用局，以及400多家地方信用局，消费者信用调查报告的合法用户有9种，主要是信用交易的对方和雇主，以及国家安全和司法机关。美国的资信评级、商账追收、保理、信用保险、市场调查等行业也完全是私有化的。

美国的信用管理行业经过100多年的发展，社会信用体系的功能相当完善，信用管理服务门类齐全，征信机构掌握世界最先进的专业技术。在北美的四家巨型企业和个人征信机构之中，有三家创建于19世纪。现在的业务已经向全球扩张。

（2）私营模式下政府的监管

美国政府对信用管理行业采取了放开手脚任其发展的政策，基本上不显示出政府的直接管理，对征信机构的管理完全依据法律赋予的权利。美国纯私营模式的优点是能全面支持现金信用、零售信用和服务信用三大类的授信，使信用交易规模得到迅速扩大。其缺点是，它容易引起征信市场的激烈竞争，造成民间资源浪费，而且对所在国家的立法和执法要求非常高。

美国政府根据法律赋予的权利，对信用管理行业进行监督管理。美国法律非常强调可执行性，各项法律的有关条款或者附则都会特别指出该法律的政府执法机关以及责任，行使监督管理的权限。被法律指定的政府监督管理部门有责任在其法律阐述的信用管理相关事务进行执法，对其管辖范围内的征信机构进行监督管理。发挥执法功能的美国政府部门被称为行业监督管理或执法机关，它们主要分为金融相关和非金融相关的政府部门。前者包括财政部货币监理局联邦储备委员会和联邦储蓄保险机构。后者包括联邦贸易委员会和司法部等。上述执法机关都是联邦政府的部门，但美国各州还有自己的州法，州级政府部门具有对州法的监督功能。除法律外，联邦政府还出台一些更基础的法典和州法，其中最著名的有《统一消费者信用法典》和《统一商业准则》。

在美国，规范金融机构的信用管理相关法律有许多部，法律一般指定联邦储备委员会和财政部的货币监理局作为执法机关。对金融机构而言，财政部的货币监理局更具威慑力，有时人们认为它是美国信用管理相关法律的第二执法单位。应该说，联邦储备委员会是美国信用管理专业法律的第一执法单位。各部基本“大法”所制定的主要执法机关都是美联邦交易委员会，例如公平信用报告法、公平债务催收操作法和平等交易机会法等。

联邦交易委员会建立于1914年。成立之初，联邦交易委员会的主要功能是反市场不公平竞争。它主要通过其所属的消费者保护局发挥法律赋予的监管功能和权威解释法律的功能。联邦交易委员会推动着信用管理相关的立法，同时也肩负着相关法律文本权威技术性解释的责任和义务。联邦交易委员会的主要职责包括：消费者信用保护类法律发挥的执行机构；制定和修订特定法规的主要提案机构；确保受有关法律规范的企业运营的安全稳定；举报违反法律并造成消费者实质伤害的不公平或欺诈的交易。在美国，征信机构和消费者最经常打交道的是该局下属的信用实务科。它管辖的范围包括全国的零售企业，提供消费信贷的金融机构、不动产经纪商、汽车经销商、信用卡发行机构等。

在美国，其他辅助的信用执法机关还有美国政府财政部的其他下属机构，负责房屋贷款的部门、保监部门和美国的联邦调查局等。财政部提供服务的依据是《信息自由法》，提供的信息不是商业化的，只收取一点行政手续费。在个别情况下，美国的联邦调查局也会提供给商账追收类机构有限配合和服务。

根据法律规定，美国政府信用执法机关的工作记录应对公众开放。

3. 我国政府对信用行业的监管

在2002年3月，由中国人民银行总行牵头成立了国务院建立企业和个人征信体系专题工作小组，共有16个有关的中央政府部委局参加，负责起草有关的法规，制定国家标准，这预示着我国政府统一的政府行管出现。

我国的政府监管概念要宽泛一些，包括对现行法律法规的执法，还要参与审批授信金融机构和征信机构，按照政府规章对金融机构和征信机构的工作进行审查。

（1）我国政府监管的内容

政府需要对行业施行统一监管，建立和健全相应的监管制度。监管的内容主要包括以下方面：

一是制定行业政策；协调和开放政府掌握的信用信息；二是对各类信用投放机构和征信机构的市场准入进行监管，主要是指制定各种市场准入标准，保证各交易主体的资格，促进征信行业务行业分支得以平衡发展；三是对市场运作过程进行监管，主要是指制定各种规范市场交易的规则，包括法律法规形式的规则，维护市场的秩序，维护消费者在信用交易中的权益，维护征信机构之间的公平竞争；四是对市场退出环节进行监管，制定市场退出的标准。值得说明的是，鉴于征信机构的业务特殊性，在对征信机构做出破产、分立、合并和重组等决定时，政府的行业监管部门需要就征信数据库的处置方式做出详细说明。政府监管要对征信数据库的最终处置方式进行严格的审核，保证所使用的处置方式不会侵害消费者的隐私权和其他社会群体的利益。

（2）我国政府监管的主要对象

1）金融授信机构。维护商业银行、信用卡机构、财务机构、保险机构等各类金融机构在开办消费信贷和信用卡业务的公平竞争；保护消费者权益，不允许金融授信机构在发放信用工具时歧视消费者；及时回复消费者的信用申请。

2）数据供应商。监督数据供应商合法提供信用信息；保护消费者个人隐私不受触犯；要求提供真实的信息；限制征信数据的销售价格；鼓励开发信息处理技术；避免大规模的信用信息泄露事件发生。

3）征信机构。不允许采集和传播不允许采集的信息；信用调查报告只允许销售给合法用户；不允许在信用评分模型中使用非法信息；对消费者的投诉及时处理；对失信记录合法传播与公示，但不允许超过保存期限；对失信记录的原始证据要以合法的形式长期保存；保证征信产品和服务的质量；控制大型征信数据库的整体转让和出售；严惩非法更改征信数据库信用记录者；评价征信机构，培养产品和服务质量高的机构。

4）提供信用风险控制或转移服务的机构。对特殊机构进行准入审批，颁发许可证；要求这类机构合理收费。

5）商账追收机构。

6）信用修复机构。不允许做欺诈性广告；限制高收费标准；严惩与征信机构数据库人员勾结者。

7）信用担保机构。严格限制商业银行超过放大倍数提供信贷额度；限制申请审查与调查费用收费标准；不允许误导消费者使用成本高的信用工具；不允许误导消费者过度使用信用工具。

8）参加失信联防的机构。鼓励机构拒绝与失信记录者进行信用交易；也不允许以查不到信用记录为借口而强迫消费者采用现金交易方式。

9）失信记录的提供者。不使诬告事件发生，惩罚诬告者；要求以法庭接受的形式长期保存失信证据。

10）任何代理发放消费信贷的机构。不允许误导消费者使用成本高的信用工具，必须向消费者解释各类信贷工具的成本。

本章关键术语与主要问题

1. 关键术语

征信国家　个人隐私权　公平竞争　信用环境　《公平信用报告法》

2. 要点

（1）法律与信用管理的关系。

（2）国外信用法律法规的比较和评价。

（3）政府在社会信用体系建设中的定位。

（4）政府信用监管的准则。

（5）我国信用法律法规建设的实践。

3. 思考题

（1）简述法律在信用管理中的地位和作用。

（2）简述美国和欧洲的信用管理立法对我们的启示。

（3）试述建设我国信用管理法律环境的意义是什么？

（4）试对我国信用管理的法律环境建设提出建议。

参考书目

1. 奥特曼等著，石晓军等译．演进着的信用风险管理．北京：机械工业出版社，2001年

2. 林钧跃．企业与消费者信用管理．上海：上海财经大学出版社，2005年

3. 吴晶妹．现代信用学．北京：中国金融出版社，2003年9月版

4. 朱毅峰、吴晶妹．信用管理学．北京：中国人民大学出版社，2005年

5. 李敏等主编．企业信用管理．上海：复旦大学出版社，2004年7月

6. 钟楚男主编．个人信用征信制度．北京：中国金融出版社，2002年4月

7. 中国市场学会信用工作委员会编．公务员信用知识读本．2004年4月

8. 钟晓鹰主编．企业征信原理．北京：中国金融出版社，2004年4月

9. 杜金富、张新泽等主编．征信理论与实践．北京：中国金融出版社，2004年7月

10. 龙西安主编．个人信用、征信与法．北京：中国金融出版社，2004年

11. 中华征信所著．征信手册．北京：中信出版社，2003年

12. 王小奕主编．世界部分国家征信系统概述．北京：经济科学出版社，2002年5月

13. 中国信用体系建设课题组编著．企业信用管理手册．北京：清华大学出版社，2004年

14. 陈文达、李阿乙、廖咸兴．资产证券化理论与实务．北京：中国人民大学出版社，2004年

15. 上海市信用培训和考核指导委员会组织编写．信用管理教程．上海：上海财经大学出版社，2004年

16. 蒲小雷、韩家平著．企业信用管理典范．北京：中国对外贸易出版社，2004年

17. 朱荣恩等编著．企业信用管理．中国时代经济出版社，2005年

18. 中国工商行政管理委员会编．企业信用监管理论与实务．北京：中国工商出版社，2003年

19. 谭永智、李淑玲著．企业信用管理实务．北京：中国方正出版社，2004年

20. 国家发展和改革委员会经济研究所信用研究中心著．信用知识干部读本．北京：中国税务出版社，2003年

21. 李振宇、李信宏、邵立强．资信评级原理．北京：中国方正出版社，2003年

22. 喻敬明、林钧跃、孙杰．国家信用管理体系．北京：社会科学文献出版社，2000年

23. 崔立新、王龙滨. 资信评级行业的市场需求研究. 吉林省经济管理干部学院学报，2003 年

24. 于晨曦. 资信评级在经营管理中的定位与发展. 中国城市金融，2002 年

25. 袁敏. 资信评级作用、发展与监管初探. 证券市场导报，2004 年

26. 崔立新、练娜. 对我国资信评级市场的需求分析. 北京理工大学学报（社会科学版），2003 年